嵌入式软件的时间分析

——汽车行业领域的嵌入式软件理论、分析及实践

[英] 皮特·格利瓦 (Peter Gliwa) 著

清华大学出版社

北京

北京市版权局著作权合同登记号 图字：01-2022-0477

内容简介

汽车中软件部分的比重正稳步提升。软件运行时的时间性能测量（Timing）这一部分与此同时呈爆发性增长。造成此状况的原因有很多：软件中越来越多的部分与安全性相关，系统本身变得越来越复杂，而且大多数情况下的多核应用比预期的困难。

现代汽车领域中的控制器单元仍旧不能忽略时间性能测量这一主题。时间性能测量问题分析及解决的成本无疑是非常高的，尤其是在项目后期。此外，安全规范如 ISO 26262 规定了涉及嵌入式软件时间性能测量的要求。

本书介绍基础内容，以便用正确的时间性能测量方法去开发软件或者解决严重的时间性能测量问题。同时着眼于各种分析方法，涵盖了开发过程中的所有阶段，并通过大量实际范例以及针对开发者工作的具体建议来为其理论奠定基础。

虽然本书中大部分实际范例出自汽车领域，但其内容都可以直接应用于其他领域。

图书在版编目（CIP）数据

嵌入式软件的时间分析: 汽车行业领域的嵌入式软件理论、分析及实践/(英) 皮特·格利瓦 (Peter Gliwa)著.
—北京：清华大学出版社，2022.1
ISBN 978-7-302-59653-0

Ⅰ．①嵌⋯ Ⅱ．①皮⋯ Ⅲ．①汽车-电子系统-软件开发-研究 Ⅳ．①U463.6

中国版本图书馆 CIP 数据核字(2021)第 251154 号

责任编辑：赵　凯
封面设计：刘　键
责任校对：胡伟民
责任印制：丛怀宇

出版发行：清华大学出版社
　　　　　网　　　址：http://www.tup.com.cn，http://www.wqbook.com
　　　　　地　　　址：北京清华大学学研大厦 A 座　　　　　邮　　编：100084
　　　　　社 总 机：010-62770175　　　　　邮　　购：010-83470235
　　　　　投稿与读者服务：010-62776969，c-service@tup.tsinghua.edu.cn
　　　　　质 量 反 馈：010-62772015，zhiliang@tup.tsinghua.edu.cn
印 装 者：北京博海升彩色印刷有限公司
经　　销：全国新华书店
开　　本：185mm×260mm　　　　印　张：16.25　　　　字　　数：405 千字
版　　次：2022 年 1 月第 1 版　　　　　　　　　　　印　　次：2022 年 1 月第 1 次印刷
印　　数：1~2000
定　　价：139.00 元

产品编号：092960-01

序　言

在计算机科学这个领域中，嵌入式软件仅占相对较小的一部分。其中，"运行时间分析"主题是该学科中的一个特定方面。那么，"嵌入式软件的时间分析"只是一个仅与少数专家相关的主题吗？

目前，全世界所使用的嵌入式系统多达数十亿个。所有这些设备都运行着嵌入式软件，并且每个系统都有自己的一套时间需求。如果由于软件错误而无法满足这些时间需求，结果可能天差地别。根据产品和具体情况，产生的后果可能让人难以察觉，也可能对用户造成困扰，甚至危及生命。

深入了解嵌入式系统所面临的时间分析挑战，有助于开发更好、更可靠的嵌入式软件。这不仅能提升系统的安全性和可靠性，还可以在整个开发生命周期中节省大量成本。这些并不是口头上说说而已，在本书第 6 章中讲述的许多实例就能得到验证。成本节省在开发的各个阶段均可能实现。

- 在嵌入式系统及其软件的设计中，尽早考虑时间问题对提高开发效率具有的决定性作用，并且可以避免从一开始就出现时间问题。
  详细介绍在本书的 3.3 节、6.2 节、8.1 节和第 9 章。

- 如果在应用开发中使用了正确的时间分析技术也可以节省时间和资金。本书第 5 章概括地介绍多种不同的技术。每种技术都有其适用的项目开发阶段，并在各自的介绍中描述其工作原理及流程，其中重点介绍了应用和局限性。另外，除了这些描述以外，第 5 章还包含了相应领域专家的访谈记录。这使主题更加鲜活，并提供了一定的客观性。如果项目已经出现了严重问题，尤其是在发生了严重时间问题的情况下，在合适的阶段使用相应的时间分析技术将会提供巨大帮助。

- 自动化测试有助于节省成本，这一点不言而喻。但是，现有的自动化测试通常都缺少与时间分析相关的测试，而仅侧重于功能方面。9.6 节以具体措施的形式提供了建议，希望通过合适的方式在自动化测试中用嵌入式软件的时间分析来解决此类问题。

- 如果某个项目出现了 CPU 持续或偶发性的过载，则必须采取措施减少负载。这通常发生在项目临近截止日期时，因此需要建立一个小组来应对这种情况。第 8 章中为此类任务组提供了相关的基础知识和经验。其中，8.4 节作为该章的结尾，可以作为处理问题的入手点。

本书的重点是将理论与实践紧密结合。理论总是要通过实例来说明，并且还有很多具体的技巧可应用于设计、实现、调试和验证阶段中。

本书布局合理，读者按照顺序阅读最为轻松。然而，在撰写本书时，作者已尝试为每一章赋予一定程度的独立性，从而使读者在查找内容或选择性阅读时不至于迷失。

如果发现本书中存在错误之处，请不吝建议、批评和提醒，本人将不胜感激，也欢迎直接与本人进行专业讨论。

祝您阅读愉快并能获得一些技术上的见解。

[英] Peter Gliwa (皮特·格利瓦)

peter.gliwa@gliwa.com

德国，维尔海姆（上巴伐利亚），2020 年 5 月

目　　录

第 1 章 基 础 知 识

对嵌入式软件开发和操作系统有基本的了解是分析和优化嵌入式软件运行时间的先决条件。本章有两个目标：一是介绍或总结重要的基础知识；二是将相关知识点按时间主题关联起来。因此，本章不仅是针对那些希望学习或更新基础知识的人，也能帮助经验丰富的软件开发人员将时间分析引入他们熟悉的领域。

1.1 实 时 系 统

如果你询问桌面软件或 Web 应用程序的开发人员"实时"是什么意思，你可能会得到这样的答案："实时"意味着"非常快"或"几乎没有延迟"。

对于大多数实时系统而言这确实没有错，但这个答案并未触及核心。嵌入式软件环境中的实时应该理解为"及时"。有一些必须满足的关于时间的需求，叫作"时间需求"。对于硬性实时系统，在任何情况下都必须保证符合时间需求。对于不那么硬性的实时系统，只要不过于频繁地违反时间需求，那么在统计学上保证符合时间要求即可。目前尚未统一定义应使用哪个统计参数来确定是否满足这种"弱"实时系统。如有必要，需针对每个特定的情况和项目单独定义。

1.2 阶段性的软件开发模型——V-Model

V-Model 描述一种软件开发模型的概念。此模型在汽车行业中已应用数十年，在开发新概念（例如 Scrum）时通常也可以使用它（至少在后台可用）。和很多技术发展过程一样，此模型也起源于军事领域，后来才转为民用，并在版本 V-Model 97 和 V-Model XT[1] 中进行了修改，以适应新的开发需求。

V-Model 中"V"代表具有双轴的坐标系中理想化的开发过程。如图 1.1 所示，横轴是时间轴，左侧表示项目开始；纵轴表示抽象程度，自下而上从"详细"逐渐转为"抽象"。一个项目应该从高度抽象的层面开始，并应收集用户或客户对产品的需求。接下来是在系统层面对产品进行基础设计。在整个项目实施过程中，将对设计进行分解、完善和改进。此外，在后期还可能会有更详细的需求。设计阶段完成后，就进入实现阶段。对于软件项目，实现相应的代码编写。各组件将在整合阶段被组合在一起，然后进行验证，从而检查是否已满足不同抽象级别的需求。验证的最后阶段发生在最高的抽象级别，将通过确保满足用户或客户的需求来执行。

如果有一项需求未能满足，则必须消除造成这种偏差的原因。原因肯定出在 V-Model

中相关需求与其验证之间的某些位置。因此，还必须更正、修改或至少要重复所有相关的后续步骤。

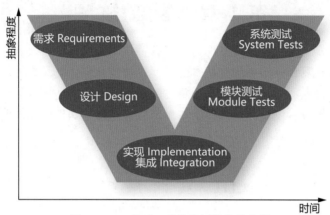

图 1.1　V-Model 在软件开发中的应用

显然，解决问题所需的工作量和相关成本将随着发现该问题的时间早晚而变化，发现得越晚，工作量和成本越高。这听起来像是老生常谈，但令人惊讶的是，有很多项目都完全忽略了嵌入式软件的时间问题。以至于经常要在项目后期面对时间问题，这不仅产生了很大的工作量，而且成本高、风险大，有时只能通过临时纠正或缓解的方式加以应对。

实际上，在汽车行业中，每个软件开发人员都知道 V-Model。当使用 V-Model 时，功能方面一般是重点。现在，当涉及时间时，它会发生什么变化呢？原则上不会有任何变化。此模型背后的核心概念也同样适用于时间分析。图 1.2 详细表示了将与时间相关的步骤加入 V-Model 中的示例。

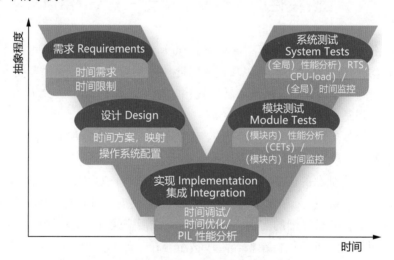

图 1.2　将与时间相关的步骤加入 V-Model 中的示例

第 9 章中详细介绍如何将时间分析系统地集成到开发流程中。

1.3　编译过程：从模型到可执行文件

V-Model 与将源代码转换为可执行的机器代码的过程（即编译过程）类似。两者都从相对较高的抽象级别开始，随着时间的推移逐渐接近执行硬件（即处理器）。

本节将介绍如何将源代码转换为可执行的机器代码，以及有哪些相关的文件、工具和转换步骤。本节中涵盖的基础知识仅与时间分析间接相关。但是，如果不了解编译器的基本工作原理等知识，则很难在代码层面进行代码优化。

1.3.1　基于模型的软件开发和代码生成

可以肯定地说，大多数在汽车上运行的软件都是基于模型开发的。这意味着源代码并非由人工编写，而是由 Embedded Coder、Targetlink 或 ASCET 等代码生成工具生成。而在此之前，通常使用图形化建模工具（例如 MATLAB/Simulink 或 ASCET）定义功能（例如控制回路、数字滤波器或状态机），并将其存储为"模型"。

1.3.2　C 预编译器

本节将以代码示例 1.1 中的程序为例，介绍从源代码到可执行文件的过程。可在代码示例 1.2 中查看所含头文件 myTypes.h 的代码。

代码示例 1.1　简单的示例应用程序（文件 main.c）

```
1  #include "myTypes.h"
2  #define INIT_VAL    (42)
3
4  uint32_t GetSomeValue(void)
5  {
6      static uint32_t someValue = INIT_VAL;
7      return someValue++;
8  }
9
10 void main(void)
11 {
12     volatile uint32_t a;
13     while (1) {
14         a = GetSomeValue();
15     }
16 }
```

代码示例 1.2　main.c 中包含的头文件 myTypes.h

```
1  #ifndef _MY_TYPES_H_
2  #define _MY_TYPES_H_
```

```
3 typedef unsigned int        uint32_t;
4 #endif /* _MY_TYPES_H_ */
```

代码示例 1.1 第 12 行中的声明 volatile 使编译器每次都直接在内存中访问相应变量，而不是将变量保存在寄存器中以供后续访问。在某些情况下这很有必要，例如当变量相应的内存位置可以由外部硬件写入时，硬件计时器就是一个很好的例子。在代码示例 1.1 中，声明 volatile 用于防止编译器过度优化，即防止编译器认定变量 a 从未被"有意义地"使用，进而优化掉该变量的所有访问。

如图 1.3 所示从源代码到可执行文件的过程中进行的哪些步骤，以及涉及的中间格式和其他文件。

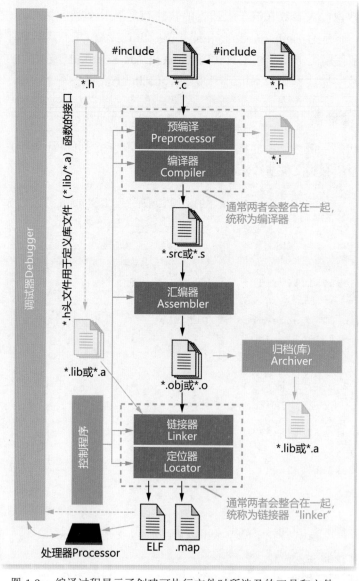

图 1.3   编译过程显示了创建可执行文件时所涉及的工具和文件

首先，编译器预处理器将分析代码并解析所有宏（`#define`），读取所包含的全部文件（`#include`），然后从条件编译（`#ifdef`（...）`#endif`）中删除非活动代码并计算所有此时已经可以计算的值（例如 400 * 5 / 1000 → 2）。所有以 "#" 开头的语句均为预处理语句。实际上，预处理器还会执行很多其他任务，但是此处的示例足以说明其工作原理。

小贴士：大多数编译器支持命令行选项 −E，该选项会使编译器在预处理阶段之后中止并在 stdout 上输出 "预处理过的" 代码。这对于调试与预处理有关的问题非常有用。此输出对于向编译器供应商报告编译器问题也非常有用。如果将输出重定向到某个文件（常见的文件扩展名.i），则可以将该文件传递给编译器进行编译，而无须任何其他（源代码）文件。然后，编译器供应商就可以重现该问题，而无须访问所使用的各个头文件。

代码示例 1.3 显示了将源文件 `main.c` 的预处理器输出重定向到文件 `main.i`。

代码示例 1.3 main.c 的预处理器输出 (main.i)

```
1  #line 1 "main.c"
2  #line 1 "myTypes.h"
3  typedef unsigned int    uint32_t;
4  #line 2 "main.c"
5
6  uint32_t GetSomeValue(void)
7  {
8      static uint32_t someValue = (42);
9      return someValue++;
10 }
11
12 void main(void)
13 {
14     volatile uint32_t a;
15     while (1) {
16         a = GetSomeValue();
17     }
18 }
```

`#line`(...)语句允许编译器在后期将文件中的每一行分配到其原始 C 源文件中的原始位置。当编译器报错或发出警告时，这项操作就变得很重要，显示报错或警告可以直接告知源文件中对应的位置。

1.3.3 C 编译器

预处理器的输出将传输到编译器，由编译器生成特定于处理器的机器代码，即一个文件，其中包含与 C 代码相对应的机器指令。此时，函数、变量、跳转地址等的存储地址均未定义，因此将以符号形式存储。

编译器的输出（以英飞凌 AURIX 处理器的 TASKING 编译器为例）可在代码示例 1.4 中查看。由于此代码将作为编译下一阶段汇编的输入，因此也称为汇编代码。

代码示例 1.4　编译器输出（汇编程序代码）main.src

```
1      ;source         'main.c'
2      .align          2
3      .global         GetSomeValue
4
5  ; Function GetSomeValue
6  GetSomeValue:    .type    func
7      ld.w            d2,_999001_someValue
8      add             d15,d2,#1
9      st.w            _999001_someValue,d15
10     ret
11
12     .align          2
13     .global         main
14 ; Function main
15 main:    .type    func
16     sub.a           a10,#8
17 .L3:
18     call            GetSomeValue
19     st.w            [a10],d2
20     j               .L3
```

1.3.4　编译器执行的代码优化

将源代码转换为机器代码时，编译器可以执行各种优化。而在这些优化中，有很多都降低了内存需求，同时提供了更快的代码。但是，有些优化会牺牲某个方面来改善另一个方面。因此，开发人员必须确定哪个方面更为重要。

优化带来的实际好处通常很难预先估计。在软件开发中，必须仔细检查所产生的输出。最佳检查方法是：第一，比较不同编译器设置下产生的机器代码；第二，执行比较测量。即使是专家，仍然会对此类分析结果感到惊讶。8.3 节将详细介绍此主题。

1.3.5　汇编器

汇编器将汇编程序代码指令转换为相应的二进制代码。因此，汇编程序的输出无法再轻易被读取，也不会显示在此。

汇编程序文件（通常带有扩展名 .src 或 .s）将被汇编成目标文件，通常简称为目标。像之前一样，在汇编程序代码中，函数、变量、跳转地址等的存储地址也还未在目标代码中定义，仍然是专门的符号形式。

1.3.6 链接器

链接器将此前所有汇编出来的目标文件整合到一个将要完成的程序中，只是仍然没有具体的地址。在我们的示例中，仅整合了一个目标文件，即 `main.o`。此外，还隐式添加了一些目标，如 `cstart.o`，从而确保在执行 `main()` 函数之前执行必要的基本初始化，包括存储接口的初始化，将堆栈指针设置到堆栈的开头以及变量的初始化。

此外，链接器还将整合通常扩展名为 `.a` 或 `.lib` 的函数库文件。函数库实际上是目标的集合。如图 1.3 所示，它是将选定目标打包到存档中的存档程序。这与压缩程序（例如 ZIP）或 tarball 生成器类似。

链接器的另一项任务是解析所有符号（symbols）关联。假设示例中的 `main()` 函数调用之前已通过 external 声明另一函数 SomeOtherFunction。此类关联声明可能类似于以下语句：

`int SomeOtherFunction(int someParam);`

如果在 `main.c` 之外的其他源文件中定义了此函数，链接器会将符号 SomeOtherFunction 标记为已引用但尚未定义（即未解析）的符号。此时，链接器会在整合的所有对象中搜索该符号 SomeOtherFunction。如果发现了定义，即函数的实现，则会解析对该符号的引用。搜索完所有目标文件后，如果还没有找到函数定义，将会搜索所有整合的库文件来解析此函数。

如果某个符号的定义搜索不到，则链接器会报错，通常会提示 "unresolved external <symbolname>"。

如果某个符号已在多个目标文件中定义，则链接器也会报错，通常会提示 "redefinition of symbol <symbolname>"。

如果某个符号在一个目标文件和一个或多个库文件中都有定义，则链接器将忽略库文件中该符号的定义，既不发出警告也不报错。

库文件传递到链接器的顺序决定其搜索顺序。符号解析完成后，所有后续定义都将被忽略并且不再"链接"。

1.3.7 定位器

绝大多数工具开发商都将链接器和定位器合并成一个工具，简称链接器。定位器的作用，顾名思义，就是"定位"可用存储区域中的所有符号。因此，每一个符号的存储地址都将得到确定。

定位器的输出是可执行文件，其格式中包含或不包含符号信息。但为了方便调试软件，需要获得此类符号信息。例如，当需要关注某个变量的内容时，这些符号信息可以通过变量名字轻松地找到它，而不需要通过其存储地址。

可执行文件中不含符号信息时的典型输出格式包括 Intel HEX 文件（`*.hex`）或 Motorola S-Records（`*.s19`）。含符号信息的可执行文件最常见的输出格式为 ELF 格式（`*.elf`）。ELF 表示 **E**xecutable and **L**inking **F**ormat，即可执行和可链接文件格式。

除可执行文件以外，还可以创建一个链接器映像，即 map 文件。该文件中包含所有符号及其存储地址的列表，其中仅列出一些基本信息。

1.3.8　链接脚本

链接脚本（或链接控制文件）也将发挥非常重要的作用。严格地说，应将其称为定位器脚本或定位器控制文件，但如前所述，大多数供应商都将定位器与链接器集成在一起。

代码示例 1.5 中显示了一个 8 位微控制器 Microchip AVR ATmega32 的链接脚本摘录，该控制器具有 32 KB Flash、2 KB RAM 和 1 KB EEPROM。

代码表示定位器如何在微控制器的不同存储区域分发符号（函数、变量等）。一般通过以下方式实现：首先，在 C 语言或汇编程序源代码中，所有符号均被分配到特定的区段（Section）或者特定的输入区段（Input Section）。如果程序员未进行显示分配，则将自动分配。以下区段名称很常见，代表默认区段。

.text 代码

示例：int GiveMe42(void){return 42;}

.rodata 只读数据

示例：const int a = 5;

.bss 可读写数据，初始化为 0

示例：int a;

根据 C 语言标准，未初始化的全局变量必须将启动代码初始化为 0 。并非所有嵌入式软件项目都以这种方式配置启动代码，因此不确定启动代码都符合标准，所以在启动过程中，所有未初始化的变量实际上都应重置为 0。

.data 可读写数据，初始化为特定值

示例：int a = 5;

.noinit 可读写数据，不初始化

示例：int a;

此示例与 .bss 的示例相同。编译器开关通常控制是否将代码中未初始化的变量初始化为 0 或根本不初始化。

.debug 调试区段不包含程序本身的代码和数据，而是存储与调试相关的代码和数据，从而方便执行软件调试。

区段名称以点 "." 开头也是一条不成文的规则。

接着，链接脚本中的指令会将所有输入区段分配到输出区段，最后再映射到可用存储空间。为方便理解，代码示例 1.5 中的 .text 区段有相应的注释。

在传统链接脚本中，如代码示例 1.5 所示，开头是可用存储空间的定义，然后是输出区段的定义。在每个定义中，包含指向输入的链接以及存储空间的分配。

可以在 GNU 链接器手册 [2] 中找到有关此链接脚本的语法和基本概念的详细描述。大多数其他工具供应商都至少已在其链接器中采用 GNU 链接器（ld）的格式，通常会复制

链接脚本的整个语法结构。

代码示例 1.5　Microchip AVR ATmega32 的 GNU ld 链接脚本（摘录）

```
 1  MEMORY {
 2      intflash (rx)   : ORIGIN = 0,        LENGTH = 32K
 3      intram   (rw!x) : ORIGIN = 0x800060, LENGTH = 2K
 4      eeprom   (rw!x) : ORIGIN = 0x810000, LENGTH = 1K
 5  }
 6
 7  SECTIONS {
 8      /*============= internal flash =============*/
 9      /*---- program code ----*/
10      .text : {                       /* <-- output section */
11          CANdriver.*(.text)          /* <-- input  section */
12          RTOS.*(.text)               /* <-- input  section */
13          *(.text)                    /* <-- input  section */
14      } > intflash                    /* <-- memory         */
15
16      /*---- constant data ----*/
17      .rodata : {
18          *(.rodata)
19          rodata_end = .;
20      } > intflash
21
22      /*============= internal RAM =============*/
23      /*---- initialized data ----*/
24      .data : AT (rodata_end) {
25          data_start = .;
26          *(.data)
27      } > intram
28
29      __data_load_start = LOADADDR(.data);
30      __data_load_end = __data_load_start + SIZEOF(.data);
31
32      /*---- zero initialized data ----*/
33      .bss : {
34          *(.bss)
35      } > intram
36
37      /*============= internal EEPROM =============*/
38      .eeprom :
39      {
40          *(.eeprom)
```

```
41      } > eeprom
42  }
```

　　输入区段、输出区段甚至内存都可能具有相同的名称（参见代码示例 1.5 末尾的 eeprom），这种情况可能会令人感到困惑，但它是可行的，并且很常见。

　　那么，链接器脚本与时间分析有什么关系呢？2.4 节和 2.3 节中将介绍访问的位置和类型对内存访问持续时间以及访问它的代码的执行时间之间的重大影响。访问的位置和类型由链接脚本确定，因此了解其语法和功能对于运行时间优化至关重要。8.2 节中将详细介绍此主题。

1.3.9　调试器

　　在软件开发中，英文单词"Bug"（害虫）代指软件错误。据此，"Debugger"（调试器）则是帮助开发人员清除软件错误的工具。此外，调试器还执行其他重要任务，例如在开发阶段将可执行文件输入程序存储器中。

　　调试器虽不属于编译系统的工具链，但却很好地完善了"编译过程"部分。在本节前面的部分中，已经概述了从模型或源代码到可执行文件的路径。模型或源代码处于较高的抽象级别，而可执行文件本身则处于较低的级别——仅由程序存储器中的"1"和"0"组成。图 1.3 还显示了不同的抽象级别：编译过程自上而下运行。

　　从某种意义上说，调试器的工作方式正好相反：它连接到处理器，通常会读取可执行文件（一般为 ELF 格式）；此外，还可以加载源代码（如有），从而方便执行调试。调试器可以逐步或逐条指令地让处理器处理代码，并显示当前每一个步骤在程序代码中的位置。此外，开发人员还将能够看到某些存储区域、变量或所有寄存器的内容。图 1.4 显示了在编译器、汇编程序等工具上各区段中所用的代码示例执行调试的情况。

　　为了将源代码中的每一行对应到程序存储器中的相应地址，调试器需要访问存储在前述调试段（Debug Section）中的调试信息。ELF 文件中的很多调试信息都是 DWARF 格式。DWARF 最初并不是一个缩写，而是对 ELF 的幽默暗指（精灵和矮人）。

　　调试信息打开的可能性较小，但非常实用。从某种意义上说，它们是从可执行文件到源代码（即从低抽象级别到高抽象级别）的桥梁。处理器中只有"1"和"0"，但是调试器可以显示相应的源代码。ELF 文件中的 DWARF 信息能告诉调试器每个存储地址的源文件和行号。

　　DWARF 信息的其他示例包括变量的类型信息或 struct 结构体的详细信息。

　　调试信息能告诉用户某个低级别的代码指令命令属于较高级别的源代码中的哪一行，这通常很有用。调试信息并不一定在 C 语言级别结束。如果代码生成器在生成的 C 代码时也添加了调试信息，那么原则上也可以在模型级别进行调试。然后，开发人员可以逐步执行所有模块，并通过相应的单元关注输入输出的变量。

　　关于调试器屏幕截图的说明：图 1.4 显示了使用代码示例 1.1 中源代码构建的程序。在大窗口中，C 源代码显示为蓝色，反汇编出来的机器码（包括跳转标记）显示为绿色。标

记通常以点 "." 开头，例如 .L35 或 .L36。反汇编的机器码与汇编程序代码一一对应（参见代码示例 1.4），就像在图 1.4 中的 Mnemonic 列显示的那样。助记符（Mnemonic）便于记住机器命令的名称，例如 Add 代表加（Addition）。某些命令中还有 "16"，表示这是一个支持英飞凌 TriCore 架构的 16 位指令。

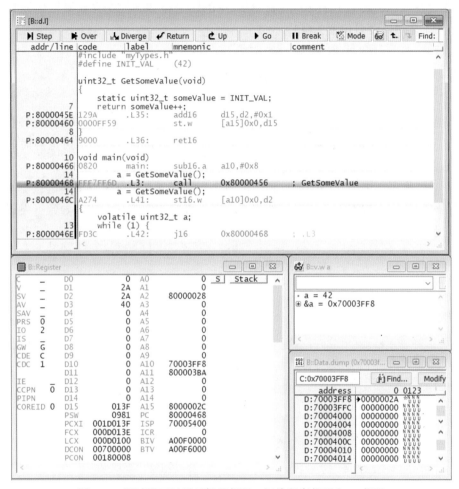

图 1.4　调试器可以显示机器代码、汇编程序代码和 C 代码

在图 1.4 左侧灰色阴影区域中，相应的程序指令地址显示在每行机器代码之前，源代码文件的相应行号显示在每行源代码之前。程序指令的内容以灰色字体显示。每行代表一个机器指令的编码，即操作指令。可以看到，16 位指令实际使用了 16 位（例如 add16 d15,d2, #0x1 的 0x129A），而其他则使用 32 位（例如 st.w [a15]0x0,d15 的 0x0000FF59）。

截图的左下角显示了寄存器视图。PC（程序计数器）指向接下来要处理的指令地址，在此例中为 0x80000468。此地址在代码视图中以灰色栏突出显示，以便用户直接看到当前停止执行的位置。

在中间偏右的 "监视窗口" 中，正在观测两个表达式：变量 a 的值及其存储地址 &a。实际上，在这里甚至还可以指定复杂的 C 语言表达式，这一点很多开发人员都不知道，但可能非常有用。

最后，右下角的内存视图显示了 RAM 内存的一个区段。显示的区域从地址 0x70003FF8 开始，这是变量a的地址。事实上，该内容为十六进制数 2A，对应于十进制数 42。很明显，函数GetSomeValue()被调用过一次（当然也可能是 $n \cdot 2^{32} + 1$ 次）。在下次执行此函数并使用机器命令 st16.w [a10]0x0,d2将变量a中的结果存储到程序存储器地址0x8000046C（标记 .L41) 之后，变量值变为 43。

1.4 总　　结

本章给出了一些建议，包括扩展现有开发流程，同时考虑嵌入式软件的时间分析。V-Model 可用于演示如何实现这一点。在本书的后续章节中，将详细讨论与时间分析有关的开发步骤。

此外，还将更详细地介绍编译过程中的各个步骤和工具，并重点讲解链接脚本，因为它在运行时间优化中起着重要作用。但很多实践也表明它经常被忽略，导致开发过程的后期出现问题。

第 2 章 处理器基础知识

微处理器，也称为"微控制器"或"控制器"，是用于执行嵌入式软件的硬件单元。如果对微处理器的基本结构没有充分的了解，几乎不可能优化嵌入式软件的运行时间。

本章内容涵盖了微处理器技术的基础知识，并重点介绍了与时间分析相关的方面。本章内容与微处理器的数据手册一起构成了开发高效嵌入式软件的必要基础，本章将尽可能通过具体示例来介绍这些基础知识。这些示例中使用了从 8 位到 32 位的微处理器，以及单核和多核设备。

本书的其余部分，尤其是第 7 章"多核及多 ECU 环境下的软件时间"和第 8 章"软件运行时间优化"中均假定对微处理器的基础知识有充分的了解。

2.1 处理器的构造

图 2.1 以双核处理器（即带两个核的微处理器）为例，展示了微处理器的结构。

图中显示有两个计算核、多个存储器、外设单元和两种不同总线。并非所有处理器均采用此结构。此图更侧重于说明一般的概念以帮助我们理解。还应注意，术语"计算核"通常简称为"核"或 CPU（Central Processing Unit，中央处理器）。

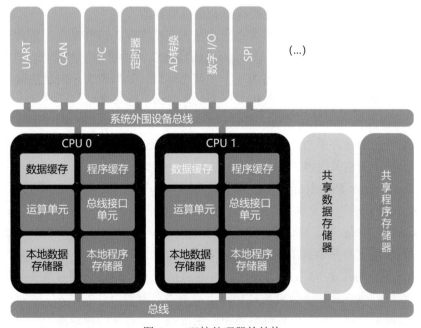

图 2.1　双核处理器的结构

2.1.1　CISC 和 RISC

CISC 表示 **C**omplex **I**nstruction **S**et **C**omputer，复杂指令集计算机，是指所采用的复杂指令集架构提供较高性能的处理器。为了实现此类 CPU，需要相对复杂并且成本较高的硬件。此外，CISC 还具有以下特点：执行不同指令所花费的时间不同。

RISC 表示 **R**educed **I**nstruction **S**et **C**omputer（精简指令集计算机）。此类处理器的机器指令比较简单，需要的晶体管很少，而且不同执行指令所花费的时间通常相同。

2.1.2　寄存器

每个处理器在其执行单元中都有一组名为寄存器的特殊存储单元。下面详细介绍一些常用的寄存器。

（1）**PC 寄存器**：程序计数器（PC 寄存器）通常称为"指令指针"（IP）。程序存储器（Program Memory）中的每个指令在存储器中都有一个相应的地址，而 PC 寄存器中包含当前正在处理的指令的地址。2.3 节"存储器寻址及其模式"将介绍有关指令执行的更多详细信息。

（2）**数据寄存器**：数据寄存器用于逻辑运算、计算以及对存储器的读写操作。

（3）**累加器**：RISC 处理器还有一个特殊的数据寄存器，即累加器，用于大多数逻辑和算术运算。

（4）**地址寄存器**：地址寄存器用于读取存储器中的数据、将数据写入存储器、执行间接跳转或间接调用函数。在 2.3 节"存储器寻址及其模式"中，将更详细地介绍跳转和函数调用。

并非所有处理器都能区分地址寄存器和数据寄存器。

（5）**状态寄存器**：状态寄存器也称为"程序状态字寄存器"（PSW）、"条件码寄存器"（CCR）或"标志寄存器"。它是一系列位的集合，其中每个位都指示特定的状态。每个位就像一个标志，通常缩写为一个或两个字母。这些位表示的状态取决于与下列标志一起使用的处理器，这些标志在大部分架构中比较常见。

IE, Interrupt Enable Flag 指示是全局允许（IE=1）还是全局禁止（IE=0）中断。若要允许中断，必须进一步满足一些要求。第 2.7 节"中断"将更详细地介绍中断相关内容。

IP, Interrupt Pending Flag 指示中断是（IP=1）、否（IP=0）挂起。

Z, Zero Flag 指示上次执行逻辑或算术函数的结果是（$Z=1$）、否（$Z=0$）为零。

C, Carry Flag 用于标记算术运算以及逻辑运算的溢出或进位。例如，如果在 8 位处理器上将两个数 0xFF 和 0xFF 相加，则进位标志位代表第 9 个位。结果 0x1FE 的前导"1"，即 MSB（most significant bit，最高有效位）位于进位标志位，而剩余 8 个位 0xFE 仍位于结果寄存器中。

当使用进位相加时，进位标志位的使用类似于先前相加运算的进位。如果设置了进位标志位，并且有两个数 3 和 4 相加，则结果为 8。

（6）**优先级寄存器**：优先级寄存器在某些处理器上可能作为一个单独的寄存器存在，而在其他处理器上，可能只是状态寄存器的一部分。这个寄存器代表当前执行代码的优先级，从而决定是否可以被中断。仅当中断的优先级高于当前执行代码的优先级时，才可能中断当前执行的代码。当然这还要求允许（IE=1）中断。

（7）**Stack pointer**：堆栈指针寄存器包含一个地址，该地址标记了到目前为止所使用的堆栈的栈顶。

2.2　代码执行

1.3 节"编译过程：从模型到可执行文件"介绍了如何生成可执行的机器代码，并解释了该代码是机器指令的集合。微处理器的计算核心会不断地处理机器指令。这些指令会按顺序从程序存储器（或代码存储器）加载到执行单元中，然后进行解码再执行。

前文中已经提到了 PC 寄存器，可以认为其指向程序存储器中的当前指令。只要没有跳转命令或调用（子）函数的命令，在当前指令处理完成后，PC 寄存器就会指向程序存储器中的下一个指令，而该指令将会被加载到执行单元中，然后进行解码和执行。程序存储器存储的主要是一系列机器指令。

应该提到的是，一连串没有任何跳转或调用的机器指令称为基本块（basic block）。更准确地说，基本块是一系列机器指令，它总是从第一条指令开始执行，然后按顺序执行其他所有指令，并在执行完最后一条指令后终止。处理器不会在其第一条或最后一条指令以外的任何其他位置跳入或跳出基本块。基本块在静态代码分析等过程中起着重要作用，因此我们在后文中将再次阐述该主题。

在处理器的用户手册中介绍了处理器提供的所有指令。了解处理器的指令集对于在代码层级优化软件至关重要。8.3 节"代码层级的运行时间优化"将会详细介绍这方面的内容。

下面将以 8 位 Microchip AVR 处理器上的 add 指令为例，说明如何记录、编码和处理指令集。Microchip AVR 处理器有 32 个数据/地址寄存器，具体是用作数据寄存器还是地址寄存器取决于具体指令。图 2.2 中显示了摘自 Microchip AVR ATmega 处理器[3] 用户手册的一部分内容（单页），其中描述了带进位标志位的 add 命令。在文本化的操作描述（Rd ← Rd + Rr + C）之后，紧接着介绍了语法的定义。此命令与汇编代码中的命令采用了完全相同的表示方法。此类"汇编程序代码命令"也称为助记符。语法下方的表格显示了该命令的操作码，即代码存储器中代表该命令的数字。在此例中，高六位是固定的（二进制数 000111），其余十位则定义了要将哪些寄存器相加。标记为"d"的位用于寄存器 Rd，而标记为"r"的位用于寄存器 Rr。例如，如果要将寄存器 R3 和 R22 相加，则结果将存储到 R3 中，操作码与代码示例 2.1 中所示的相似。如果在汇编程序代码中找到 adc r3,r22，则 0x1D63 将出现在程序存储器中的相应位置。

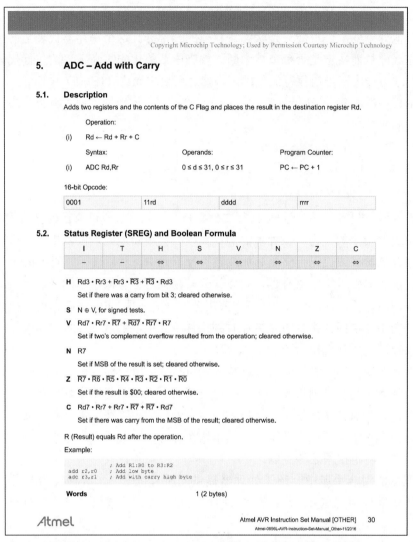

图 2.2　摘自 AVR ATmega 处理器用户手册的一部分内容

代码示例 2.1　AVR "Add with Carry" 命令的操作码编码

```
 1  adc r3,r22   ; 8bit add with carry
 2               ; r = 3 = 00011 bin; d = 22 = 10110 bin
 3
 4               ; 1111 1100 0000 0000   Bit-position (tens)
 5               ; 5432 1098 7654 3210   Bit-position (ones)
 6               ;--------------------
 7               ; 0001 11rd dddd rrrr   Opcode definition
 8               ; 0001 1101 0110 0011   example opcode (binary)
 9                                       with r = 3 and d = 22
10               ;   1    D    6    3    same example in hex
```

小贴士：代码示例 2.1 中用于说明位编码的注释已被证明对于编程非常有用。当信息采用二进制编码并需要解释说明时，此类注释将非常有帮助。位位置由两个注释行指示：一行代表十位，一行代表个位。现在只需从上至下读取位位置即可。例如，15 对应于最左侧的MSB。

另外，由于每个半字节也可以用十六进制数表示，因此建议以四个位（半字节）为一组进行分组，将各组用空格分隔。

在图 2.2 中操作码描述的下方列出了具体规范，说明了应修改状态寄存器（对于此处理器简称为"SREG"）的哪些标志位以及如何修改这些标志位。

接下来是关于利用"常规"add 命令add并通过进位adc相加的示例。这两个命令显示了 16 位加法在 8 位处理器上的实现方式。

该指令的描述最后指出，操作码需要程序存储器中的两个字节，并将在一个时钟周期内执行。

2.3　存储器寻址及其模式

寻址模式描述了如何访问存储器。每次访问存储器都需定义要访问的地址以及应对该地址上的数据执行的操作。这可能包括在该地址存储数据、从中读取数据、跳转到该地址、在该地址调用子例程等。

为了在代码层级实现运行时优化，必须了解相应处理器的寻址模式。大多数处理器的架构手册（通常是指令参考手册的一部分）中都有一个专门的部分来详细描述可用的寻址模式。

如前文 2.2 节"代码执行"中所述，操作码定义了应执行的操作，例如"继续在地址 x 执行程序"（跳转命令）或"将地址 y 的内容加载到工作寄存器 d4"。作为操作对象的地址将作为参数传输。在 32 位处理器上，地址总线的宽度为 32 位。几乎所有的处理器都被设计成每个地址占用存储器的一个字节。因此 $2^{32} = 4\ 294\ 967\ 296$ 个字节可以被寻址，对应于 4 GB（gigabytes）字节。严格地说，根据 IEC[4]，应将其称为 4GB（gibibytes），因为前缀的 G 代表 10^9，而非 2^{30}。但在实际中很少会用到基于二次方的前缀 (2^{10})、mebi (2^{20})、gibi (2^{30})、tebi (2^{40}) 等。因此，在下文中提到 2^{10} 或 2^{20} 时，实际上指的是 KB（千字节）和 MB（兆字节）。

回到 4 GB 的地址空间。大多数嵌入式系统，即使是那些采用 32 位处理器的系统，其存储器容量也要少得多，通常为几 KB 到几 MB。

如果始终使用 32 位地址，这将非常低效，因为在每次访问存储器时，都必须加载操作码以及完整的 32 位地址。为此，所有处理器除了远端寻址（Far Addressing）（名称源于使用整个地址总线宽度）外，还提供多种寻址模式。

全面描述现有的全部寻址类型并非易事，而且目前意义不大。因此，本书将针对实现方式或者具有特殊功能的某些处理器选出一些示例。此外，处理器厂商还提供了很多特殊的寻址类型，本书将不做讨论。在以下关于寻址类型的说明中，虚构了一个 16 位处理器，其具有 64 KB 的程序存储器（闪存）和 64 KB 的内存（RAM）。此处理器还有 8 个数据寄存器（R0···R7）和 8 个地址寄存器（A0···A7）。在每个时钟周期中，CPU 会从程序存储器读取一个 16 位指令。

表 2.1   摘自虚构的 16 位处理器的指令集手册的内容

助记符	描述	周期	存储需求
LOAD Rd,Adr16	从数据存储器中的地址 Adr16 读取一个字（16bit），并将其写入 Rd。 Rd ← [Adr16] Rd = 目标寄存器 R0···R7 Adr16 = 16 位地址 操作码：0100 1ddd 0111 0000	2	2 字节操作码 ＋ 2 字节地址 ＝ 4 字节
LOAD R0,Adr12	从数据存储器中的地址 Adr12 读取状态字，并将其写入 R0。 R0 ← [0x0FFF & Adr12] R0 = 目标寄存器 R0 Adr12 = 低 12 位构成地址，高 4 位是 0 操作码：0101 AAAA AAAA AAAA	1	操作码和 Adr12 均为 2 字节
LOAD Rd,@As	从数据存储器中由 As 指定的地址读取状态字，并将其写入 Rd。 Rd ← [As] Rd = 目标寄存器 R0···R7 As = 地址寄存器 A0···A7 操作码：0100 0ddd aaa1 0010	1	2 字节操作码
LOAD Rd,@As+	从数据存储器中由 As 指定的地址读取状态字，并将其写入 Rd。然后，As 以 2 递增。 Rd ← [As]; As ← As + 2 Rd = 目标寄存器 R0···R7 As = 地址寄存器 A0···A7 操作码：0110 0ddd aaa1 0010	1	2 字节操作码
LOAD Rd,@A0+of8	从数据存储器中由 A0 + 偏移 of8 指定的地址读取一个字（16bit），并将其写入 Rd。 Rd ← [A0 + of8] Rd = 目标寄存器 R0···R7 of8 = 8-位偏移 0···256 操作码：1011 0ddd oooo oooo	2	2 字节操作码

2.3.1   对数据访问最重要的寻址模式

表 2.1 中所列的命令可分类为以下寻址类型。

绝对寻址、远端寻址（另请参阅表 2.1 中的 LOAD Rd,Adr16）：地址中包含的位数与地址总线的宽度一致。尽管这是访问存储器的最低效方式，但也是唯一没有任何范围限制的方式。无论所需的存储位置位于何处，都可以对其进行寻址。图 2.3 中显示处理器上的 64 KB 存储器，表 2.1 中提供了从该处理器的命令参考手册中摘录的内容。对于远端寻址，可从任何地址加载数据。

绝对寻址、近端寻址（另请参阅表 2.1 中的 LOAD R0,Adr12）：地址中包含的位数小于地址总线的宽度。这意味着只能对有限的存储区进行寻址，但命令会更高效。如表 2.1 "周期" 和 "存储需求" 列中所示，近端寻址需要的时间和程序存储器空间是远端寻址的一半，将地址整合进操作码而非单独加载地址可以实现。12 位允许对 4 KB 段内的存储位置进行寻址。由于高位地址位填充的是 0，所以这 4 KB 只能位于存储空间的底部，参见图 2.3。

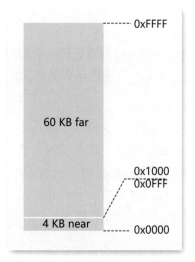

图 2.3　虚构处理器的数据存储器分区

近端寻址的工作方式类似于将经常使用的纸张和文件保存到办公桌下方的抽屉中。对于所有其他文件，需要存放到远一点的文件柜。尽管它可以存储更多数据，但访问起来比较麻烦，而且效率较低。

寄存器间接寻址（另请参阅表 2.1 中的 LOAD Rd,@As）：对于此寻址模式，操作码中不含任何直接地址信息。相反，它指示了可以找到所需地址的地址寄存器。因此，指令可以在一个周期内执行，并且只需要一个字（16 位）。但是，必须先将所需的地址写入地址寄存器 As。

寄存器间接后增量寻址（另请参阅表 2.1 中的 LOAD Rd,@As+ ）：此寻址模式与前一种寻址模式类似，但是，从存储器中加载数据后，地址寄存器内容会自动加 2。因此，寄存器现在会指向存储器中的下一个字，因此名称中加上了 "后增量"，即访问后出现增量。这种寻址模式非常适合访问按顺序存储在存储器中的数据值块，而这些数据值必须严格按顺序访问。这通常发生在处理数组的过程中。

基址加偏移量寻址，间接寻址（另请参阅表 2.1 中的 LOAD Rd,@A0 of8）：与 LOAD Rd,@As 命令相似，也是通过地址寄存器间接访问，但在访问前，会在此寄存器中加上 8 位偏移 of8。地址寄存器本身的内容不受影响。

2.3.2　跳转和调用的寻址模式

对于跳转和函数调用，可以通过表 2.1 中的示例类似扩展；同样，也存在远近范围、直接和间接跳转、函数调用以及通过偏移（通常为相对于当前指令指针的偏移）进行相对寻址的命令。

另外，有些指令的执行与特定条件相关，例如取决于是否设置了 Zero flag。当编译器编译 if (a!=0) {(...)} 等代码时，会使用这些指令。如果 a 的值为 0（通过零位标志确认），则只需跳过括号中的代码。

2.3.3　选择寻址模式

在编写 C 代码时，如何确定应使用哪种寻址模式？同样，此问题的答案取决于所使用的处理器和编译器，因此本书只讨论一些最重要的机制，而不是完整的列表。

2.3.3.1　明确区段使用

一个总是可以使用的选项是明确使用区段（Section），或简称为段。在 1.3.8 节"链接脚本"中探讨了基础段（Section）机制；以下示例有助于更具体地说明整个过程。在定义变量时，可以通过特殊关键字将其分配给特定的输入段（Section）。这些语句通常为 #pragma ... 或 __attribute__(...) 语句，允许指定额外的属性，其中可能包括要使用的输入段（Section）的定义或者对齐或寻址类型等。8.2.2 节"数据对齐"将更详细地介绍对齐。

代码示例 2.2 中定义了两个分配给不同输入段（Section）的变量。变量 myFrequently-AccessedVar 被明确分配到段（Section）.sbss，而变量 myRarelyAccessedVar 则被自动分配给默认段（Section）.bss。相关信息请参阅 1.3.8 节"链接脚本"中的默认段（Section）列表。.sbss 中的"s"代表 small（小范围），指示应对此 Section 使用高效的寻址模式。此虚构示例的语法基于 HighTec GCC 编译器的 __attribute__((section(...))) 语句。a=4 指定了 4 字节或 32 位对齐，关键字 wBs 则指定了属性 w（可写入）、B（未初始化）和 s（使用小范围寻址）。

代码示例 2.2　包含近端和远端数据访问的示例应用程序

```
1 // sbss = small bss
2 int myFrequentlyAccessedVar
3     __attribute__((section(".sbss","a=4","f=wBs")));
4
5 int myRarelyAccessedVar;
6
7 void main (void)
```

```
 8  {
 9      volatile int a;
10      volatile int b;
11      // (...)
12      a = myFrequentlyAccessedVar; // LOAD R0,Adr12
13      b = myRarelyAccessedVar; // LOAD Rd,Adr16
14      // (...)
15  }
```

代码示例 2.3 中所示的链接器脚本仅对在 RAM 中有 4 KB 近端寻址区域的虚构处理器有效。该脚本将 .sbss 段的所有符号放置在内部 RAM (intram) 的开头,然后检查是否已超出 4 KB 的限制 (assert)。而定期寻址的数据则位于 .bss 段中的该处之后。

代码示例 2.3　提取具有"近端"数据区域 .sbss 定义的链接器脚本

```
 1  (...)
 2
 3  /* the following output section needs to be placed
 4     at physical address 0x0000 of the RAM */
 5  .sbss : Adr12 /* use 12-bit near addressing mode */ {
 6      __sbss_start = .;
 7      *(.sbss)
 8      __sbss_end = .;
 9  } > intram
10
11  ASSERT( __sbss_end - __sbss_start <= 4K,
12          "error: output section sbss overflow")
13
14  .bss : {
15      *(.bss)
16  } > intram
17
18  (...)
```

2.3.3.2　根据大小自动分配到近端段

通常,对大数据集合(例如数组)和大函数的访问不会像小数据和小函数那样频繁。基于这种观察,可以找到一种非常简单的策略来定位存储器中的符号(Symbol):小符号进入快速存储器,大符号进入慢速存储器。

这将产生另外一种效果,即最终会有大量符号出现在快速存储器中,意味着将更频繁地使用更快的寻址模式。显然,如果为空间有限的存储器主要分配了小符号,则会有更多符号进入该存储器。因此,软件整体上可以更高效(更快)地运行。

此自动分配机制的优点在于配置简单,会以字节为单位,告诉编译器什么是"小符号"。使用 HighTec GCC AURIX 编译器时,将使用参数 -msmall-data=<size> 作为数据访问

符号。所有大小不超过 `size` 的数据符号（变量）均将打包到输入段 `.sbss` 中。名称 sbss
表示小 bss，现在"小"的来源和含义已非常清楚。

此自动分配机制的缺点是无法控制哪些小符号将被分配到快速存取器，哪些则不会（如
果没有足够的空间容纳所有小符号）。某些经常访问的符号很可能被分配到慢速存储器，从
而导致访问缓慢且效率低下。

2.4 等待状态，突发访问

存储有多种不同的类型，各有优缺点。RAM 既快速又可读写，但却是易失性存储器，
如果不持续供电，将会丢失存储在其中的内容。闪存是永久性存储器（非易失性），但访问
速度相对较慢。大多数情况下，由于速度过慢，必须人为降低对它的访问速度。如要降低
访问速度，可以在处理器等待存储器响应的每次访问中使用"等待状态"。

2.3 节"存储器寻址及其模式"中详述，每次访问存储器时，都必须指定要访问的地
址。对于用户数据的传输，可以将地址信息的交换视为一种开销（图 2.4）。在执行代码期
间，会非常频繁地按顺序读取多个存储位置，尤其是在没有跳转或函数调用的情况下（关
键字：基本块）。使用闪存中的值初始化变量时也同样如此，这些值通常会一个接一个地存
储到存储器中。

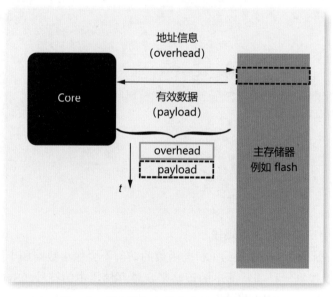

图 2.4   用户数据和简单读取访问的开销

在这两种情况下，都会发生很多单独的读取访问，每次访问都有相当大的开销（图 2.5）。
为使这种类型的访问更加高效，很多存储器都提供突发访问。在这些访问中，可以从单个
地址开始，传输整个范围内的数据（图 2.6），从而大幅减小开销。

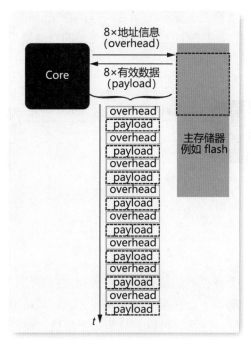

图 2.5 用户数据和多次单独访问的开销

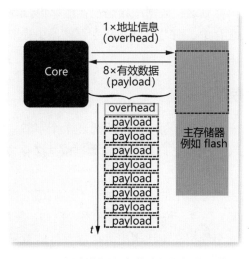

图 2.6 用户数据和突发访问期间的开销

2.5 缓 存

设想这样的场景：在某个早晨，税务师在处理四个客户的事务。她将文件放在桌上，以便快速拿取，而不是每次都从档案室中取出文件，然后在查看后又将文件放回到档案室中。这样做的效率非常低。

此办公流程非常形象地描述了缓存的概念，即：在空间相对较小但速度非常快的存储器（桌面等同于缓存）中，加载空间更大但速度更慢的存储器中的当前内容（档案等同于闪存或共享 RAM）如图 2.7 所示。

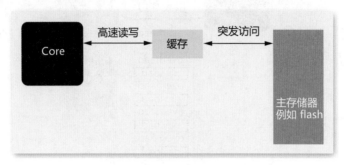

图 2.7   缓存的原理

对于较大的处理器，会有更多的层级或缓存级别发挥作用。为了说明多级缓存，可以将前文中税务师的示例扩展如下：在桌面和档案室之间，可能有一个带脚轮的抽屉柜，而且办公室里还有一个文件柜。这样就可以划分为以下层级：桌面相当于 1 级缓存，抽屉柜里的文件相当于 2 级缓存，文件柜相当于 3 级缓存，档案室相当于闪存或共享 RAM。通常不直接用汉字"级"，而是用字母"L"代替。因此，我们可以说 L1 缓存、L2 缓存等。

如果要读取数据或代码并且这些数据或代码已在缓存中，这种情况就称为"缓存命中"。如果这些数据或代码不在缓存中，而是必须先从主存储器中提取，这种情况就称为"缓存未命中"。

2.5.1   缓存结构和缓存行

每个缓存都划分为若干缓存行，每一行大小为几十个字节。主存储器的大小是缓存的整数倍，因此缓存能够放入"n 次"。向缓存传输数据或从缓存传输数据时，将始终通过突发访问来传输整个缓存行。

如何将缓存行分配给主存储器中的存储地址是不能随意选择的。相反，应根据缓存行在缓存中的位置来进行分配。图 2.8 说明了这种关系。例如，缓存行 3 只能与标有"3"的存储区域匹配。实际上，大小使用 1:4 比例更大，缓存行的数量也明显更多。表 2.2 中列出了为第一代 Infineon AURIX 处理器定义的相关参数。

为了说明缓存的工作方式，我们先假设一个具体情形：函数 FunctionA 已加载到某个缓存行（图 2.9）。很明显，该函数足够小，能够完整地存储到一个缓存行中。下面将讨论三种不同的情况。

如果已缓存的函数 FunctionA 现在调用：① 函数 FunctionB；② 函数 FunctionC；③ 函数 FunctionA（即以递归方式调用自身），那么会发生什么？

（1）函数 FunctionB 加载到缓存行 3 并因此而覆盖 FunctionA。

（2）函数 FunctionC 加载到缓存行 4，FunctionA 仍保留在缓存行 3。

（3）什么都不会发生，因为 FunctionA 已在缓存行 3 中。

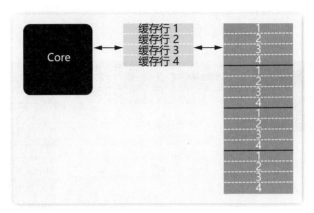

图 2.8　缓存行及其与主存储器中地址区域的关系

表 2.2　Infineon AURIX 处理器的缓存参数

参数	性能核 1.6**P**	效率核 1.6**E**
闪存大小	例如 4 MB	
程序缓存	16 KB	8 KB
数据	8 KB	128 B
缓存行大小	256 位（8 个 32 位字），4 路组相联（将在后文中解释）	
逐出策略	伪 LRU（将在后文中解释）	

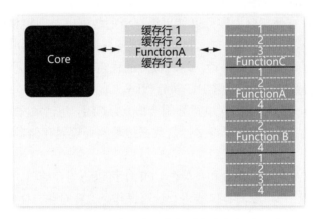

图 2.9　使用带三个函数的缓存来举例说明

2.5.2　组相联缓存及缓存逐出

如上所述，将主存储器的存储区域分配给缓存行时，将不可避免地导致一定的随机性，即对于较大的跳转，接下来将随机加载缓存行。而相应缓存行的内容将被覆盖或"逐出"，从而丢失。

因此，稍后再次需要的内容可能会丢失。为了应对这一问题，人们专门创造了具有多个并行缓存行的组相联缓存（图 2.10）。现在，当加载一个缓存行时，必须决定逐出哪个组相联缓存行。对于组相联缓存，目前有多种策略，本节仅介绍其中一部分。

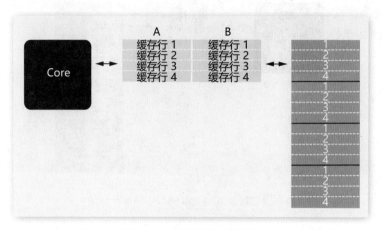

图 2.10　两路组相联缓存

LRU：最近最少使用的，最长时间未使用的缓存行将被逐出。

Round Robin：各缓存行将被轮流逐出。

Pseudo LRU：与 LRU 相似，但具有简化的逻辑。

Random：随机确定要逐出的缓存行。

此外，还可以利用缓存锁定"冻结"相应缓存中的代码或数据。在明确解除锁定之前，常规的缓存机制无法清除受保护的内容。

到目前为止，只有处理器内核可以使用缓存中的数据以及间接使用主存储器中数据。但是际上，还有其他一些设备也具有读取和写入访问权限，其中包括可通过 DMA（直接内存访问）直接访问存储器的片上外设。这种概念的优点在于，外设无须与 CPU 交互即可在存储器中读写大量数据，即无须 CPU 执行代码。

例如，与 SD 卡连接的 SPI（串行外围接口）。CPU 将请求文件传输（仍然需要执行代码以启动传输过程），其中，将文件内数据传输到处理器存储器的过程实际由 DMA 执行。

不仅是支持 DMA 功能的外设和（单个）CPU 可以访问存储器，在多核处理器中，有多个 CPU，所有 CPU 都可以对存储器进行读写操作。当有问题的存储区域启用了缓存时，可能会导致缓存一致性问题。

对于缓存一致性的问题，下面将以图 2.1 中的双核处理器为例进行说明。假设 CPU 0 从已开启数据缓存的共享存储器（如图中所示）读取数据，该数据已加载到数据缓存中。现在 CPU 1 将更改（写入）共享数据存储器，从而更改数据。共享数据存储器的内容和 CPU 0 的数据缓存此时已不相同，因而二者不一致。就其本身而言，这种暂时的数据不一致并不是问题一直到 CPU 0 读取相同的数据位置并从缓存中获取（旧）数据值，而不是数据存储器中当前的（新）数据值。缓存一致性问题不仅由 CPU 访问存储器引起，也可能是因为任何外设（例如 DMA）写入已缓存的共享存储器。

因此，如何才能确保缓存一致性？一种简单且在实践中经常使用的方法是禁用共享存储区域的缓存。当然，这给计算能力带来了额外的压力，但它通常是唯一可行的解决方案。

如果项目面临偶尔发生数据不一致的情况，则确定原因是否为缓存一致性的一种方法就是停用缓存。如果停用后问题得到解决，则可以快速确定出现问题的位置，从而找到高效的解决方案。

为了解决缓存不一致可能导致的问题，可以使用更强大的处理器，它通过实施硬件机制来确保缓存一致性。因此，也可以说这类处理器能够保证缓存一致性。具体是通过实施巧妙的逻辑调用写入广播来实现，该方法可确保对共享存储器的写入操作会导致所有缓存副本被再次读取之前快速更新。

在 2.9 节"数据一致性"中，将更详细地介绍"数据不一致"问题。

2.6　流　水　线

流水线，即英文 Pileline。一条指令的执行分为多个步骤。每条指令具体需要的步骤数取决于处理器的架构，可能有 2（如 Microchip AVR）到 30 多个（某些 Intel 处理器）。

典型的步骤包括：

（1）**Fetch**：从存储器或缓存加载命令。

（2）**Decode**：解码，即解析操作码。

（3）**Execute**：执行命令。

（4）**Write-back**：回写结果（如有需要）。

处理器时钟用于从一个步骤切换到下一个步骤。

当一个命令进入解码步骤后（第 2 级），才可以提取下一个命令（第 1 级）。前两个命令将与（第 3 级）和回写（第 4 级）步骤同时执行。这种方法允许并行执行数条指令，从而提高处理器的性能。指令流的这种运行机制类似于流水线。当代码按线性方式进行处理时，流水线中的指令数量总是与级数相同。图 2.11 说明了流水线的工作原理。

图 2.11 中所示的代码不含任何跳转。但是，如果发生跳转，并且紧跟在跳转指令之后的命令未执行，那么会发生什么呢？这种情况下，在解码阶段检测到跳转之后，简单的流水线机制将丢弃流水线中的所有命令，从而保持预期的程序流程。但是，由于执行速度不再是每个处理器时钟一个指令，所以处理器的效率会受到影响。

由于程序代码通常具有许多跳转和子例程（调用），因此专门开发了分支预测单元机制，在大多数情况下，该机制可重新建立高代码执行效率。分支预测单元甚至在完全解码和执行指令之前就能猜测接下来将访问哪个地址。例如，它必须预测是否将执行条件跳转。但如果遇到更复杂的情况，此预测就不可行了，因为它需要涉及完全接替解码和执行阶段的逻辑才能知道有关条件跳转的决策。

快速、连续地或按顺序执行多次（简单）跳转或函数调用的情况与此类似。在此类情况下，必须丢弃已经加载到流水线中的后续指令，流水线也将"停滞"。被丢弃的指令将留下空隙，当这些空隙与其余有效命令一起通过流水线时，每一级都会忽略这些空隙。

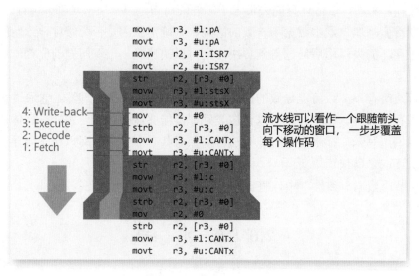

图 2.11　　四级流水线示意图

2.7　　中　　　断

中断是一种子例程，它不会被软件调用，而是根据硬件事件而执行。此类事件可能包括通过串行接口接收 CAN 报文或字符。正确配置的接口引脚处电平的变化（由高到底或相反）是另一种常见的中断来源。

如果触发了中断，则其会"挂起"，并且相关中断控制寄存器中的中断挂起位从 0 变为 1。如果存在全局中断挂起标志位，则该标志位也会设定为 1。

如果已全局允许中断（参阅 2.1.2 节"寄存器"中的"IE, Interrupt Enable Flag"），并且当前执行的代码优先级低于中断代码的优先级，则处理器将跳转至 中断服务程序（ISR）。该程序会链接到被定义为 void-void 的函数（即无参数、无返回值的函数）的函数，因为作为触发中断的硬件既不能提供任何参数，也不能评估任何返回值。

在几乎所有处理器上，进入中断服务后都会全局禁止中断。这是防止中断例程被其他（优先级更高的）中断再次中断的唯一方法。如果要明确允许此类嵌套中断，则可以全局启用它们，作为中断服务程序中的第一组指令之一。

实现中断服务的语法取决于所使用的编译器。

在 3.1 节"无限循环加中断的实现示例"的代码示例 3.1 中，显示了 Microchip AVR ATmega32 的一个使用中断的可执行小程序。代码的第 2 行中包含头文件 avr/interrupt.h，其定义了第 13 行中使用的宏 ISR，这会启动中断服务例程。该宏需要另外一个宏作为参数，以定义将实现此中断的中断来源。宏的定义可以从处理器相关头文件中查找。在此例中，当处理器的定时器 1 溢出 (TIMER1_OVF_vect) 时，总是会触发中断。

2.8　陷阱/异常

异常处理（部分处理器厂商也将其称为"异常"（Exception）或"陷阱"（Trap））与中断类似，通常具有比中断更高的优先级，由处理器在硬件中检测到的错误触发。此类错误的示例包括被零除、电源电压下降、时钟发生器不稳定，以及违反了 MPU（内存保护单元）检测到的内存访问权限。较大的处理器通常可以检测出一百多种可能触发异常的错误。

与中断服务类似，异常也具有称为"异常处理程序"（exception handler）或"陷阱处理程序"（trap handler）的处理程序。

在很多情况下，异常有助于发现开发过程中的软件错误。而对于其他情况（电源故障或时钟发生器不稳定），可以尝试使系统在异常处理程序中进入安全状态。

2.9　数据一致性

本节将通过一个简单的示例对数据不一致的问题进行说明。假设一个应用程序有两个优先级不同的中断，并且需要知道两个中断的总执行次数。在代码示例 2.4 中，显示了此需求的（非常）简单实现方式。此处将使用 Infineon AURIX 的 TASKING 编译器中断标识符作为示例。

代码示例 2.4　用于说明数据不一致的代码

```
1  unsigned int counterISR = 0;
2
3  void __interrupt(0x05) ISR_low_prio (void)
4  {
5      _enable(); // globally enable interrupts
6      counterISR++;
7      DoSomething();
8  }
9
10 void __interrupt(0x30) ISR_high_prio (void)
11 {
12     _enable(); // globally enable interrupts
13     counterISR++;
14     DoSomethingElse();
15 }
```

除了不处理计数器 counterISR 的溢出外，此代码还有另一个问题。

假设到目前为止已经计数了 24 次中断，现在又触发了低优先级中断，并且中断服务例程 (ISR)ISR_low_prio 相应地发生了跳转（图 2.12）。将值 24 从存储器加载到寄存器，在 ISR 完成之前, 它本身会被其他中断的 ISR 打断。再次将值 24 从存储器加载到寄存器, 使其加 1 增大到 25, 然后将其回写到存储器。继续执行已中断的低优先级 ISR, 使寄存器中的值加 1 增大到 25, 然后将其回写到存储器。为此, `ISR_high_prio` 之前写入的值将被覆盖, 从而丢失。

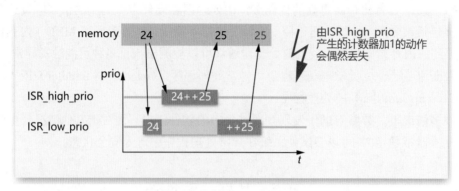

图 2.12   数据不一致的示例

尽管此代码非常简单, 并且可以在没有中断的环境中运行, 但是对于嵌入式软件领域而言却失败了。数据是否一致是嵌入式软件开发中的一个中心问题。只要代码可以在某个时候被其他代码打断, 即使乍看并不明显, 也总是存在数据不一致的风险。

原则上, 所有不是最小单元的访问或数据操作均存在风险, 即这些访问或数据操作耗时太长而无法在单个 CPU 周期中完成, 因此可能会被中断。对于数据结构体而言, 尤其如此。例如, 假设有一个组件读取了某个结构体第一部分, 而这时它被中断, 并在中断程序中更新了该结构体。如果继续执行已被中断的代码, 那就意味着将处理不一致的数据: 首先处理了旧数据, 然后处理新数据。

硬件有时能提供帮助。例如, 当访问宽度超过最小单元宽度的定时器时, 处理器会提供特殊的访问机制以确保数据一致性。在读取定时器的低位部分和高位部分时, 定时器可能会溢出, 这将导致重新组合定时器值时得到一个错误值。所以这种特殊访问机制通常按以下方式工作: 读取低位时, 硬件将定时器一致的高位写入单独的影子寄存器中。现在将不再直接从定时器读取高位, 而是从影子寄存器中读取高位。这样可确保低位和高位相一致, 并且组合成正确的值。

如何解决存在两个中断的示例中的问题? 一个简单且在实践中经常遇到的解决方法是不允许在执行过程中的此类关键点处中断。在此例中, 删除第 6 行, 即全局释放中断, 或至少将其移至第 7 行中的指令之后即可。类似地, 在大多数嵌入式软件项目中, 代码段都被中断锁包围。

当使用操作系统(例如 AUTOSAR OS)和通信层(例如 AUTOSAR COM 和 RTE)时, 这些层或许可以让用户从确保数据一致性的工作中解脱出来。但是, 这同样也会出现问题, 并且数据一致性的保障可能需要大量资源, 例如运行时间和内存。稍后将详细探讨此主题, 但现在, 让我们先提前了解一下这方面最重要的见解。数据一致性的最佳保障措施是你不需要用到的措施。为实现这一点，首先务必要了解数据不一致的问题。然后，在没有其他保护机制的情况下，确保数据一致性的最佳方法是使用合适的概念，这将在本书的后续章节中介绍。

有一些不同的方法可以解决 7.3 节 "数据一致性，Spinlocks" 中所述存在两个中断的示例中的问题，包括协作式多任务处理（参见 3.3 节 "多任务: 协作与抢占"）和 4.5 节 "逻辑执行时间" 中所述的逻辑执行时间（LET）。

2.10　对比桌面处理器，嵌入式处理器的特点

嵌入式领域的处理器一直都采用了高性能计算和 PC（个人计算机）领域的创新技术。这两个领域普遍需要更强大的计算能力。但是，具体的需求有所不同。用于游戏或视频编辑等应用的台式电脑平均每秒应处理尽可能多的指令。对于必须满足强实时需求的嵌入式系统，这是最糟糕的情况。

例如，如果 PC 的鼠标指针在每次持续几小时的视频编辑任务时需要花费 200 ms 变成等待光标，这并不是问题。但是，如果将安全气囊控制单元的触发延迟 200 ms，则司乘人员在事故中生存的机会将大幅减少。

半导体器件上越来越小的结构实现了更高的时钟频率。但这只是处理器性能在数十年来快速提升的原因之一。

越来越强大的指令集、更长的流水线、更复杂的分支预测单元、具有复杂逻辑的分层缓存等方面的发展，极大地促进了平均计算能力的永久提升。但是，由于这种越来越高的复杂性，最快的执行速度（最佳情况）和最慢的执行速度（最坏情况）之间的差距也越来越大。

图 2.13 显示了在三种不同的处理器架构中，一种特定功能的执行时间变化，这些架构均代表各自年代的最高水平，彼此相差 20 年左右。图 2.13 侧重于原理，而非确切的比例。

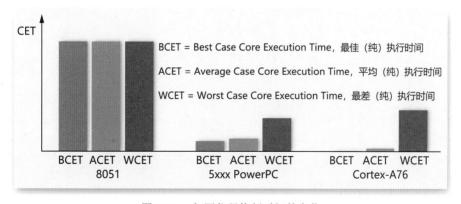

图 2.13　相同代码执行时间的变化

8051 是一款经典的嵌入式处理器，既无缓存，也无复杂的流水线。每条指令的执行时间仅取决于处理器时钟，可以在处理器手册中查询。因此，最短时间、平均时间和最长时

间均相同。

在汽车领域，5000 PowerPC 经过了数年的发展，被广泛应用于发动机控制单元。它提供了缓存和一条重要的流水线。因此，执行函数时的最短执行时间和最长执行时间有明显差异，因为它们取决于函数开始时流水线的状态和缓存的状态。

而到了 2020 年，Cortex-A76 架构依然相对较新。它在平均执行时间和最短执行时间方面表现更好，但最长执行时间却相对较长（虽然这不太可能发生），甚至比平均执行速度慢得多的 PowerPC 还要长。这表明，过分强调最大限度地提高平均计算能力可能会导致最坏情况，即不再能够满足强实时系统的需求。这就是航空领域通常使用旧架构的原因之一。因为这是保证在所有情况下都不超出最坏情况下执行时间要求的唯一途径。

2.11　总　　结

简要介绍了微处理器的基本结构之后，本章以虚构的 16 位 CPU 为例，探讨了指令处理和不同类型的寻址。通过不同寻址类型的示例回顾了上一章的主题"链接器脚本"：使用相同寻址类型访问的符号大多分配到同一段。

在介绍命令处理和寻址类型时，直接涉及了缓存和流水线方面的内容，并且也进行了探讨。

在按顺序处理指令期间，中断或异常/陷阱会打断程序流。如果中断发生在不合适的位置，导致中断和被中断的代码都访问相同的数据或资源，则可能会引起不一致。此类关键代码单元必须通过中断锁定等方式加以保护。更好的做法是应在原则上避免数据不一致的风险，这可以通过替代法、通信层或适当的调度措施来实现。所有这些选项都将在本书后续章节中详细介绍。

第 3 章 操 作 系 统

概括地说，嵌入式操作系统的基本任务是组织嵌入式系统软件的执行。因此，其功能范围比 Microsoft Windows 或 macOS 等桌面操作系统要窄得多。从此类操作系统的角度来看，嵌入式操作系统或 RTOS（**R**eal **T**ime **O**perating **S**ystem，实时操作系统）只不过是一个简单的内核。

与操作系统相关的术语有很多，但是根据所使用的操作系统，它们会有不同的含义，特别是任务、进程、线程或异常等术语。因此，这些术语没有通用的定义，而是需要在各自的上下文中进行定义，即与特定的操作系统有关。

同样，操作系统的使用方法也无法轻易地从一个系统转到另一个系统。假设有一位开发人员以前是开发 Linux 软件的，但现在要为 OSEK / VDX 或 AUTOSAR Classic Platform（AUTOSAR CP）编写软件。他可能会将本应打包到 Linux 线程内的无限循环中的代码放到 OSEK / VDX 下非终止的扩展任务中的无限循环中。虽然这在原则上可行，但 OSEK / VDX 并非针对这种任务实现方式而设计，因此会导致一些缺陷。此示例将在后文中详细讨论。

本章介绍了不同的操作系统，但仅限于调度方面，即组织和执行（应用程序）代码不同部分（这些部分都在争夺计算时间）所遵循的规则。重点在于以下问题：如何配置和使用操作系统来开发尽可能节省资源的软件，尤其是在时间方面？

3.1 无操作系统：无限循环加中断

只要系统的调度非常简单，并且对操作系统没有明确的需求，则不使用操作系统是一个不错的选择。笔者见过一些项目使用完整的 AUTOSAR 堆栈，只是为了实现了少许中断和一项后台任务。这些项目除了成本高昂以外，还违反了"保持简单"的原则。降低复杂性实际上总是会降低出现错误的可能性，更不用说操作系统本身也需要消耗资源（运行时间、堆栈、RAM、闪存）。

那么，"简单调度"到底是什么意思呢？当然，可以将部分周期执行的代码、后台进程以及某些中断的存在定义为简单的调度。通过周期性的定时器中断、无限循环和其他中断，可以轻松实现这种配置。

3.1.1 周期中断的实现示例

代码示例 3.1 中显示了如何利用循环代码（`DoSomePeriodicalStuff`）和"后台"代码（`DoSomeBackgroundStuff`）实现一个简单的应用程序，并且不依赖操作系统。在此例中，使用的是 Microchip AVR 系列处理器的代码。此系列的代表性产品是 ATmega32，示例中所示的代码可在此处理器上执行。

代码示例 3.1　"无限循环加中断"的实现示例

```
 1 #include <avr/io.h>
 2 #include <avr/interrupt.h>
 3
 4 void InitHardware(void)
 5 {
 6     DDRB = (1<<PB0); /* pin connected to LED is output pin */
 7
 8     /* initialize timer 1 */
 9     TCCR1B = (1<<CS11) | (1<<CS10); /* prescaler = clk/64 */
10     TIMSK |= (1<<TOIE1); /* enable overflow interrupt */
11 }
12
13 ISR(TIMER1_OVF_vect) /* timer 1 overflow interrupt */
14 {
15     PORTB ^= (1<<PB0); /* toggle LED */
16     // DoSomePeriodicalStuff();
17 }
18
19 int main(void)
20 {
21     InitHardware();
22     sei(); /* globally enable interrupts */
23     while(1) {
24         // DoSomeBackgroundStuff();
25     }
26 }
```

注意在 DoSomePeriodicalStuff 和 DoSomeBackgroundStuff 之间交换或共享的所有数据。这种情况下，可能必须由程序员手动确保数据一致性。在 2.9 节"数据一致性"中，已探讨过数据一致性方面的内容。

3.1.2　轮询——无中断地实现

无须使用定时器中断也可轻松实现所示的示例。在代码示例 3.2 中，还提供了一种实现相同应用程序的替代方法。现在可以从一开始就排除中断引起的数据一致性问题。此代码可以放在后台进程中相同的无限循环中，而不是执行定时器中断的 ISR 中的周期性代码部分。每次循环运行时，都有一项查询来检查是否由于定时器溢出而设定了定时器中断的挂起标志位。如果是这种情况，将在软件中清除挂起标志位，并执行周期性代码部分。如前所述，这种方法意味着根本不需要 ISR，因此，后台代码在任何时候都不会再被中断。这种永久查询状态的方式称为"轮询"。

代码示例 3.2 使用轮询实现相同的应用程序

```
1  #include <avr/io.h>
2  #include <avr/interrupt.h>
3
4  void InitHardware(void)
5  {
6      DDRB = (1<<PB0); /* pin connected to LED is output pin */
7
8      /* initialize timer 1 */
9      TCCR1B = (1<<CS11) | (1<<CS10); /* prescaler = clk/64 */
10 }
11
12 int main(void)
13 {
14     InitHardware();
15     while(1) {
16         // DoSomeBackgroundStuff();
17         if (TIFR & (1<<TOV1)) {
18             TIFR |= (1<<TOV1); /* clear pending flag by
19                                   writing a logical 1 */
20
21             PORTB ^= (1<<PB0); /* toggle LED */
22             // DoSomePeriodicalStuff();
23         }
24     }
25 }
```

该版本与存在定时器中断的版本之间的本质区别在于，循环代码部分现在不再以相同的循环精度执行。如果发生了溢出并且硬件设置了定时器溢出标志 TOV1，则在函数 DoSomeBackgroundStuff 结束其当前调用并执行循环代码节之前，还需要花费一些时间。事件实际发生时间与计划时间的偏差称为抖动，具体将在后文中讨论。我们现在只需要了解 DoSomePeriodicalStuff 的计划循环执行将受到抖动的影响，抖动的程度取决于 DoSomeBackgroundStuff 的执行时间。在使用轮询时，必须要检查抖动是否会大到影响应用程序功能的程度。

抖动与有效保证数据一致性之间的权衡将在后续的协同多任务处理中再次出现。

如果一方面可以接受相关的延迟，另一方面又合理地使用了等待时间，则轮询始终不失为一个好方法。但是，如果轮询以"忙碌等待"（即在循环中专门等待某个事件）的方式实现，则应至少对这种实施方案提出严格的质疑。

3.1.3　可扩展性

经验表明，随着其他周期性代码部分的添加，此类方法会随着时间的推移而扩展。人们经常会发现，在进行了无数次修改之后，配置和实现被混为一谈，偶尔会出现数据不一致的情况，并且整个系统不再受控制。在这种情况下，开发团队无法及时切换到使用操作系统。

3.2　OSEK / VDX

20 世纪 90 年代，德国汽车行业代表联合成立了汽车电子开放系统及接口（**O**pen **S**ystems and their interfaces for **E**lectronics in the **K**raftfahrzeug, OSEK）标准化委员会，不久之后与法国汽车分布式执行标准委员会（**V**ehicle **D**istributed **E**xecutive，VDX）合并成 OSEK / VDX。实际上，人们常常使用 OSEK 作为 OSEK / VDX 的简称。

2005 年和 2006 年，部分OSEK / VDX 标准转化成 ISO 标准。OSEK / VDX 操作系统[5] 规范（从今天的观点看，它是OSEK / VDX 标准最重要的部分）如今已成为 ISO 17356-3:2005 标准。展开详细探讨之前，我们先来了解一些术语的定义。

3.2.1　任务

任务是代码容器。它们具有优先级，并且在运行时始终具有一个被定义好的状态，如图 3.1 中的状态图所示。如果某个任务处于运行状态，则表示正在执行其代码。如果该任务处于就绪状态，则表示其代码可随时执行。结束状态表示代码无须执行。OSEK / VDX 基本符合类（BCC）定义了三种任务状态（结束、就绪和运行）。OSEK 扩展符合类（ECC）则定义了第四种任务状态：等待状态。通过调用`WaitEvent(...)`可使任务进入"等待"状态。如果发生函数参数中指定的事件，则任务的状态将从"等待"变更为"就绪"。

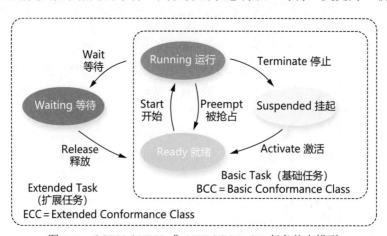

图 3.1　OSEK / VDX 或 AUTOSAR CP 任务状态模型

图 3.1 中显示的每种状态的颜色在图 3.2 中被用于沿着时间轴指示 TASK_A、TASK_B

和 TASK_C 这三个任务的状态，这样就能以一种简单易懂的方式将更复杂的运行时情况可视化。

为了方便辨别，图中并未显示"挂起"状态。如果某个任务未显示任何状态，则该任务当前处于"挂起"状态。

绿色箭头和标记标示了状态转换。图中仅标出了 TASK_B 首次发生时的状态转换。

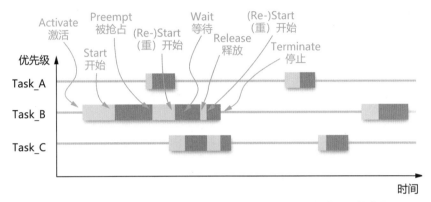

图 3.2　使用图 3.1 中所示的颜色指示三种任务的状态随时间的变化

与 POSIX 操作系统或 Microsoft Windows 相比，基于 OSEK / VDX 的系统配置在系统创建（编译）之时就已确定。这意味着那时就已经知道所有操作系统对象（例如任务）及其静态属性（例如名称或优先级）。换句话说，就是在执行时不能动态地创建或添加任何任务。

代码示例 3.3 显示了图 3.2 所示两个基本任务和一个扩展任务的实现方式。

代码示例 3.3　三个任务（包括主要功能）的实现示例

```
1  TASK(TASK_A) /* Basic Task */
2  {
3    DoSomething();
4    TerminateTask(); /* must be last function call */
5  }
6
7  TASK(Task_B) /* Extended Task */
8  {
9    EventMaskType ev;
10   DoSomeStuff();
11   (void)WaitEvent( someEvent );
12   (void)GetEvent(Task_B, &ev);
13   (void)ClearEvent(ev & ( someEvent ));
14   DoSomeMoreStuff();
15   TerminateTask(); /* must be last function call */
16 }
17
```

```
18  TASK(TASK_C) /* Basic Task */
19  {
20    DoSomethingElse();
21    TerminateTask(); /* must be last function call */
22  }
23
24  int main(int argc, char *argv[])
25  {
26    DoSomeInitialization();
27    StartOS(OSDEFAULTAPPMODE); /* typically does not return */
28    return -1;
29  }
```

两个任务的主体由宏TASK(<taskname>)定义，必须以函数调用TerminateTask();结束。所有OSEK／VDX操作系统均会通过定义类似于以下结构的宏将任务映射到void-void函数：

```
#define TASK(_name_) void task_ ## _name_ (void)
```

启动任务时，不允许应用程序直接调用相应函数，仅允许操作系统调用该函数。

以下选项可用于在运行时激活任务：

（1）通过操作系统服务直接激活。通过调用操作系统函数 ActivateTask(<ID of the task>) 或 ChainTask(<ID of the task>) 之一，即可显式激活相应任务。

（2）通过警报间接激活。OSEK／VDX 警报是用于循环激活任务或循环设置事件的操作系统对象。

（3）通过调度表间接激活。OSEK／VDX 本身不支持调度表，因为它们是在OSEK／VDX OS 规范被纳入AUTOSAR OS 规范以后才被引入的。

调度表允许高效而简单地实施任务集合的重复激活模式。图 3.3 以三个任务为例说明了此模式。示例中的激活模式每 10 ms 重复一次，被称为超周期（Superperiod）。其周期由各个任务周期的最小公倍数确定。

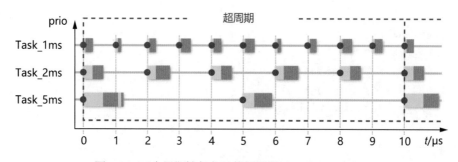

图 3.3   三个周期性任务及其超周期（superperiod）

3.2.2 中断

由于中断而执行的代码称为中断服务（ISR）（另请参阅 2.7 节 "中断"）。OSEK / VDX 支持两类 ISR：1 类中断（CAT1 ISR）独立于操作系统（绕过操作系统）运行，因此完全由开发人员负责；2 类中断（CAT2 ISR）的不同之处在于，它们由操作系统配置，是操作系统配置的一部分。它们还可以调用各种操作系统服务，例如`ActivateTask(...)`，以激活任务。

3.2.3 ErrorHook

`ErrorHook` 是由操作系统用户实现的一个函数，只要在运行中检测到问题，操作系统就会调用它。对于时间，任务激活失败（在开发人员的行话中通常称为 "task overflow" 或 "task overrun"）是最重要的错误情况。

虽然 `ErrorHook` 默认是可选项，但每个项目都应启用它，以实现有意义的响应。这些响应包括：

- 将系统转入功能安全状态（故障安全状态）；
- 触发错误响应；
- 将错误输入诊断错误缓冲区；
- 如果正在使用追踪，则会触发合适的触发机制，以便在追踪时可以看到操作系统识别到错误之前和之后的场景，从而分析错误是如何发生的以及系统对错误的反应。

3.2.4 基本调度策略

使用OSEK / VDX 时，调度（即控制流程）是什么样的？ 如前所述，任务将会被激活，中断会在发生某个硬件事件时被触发。根据任务的优先级，来执行相关的任务或中断。如果有两个任务处于 "就绪" 状态，则优先级更高的任务先激活，但前提是没有其他具有更高优先级的任务处于 "就绪" 或 "运行" 状态，并且没有中断正在或者准备执行。

优先级相同的任务按照输入的顺序处理，即依据 FIFO（先进先出）原则。

如果当前正在执行某个任务，并且另一个优先级更高的任务被激活，则将切换任务，除非将调度策略配置为 "非抢占式"。随着任务的切换，之前处于 "运行" 状态的任务现在变成 "就绪" 状态，并且新激活的任务开始执行。

3.2.4.1 任务的多次激活

图 3.1 中解释说明了 BCC 与 ECC 之间的差异。总体而言，OSEK / VDX 操作系统定义了四种任务类别：BCC1、BCC2、ECC1 和 ECC2。带有 "2" 的任务类别表示可以配置具有相同优先级的多个任务，并且支持任务多次激活。而带有 "1" 的任务类别不具备这些功能。

任务的多次激活允许重新激活处于 "就绪" 或 "运行" 状态的任务。对于 BCC1 或 ECC1，这可能会导致任务激活失败，即运行时错误的一种。如果在 BCC2 或 ECC2 配置中，某个任务被多次激活，则这些激活会进行缓冲。支持的激活次数不超过系统配置中定义的最大激活次数。超出此上限后，额外的任务激活会失败，就像在配置带有"1"的任务类别一样。

实际上，任务的多次激活通常只是一种不好的变通办法（即绕过开发过程中发现的时间问题），这种方法并非良策。大多数情况下，更好的做法是找到问题出现的原因并将其消除，而不是处理多次激活导致的更加复杂的状况。

3.2.4.2　资源保护和优先级上限协议

在软件开发过程中，始终有一些资源（例如数据、接口、处理器外设和连接的硬件）必须在限定的某个时间段内受到保护。这意味着在一个任务访问期间，即使第二个任务具有更高的优先级，也无法访问相同的资源。

我们以日常办公室工作中的一个例子来进行说明。一名员工将一项打印作业发送至部门打印机。此打印作业开始后，打印机收到来自部门主管的第二项打印作业。尽管第二项作业的优先级更高，但是中断第一项作业的数据流并立即开始打印第二项作业并没有任何意义。否则只会导致这两项打印作业的内容打印在同一张纸上，毫无用处。因此，必须先完成已经开始的打印作业。

优先级上限协议通过首先识别特定资源的所有用户（即需要访问该资源的所有任务）来解决此问题，因此就形成了任务组。该组中优先级最高的任务定义了资源的最高优先级。"最高"意味着"上限"。最高优先级在配置时便确定下来，而非在运行时。

在运行时，任务对资源的访问将由操作系统服务 GetResource(...) 启动。操作系统会暂时将关联任务的优先级提高到最高（上限）优先级，从而确保此任务不会被可能也要访问该资源的另一个任务中断。然后，ReleaseResource(...) 将终止该任务对资源的访问，该任务也随之恢复到原始优先级。

在受保护的资源被访问期间，只有优先级高于最高（上限）优先级的任务才可以替代正在运行的任务。但根据定义，这些任务仍然无法访问此资源。而所有优先级低于或等于最高（上限）优先级的任务都会在资源被访问期间被阻止运行。

除了应用程序定义的资源以外，还有另一个被称为 RES_SCHEDULER 的资源。此资源将被自动分配最高（任务）优先级。通过 GetResource(RES_SCHEDULER) 服务，可以防止随后的代码段被任何任务抢占，直到 ReleaseResource(RES_SCHEDULER) 服务被调用。但是，中断不会被阻止，并且不会受到此保护的影响。

再进一步，也可以将优先级上限协议扩展到 2 类中断（CAT2 ISR）。应包含在优先级上限协议中的每个 CAT2 ISR 都会被分配一个优先级。其他方面如上文所述。

3.2.4.3　调度策略：抢占式、非抢占式和混合式

3.2.4 节"基本调度策略"已经介绍过基本的调度策略。如果激活的任务优先级高于当前正在运行的任务，则会切换任务。这种立即执行的切换仅适用于抢占式调度。

如果某个任务设置为不可抢占，则优先级更高的任务无法立即中断此任务。在此情况下，只有当发生以下事件时，才会切换任务：

（1）当前正在进行的任务终止并因此转入"结束"状态。

（2）当前正在进行的任务调用操作系统服务 WaitEvent(...) 并因此转入"等待"状态。

（3）当前正在进行的任务调用操作系统服务 Schedule()，而与此同时某个优先级更高的任务处于"就绪"状态，则会切换任务。否则，当前正在进行的任务仍将继续。

每个任务均可单独设置为"可抢占"或"不可抢占"，也可以将两种调度策略混合使用。

这里的命名有点混乱，因为调度策略由当前正在进行的任务的配置定义：针对不可抢占的任务执行非抢占式调度或针对可抢占的任务执行抢占式调度。从当前正在进行的任务来看，调度还有另一个缺点，具体将在下一节中探讨。

3.3 多任务：协作与抢占

在实时操作系统中，OSEK / VDX 希望通过支持可抢占和不可抢占属性来实现的目标通常称为协作式和抢占式多任务处理。在这里，术语"多任务处理"是调度策略的同义词。其背后的用意是，如果以协作方式执行任务切换，而不是尽可能快地执行任务切换（即以抢占方式执行），会有一些优点。等待执行的"就绪"状态任务将通过等待当前处于"运行"状态的任务来实现协作。

3.3.1 两种追踪的图示说明（示例 1）

为了便于比较，图 3.4 和图 3.5 显示了在相同运行情况下的同一个应用程序。唯一的区别在于，对于图 3.4 中所示的追踪，Core1_2msTask 被配置为抢占式任务；而对于图 3.5 中所示的追踪，它则被配置为协作式任务。

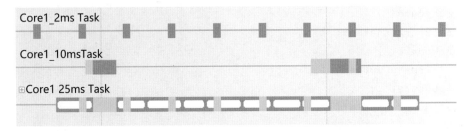

图 3.4　Core1_2msTask 对于其他任务表现出抢占性

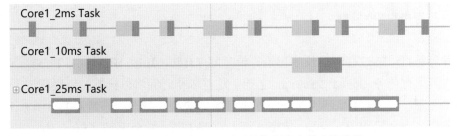

图 3.5　Core1_2msTask 对于其他任务表现出协作性

与OSEK / VDX 不同的是，gliwOS 操作系统[6] 调度策略的定义并非针对当前正在运行的任务，而是针对（可能）引起中断的任务。但是，这并不会改变本节后面关于协作式和抢占式多任务处理优缺点的讨论。

在详细讨论它们的优缺点之前，需要先简单地说明任务代码和追踪。在以上两个图示中，`Core1_25msTask` 的 10 个 Runnable 均显示为任务内的白色区域。

代码示例 3.4 展示了 `Core1_25msTask` 的实现。与OSEK / VDX 不同的是，gliwOS 不需要在任务结束时调用 `TerminateTask()`。在对 Runnable 执行的调用之间，能够看到 `OS_Schedule()` 的调用，因而可以执行更高优先级的协作任务。在这两次追踪期间，都看到了多次协作式任务切换，如在图 3.4 中两次切换到 `Core1_10msTask` 时，以及在图 3.5 中 `Core1_2msTask` 七次激活后等待 `Core1_25msTask` 正在运行的 Runnable 完成后才进行的任务切换。

代码示例 3.4　　Code of the **Core1_2msTask**

```
1  OS_TASK( Core1_25msTask )
2  {
3      Core1_25msRunnable0( );
4      OS_Schedule( );
5      Core1_25msRunnable1( );
6      OS_Schedule( );
7      Core1_25msRunnable2( );
8      OS_Schedule( );
9      Core1_25msRunnable3( );
10     OS_Schedule( );
11     Core1_25msRunnable4( );
12     OS_Schedule( );
13     Core1_25msRunnable5( );
14     OS_Schedule( );
15     Core1_25msRunnable6( );
16     OS_Schedule( );
17     Core1_25msRunnable7( );
18     OS_Schedule( );
19     Core1_25msRunnable8( );
20     OS_Schedule( );
21     Core1_25msRunnable9( );
22 }
```

这种等待可以通过有时很长的初始等待时间（IPT，**I**nitial**P**ending **T**ime）清楚地识别，在实际运行任务 `Core1_2msTask` 之前，这些等待时间将以鲜艳的色块标记。

相比之下，图 3.4 中显示的同一任务的 IPT 非常短，以至于在特定的分辨率下根本看不见。该任务不会等待 Runnable 完成，而是立即中断。白色区域（Runnable）则相应地会在任意时刻"中断"。协作式多任务处理（图 3.5）则并非如此：先完成已经开始运行的每一个 Runnable 然后才能执行任务切换。

3.3.2　堆栈消耗（示例 2）

与调度策略有关的另一个方面是应用程序的堆栈需求。在此讨论主题中，我们将使用另一个示例。此示例中包含一个系统，配置了五个任务（Task A ~ Task E）和函数 1 ~ 12。这些函数可以是 AUTOSAR 系统的 Runnable，但以下考量也适用于非 AUTOSAR 系统。起决定作用的是函数由任务调用，并且需要堆栈空间。表 3.1 中列出了每个函数的确切堆栈需求。

图 3.6 和图 3.7 都反映了相同的运行时情况，即函数 1~12 的启动时间和（净）运行时在两种情况下相同。由于只有调度策略不同，因此应用程序的堆栈需求也不同。

表 3.1　示例 2 中各函数的堆栈需求

函数	1	2	3	4	5	6	7	8	9	10	11	12
堆栈用量 [字节]	40	50	40	50	70	60	40	20	40	30	20	40

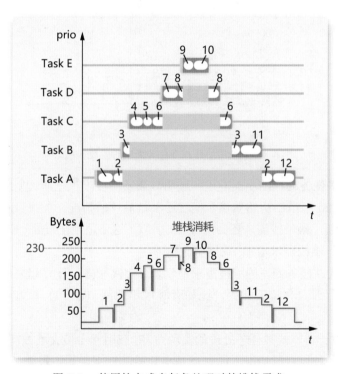

图 3.6　使用抢占式多任务处理时的堆栈需求

我们首先讨论基于协作式多任务处理的第二种情况，即所有函数先执行完成，然后再切换任务。如前文所述，在此期间启动的任务即使具有更高的优先级也必须等待。

那么这对堆栈需求有何影响呢？在 Task A 运行之前，堆栈上已经被占用 20 字节，可能是操作系统本身占用。在每个函数开始执行时，它会"获取"自己的堆栈帧，并在函数执行结束时重新释放。这就解释了为什么在每个函数执行开始时，堆栈消耗会从 20 个字节增加表中该函数表中指定的值，然后又回落到 20 个字节的初始值。最大堆栈消耗（即应用程序的总堆栈消耗）等于偏移量（20 字节）加上堆栈消耗最大的函数的堆栈消耗。在此例中为函数 5，其堆栈消耗为 70 字节。

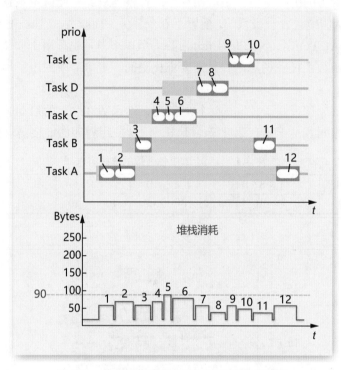

图 3.7　使用协作式多任务处理时的堆栈需求

使用抢占式多任务处理的相同应用程序明显需要更多堆栈空间。对于图示中的情况，堆栈为 210 字节加 20 字节的初始偏移。但这还不是最坏的情况。如果 Task D 启动得略早，导致函数 5 被中断，则堆栈需求还会增加 10 字节。这还适用于 Task E：如果该任务把函数 7 中断，会导致堆栈需求增加 20 字节。

因此，抢占式多任务处理的堆栈需求不仅总体上高很多，计算起来也复杂得多。此外，它还与相应的运行时具体情况相关，比如有时很难预测 Task D 和 Task E 会不会更早启动。

相比之下，对于协作式多任务处理的实现而言，应用程序最大堆栈需求的计算（在所有情况下都适用于各种运行时情况）简直就是小儿科，只需要知道每个函数或 Runnable 的最大堆栈需求就足够了。确定的最大值定义了应用程序的堆栈需求。

在很多情况下，协作式方法的堆栈需求明显更低，这会带来额外的好处，对运行产生积极影响。对于将堆栈放在相对较慢的存储器中但数据缓存处于活动状态的项目，由于堆栈需求相比抢占式多任务处理方法的需求较低，因此，可以观测到的缓存未命中次数将大大减少。实际上，大多数时候，堆栈通常会完全缓存，从而大幅减少执行时间。

两种多任务处理类型都需要这样的堆栈偏移量，并且必须考虑中断的发生。这同样适用于任务中的函数所调用的函数。实际上，随着时间的推移，函数的堆栈分配不会产生矩形，而是会让人联想到大城市的天际线。最终产生的锯齿状曲线来自被调用的所有子函数以及子函数的子函数等。

3.3.3　确保数据一致性

2.9 节"数据一致性"已经探讨过确保数据一致性的问题，7.3 节"数据一致性，Spinlocks"将在多核实现的背景下再次回顾该主题。概括成一句话就是，组织访问被不同软件组件共享的资源，从而确保该资源始终处于正确的状态。如果在某个系统中，当前正在执行的代码可能在某时被其他可能也在访问同一资源的代码中断，这一点就难以实现。

2.9 节"数据一致性"介绍了临时禁用中断的方法，该方法或许是一个有效的解决办法。但是，这会阻止代码的所有其他部分，包括完全不访问相应资源以及应该尽快执行的部分。另外，通过临时禁用中断来形成保护的前提是开发人员确定需要保护代码段。这种需求有时不那么明显，导致软件开发人员每年要花费数千个小时来调查和了解由于缺少保护机制而导致的数据一致性问题。

在基于模型的软件开发中，需在建模工具中指定对资源或数据的访问。然后，再通过代码生成器和驱动程序层来确保数据一致性。很多环境（例如 AUTOSAR RTE）都采用这样一种方式：在生成代码之前，先分析其依赖关系，包括分析代码的哪些部分访问哪些数据、它们在哪些任务中运行、任务的优先级以及是否可能发生抢占式中断。如果确定是这种情况，则可创建数据副本，这些副本必须在相应任务开始和/或结束时进行同步。这些副本需额外占用 RAM 空间，而它们的同步则需要额外的运行时间。当今的汽车 ECU 通常具有数以万计的此类数据项（通常称为"报文"），它们的同步需要占用相当大一部分可用计算能力。

如果使用协作式多任务处理，则访问在任务变更发生之前就已基本完成。配置正确的情况下，在上述系统分析和代码生成过程中也应考虑到这一点，如此就不会实施任何安全机制。此时可以省略所有报文复制和同步，并且不会危害数据一致性，最终可节省大量的运行时间和 RAM 分配。

3.3.4　协作式多任务处理的限制

阅读了有关协作式多任务处理的内容后，你可能会认为它是理想的方法，这情有可原。接下来将介绍协作式多任务处理的最大缺点，并针对大多数嵌入式软件项目提出可能的解决方案，以充分弥补该缺点。

图 3.5 中显示的追踪部分清楚地揭示了该缺点。如图所示，由于协作式任务切换，`Core1_2msTask` 的开始时间大幅延迟。一方面，该延迟取决于任务中低优先级函数的执行时间；另一方面，又取决于任务激活与当前运行函数的相对时间。这种情况下 `Core1_2msTask` 的抖动（将在 4.1.1 节"RTOS 调度（OSEK、AUTOSAR CP 等）时间参数"中详细解释此术语）相对较大。

这是否会影响软件本身的功能则取决于软件。大多数系统具有相当宽松的运行时间要求，仅要求每个循环任务在预定的时间段内正好执行一次即可。执行时间的早晚通常不重要。假定采用 BCC1 的任务配置，执行时间的任何延迟都不能太长，以免造成任务激活失败。

那么如何才能确保满足此要求呢？答案很简单：必须限制函数或 Runnable 的最大运行时间。但是，这直接引发了下一个问题：最大容许限值是多少？可以通过正确的方法找到此问题的答案，例如使用静态调度分析（将在 5.9 节"静态调度分析"中详细讨论）。又或者，采取实用的方法，比如指定一个限值，然后使用（调度）追踪来检查该限值，并在必要时做出调整。此处使用的最大运行时间也称为 WCET（**W**orst **C**ase **E**xecution **T**ime，最坏情况执行时间）。4.1.1 节"RTOS 调度（OSEK、AUTOSAR CP 等）时间参数"将更详细地介绍 WCET。

图 3.8 中显示了使用纯协作式多任务处理的 BMW Active Steering 应用程序的追踪，只有中断（上方两条追踪线）不可避免地具有抢占性。然而，它们的实现方式使得其不会直接访问任务们所使用的数据。但如果使用 FIFO 环形缓冲区（Ring Buffers）则可以实现这一点。最终的结果是，应用程序使用的任何数据都不需要额外的保护机制。此外，也不需要保护所用 PowerPC 的 FPU 寄存器。

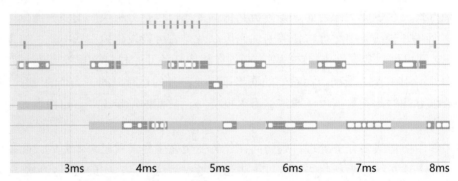

图 3.8   基于协作式多任务处理的 BMW Active Steering

在第一代汽车主动转向系统中引入协作式多任务处理时，Runnable 的执行时间上限（允许的 WCET）被设置为 200 μs。考虑到先前配置的追踪，这个数字似乎是合理的。200 μs 似乎为功能提供了很多空间，而对"最快"系统任务（周期为 1 ms）造成的延迟和抖动仍然可以接受。

但是，某些 Runnable 的运行时间超过了 200 μs，因此需要检查此时间上限。相应的 Runnable 被分成几个较短的 Runnable，之后，所有 Runnable 的运行时间都被系统地记录下来，并在自动运行时间测量中进行检查。除其他保护措施外，ErrorHook 还将通过以下方式实现：如果任务激活失败，将在诊断错误缓冲区中创建一个条目，并将系统转换到安全状态。

这种基于协作式多任务处理的配置以及该保护方法在四代汽车转向系统上几乎保持不变。相关车辆已量产多年，从未有诊断出任务的协作行为导致的运行时间问题。追踪还显示，在该解决方案的所有版本中，即使遇到处理器负载很大的情况，也没有迹象表明发生过通常会发生的典型运行时间问题。

3.3.5 为减少OS_Schedule()调用而可实施的优化

代码示例 3.4 中提供了使用协作式多任务处理的源代码，而上一节已探讨过函数或 Runnable 不得超过预定义的执行时间。严格地说，这并非是指任何单个函数的执行时间，更多的是指可能发生任务切换的两个时间点之间的最大时间量。实际上，这些时间点通常称为"调度点"（Schedule Points）。

如果存在最大执行时间明显低于所设上限的函数，并且，如果在任务中直接依次调用这些函数，则可以忽略它们之间的调度点。这意味着当开发代码示例 3.4 的代码时，可以将 OS_Schedule() 的调用仅仅保留在关键位置，从而进一步缩短执行时间。

假设 Runnable Core1_25msRunnable5、Core1_25msRunnable6、Core1_25msRunnable7 和 Core1_25msRunnable8 的执行时间之和能够保证低于之前定义的两个调度点之间的最大时间上限，则可以删除在这些 Runnable 之间对 OS_Schedule() 进行的所有（三次）调用。

调度成功与否取决于是否遵循调度点之间的最大时间上限。因此，应将其正式记录为时间要求，并系统地进行监控和保护。第 5 章"软件时间分析方法"中介绍了可实现这一点的时间分析技术，第 9 章"开发过程中的方法技巧"则介绍了相应的方法。

3.3.6 总结

下面以摘要的形式比较了上述两种调度策略的优势。

协作式多任务处理的优点：

- 由于不再在应用程序或驱动程序的函数范围内进行任务变更，因而避免了所有典型的实时问题。
- 在正确配置的情况下，可以省却大部分确保数据一致性的工作，这为减少执行时间和内存需求提供了巨大潜力。
- 堆栈需求通常会减少到抢占式配置方法所需堆栈的一小部分。

抢占式多任务处理的优点：

- 启动优先级较高的任务时，确定的延迟时间较短。这会导致抖动远小于协作式多任务处理。
- 由于无须限制函数的执行时间，因此不需要因为过长的执行时间来分割函数（而这是协作式方法所必需的）。

3.4 POSIX

严格地说，POSIX 标准是一整套 IEEE 标准，这套标准的核心是描述应用程序与操作系统之间的接口。POSIX 表示可移植操作系统接口。POSIX 主要用于搭载强大处理器的复杂嵌入式系统。此标准支持 C 和 Ada 编程语言，后者主要用于航空、铁路、军事和核电等行业中的安全相关系统[7]。

　　与OSEK / VDX 具有符合类 BCC1、BCC2、ECC1 和 ECC2 类似，POSIX 也提供了被称为"框架"（Profiles）的不同扩展层级[8]，如图 3.9 所示。最低配置（PSE51）定义了应用程序和操作系统之间最简单的接口实现方式。随着 PSE52、PSE53 以及 PSE54 功能范围的扩大，接口的广度或范围也随之增大。每个扩展层级都包含前一个扩展层级的特性。

应用层(Application)

POSIX® 接口(Interface)

操作系统(Operating system)

PSE51 (最小框架 Minimal)

PSE52 (控制器框架 Controller)

PSE53 (专用框架 Dedicated)

PSE54 (多用途 Multi-Purpose)

图 3.9　POSIX 定义了应用程序与操作系统之间的接口

　　以下列表汇总了每个版本的特性，并解释了"处理"和"线程"这两个术语的用法。

PSE51：最小 实时系统框架

- 应用示例：无用户接口、文件系统或大容量存储设备的简单控制系统。
- 系统仅有一个处理器，但可能有多个核心。
- 应用程序包含单个具有一个或多个线程的进程。
- 操作系统提供基于报文的通信接口，以便与其他处理器上的POSIX 操作系统交换数据。
- 未实现 MMU（Memory Management Unit，内存管理单元）。
- 没有输入和输出设备。

PSE52：实时控制器 系统框架

- 应用示例：无用户接口的控制计算机；包含简单的文件系统，但没有大容量存储设备。
- 无须内存管理单元，但可以实现。
- 文件系统在 RAM（RAM 磁盘）或闪存中模拟大容量存储设备。可选择使用或不使用大容量存储设备。
- 支持输入和输出设备，但接口必须是非阻塞型。这意味着被调用的（接口）服务不能在内部等待事件，从而不适当地延迟程序的进一步执行。

PSE53：专用 实时系统框架

- 应用示例：航空领域的飞行控制器。

- 系统使用一个或多个处理器，每个处理器都有自己的内存管理单元。
- 支持多个进程。每个进程有一个或多个线程。
- 进程必须相互隔离，以限制互相干扰。

PSE54：多用途 实时系统框架

- 应用示例：医疗设备的人机交互界面（HMI），设备带屏幕、键盘、网络接口和大容量存储设备。
- 应用包含具有和不具有实时需求的元素。

3.4.1 进程

进程（Process）是利用自己的数据以及执行所需操作系统的数据执行的程序，包括状态信息、访问权限信息等。

PSE53 和 PSE54 允许同时执行多个进程（程序）。每个进程都有一个虚拟内存区域，其他进程无法访问该虚拟内存区域。

此外，进程还可以创建被称为"子进程"的新进程。

3.4.2 线程

机器指令的处理在程序中就像线程（Thread）一样，更准确地说，就像单线程一样，指令将按顺序依次执行。每个进程都从单线程或主线程开始。

如果要并行执行活动，即分割程序流，必须创建更多线程，这叫作多线程处理。这些线程都可以访问进程的虚拟内存。

列表 3.5 中显示了一个小程序，除了进程的主线程以外，此程序还创建了一个线程。两个线程均访问变量 counter。可使用 C 语言的 GNU 编译器编译此程序，并通过以下方式调用编译的程序：

```
g++ -std=c++11 -pthread two-threads.cpp
```

程序进程的输出如图 3.10 所示。

代码示例 3.5 具有两个线程的示例程序 `two-threads.cpp`

```cpp
1  #include <iostream>
2  #include <string.h>
3  #include <unistd.h>
4
5  static pthread_t tid;
6  static int counter = 10;
7  /*------------------------------------------------------------*/
8  void* Ping(void* arg)
9  {
10     while (counter) {
11         printf("Ping |o  | from new thread\n");
```

```
12          sleep(2);
13      }
14
15      pthread_exit(static_cast<void*>(nullptr));
16  }
17  /*--------------------------------------------------------------*/
18  int main(int argc, char* argv[])
19  {
20      int err = pthread_create(&(tid), nullptr, &Ping, nullptr);
21      if (err != 0) {
22          printf( "error initializing thread: [%s]\n",
23                  strerror(err));
24          return -1;
25      }
26
27      while (counter)
28      {
29          sleep(1);
30          printf("Pong |  o| from main thread\n");
31          counter--;
32      }
33
34      return 0;
35  }
```

```
peter@TECRA:~$ g++ -std=c++11 -pthread two-threads.cpp
peter@TECRA:~$ ./a.out
Ping |o  | from new thread
Pong |  o| from main thread
Ping |o  | from new thread
Pong |  o| from main thread
Pong |  o| from main thread
Ping |o  | from new thread
Pong |  o| from main thread
Pong |  o| from main thread
Ping |o  | from new thread
Pong |  o| from main thread
Pong |  o| from main thread
Ping |o  | from new thread
Pong |  o| from main thread
Pong |  o| from main thread
Ping |o  | from new thread
Pong |  o| from main thread
peter@TECRA:~$
```

图 3.10   示例程序在 Linux 下的编译、调用和输出

处理共享数据时应谨慎。2.9 节"数据一致性"中关于数据一致性的说明也适用于线程。例如，如果多个线程访问一个数据结构体（结构体的各数据字段必须相互一致），则可

以使用互斥锁（Mutex）（相互排斥对象的简称），只有先前已获取互斥锁的线程才能访问该数据结构。访问后，该线程将再次解除互斥锁。如果在尝试获取互斥锁时互斥锁已被占用，则该进程必须等待，直到互斥锁被再次解除。此机制与 7.3 节中介绍的自旋锁（Spinlock）非常相似。

实现数据一致性的另一种方式是使用 3.2.4.2 节中介绍的优先级上限协议，此协议也可在POSIX 中使用。

3.4.3　POSIX 线程状态图

图 3.11 形象地展示了POSIX 线程可能的状态。图中还显示了可能的状态转换。

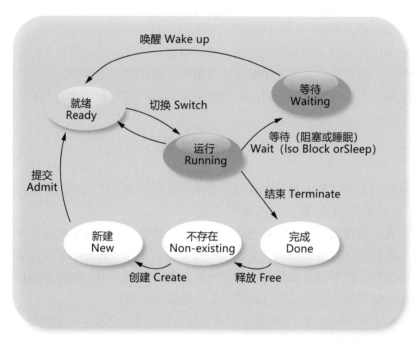

图 3.11　POSIX 线程状态图

当程序启动时，会创建一个进程，而它所关联的主线程被设置为"新建"状态。由操作系统执行基本初始化之后，进程将变更为"就绪"状态，线程将等待其代码执行。开始执行时，会为线程分配"运行"状态。可能有一些原因会导致其状态变更为"等待"。其中一个原因是调用函数 sleep(...)，如代码示例 3.5 所示，这会导致线程休眠此参数中指定的时间（s）。此时间过后，线程将变更为"就绪"状态。根据优先级以及有哪些其他的线程正等待处理，此线程将会恢复"运行"状态。

线程的结束可能有很多原因。其中一种可能性是线程启动时执行的函数返回结果，函数 Ping 就是这种情况。线程也可能被显式终止。当程序结束并到达 main 函数的 return 语句时，终点便会发生这种情况。这会终止程序，并且所有线程均从状态"完成"变更为最终状态"不存在"。仅当程序重新启动时，才会出现"重生"，并且生命周期再次开始。

3.4.4　调度策略

办公室工作面临的一个共同挑战是应对每天收到的大量电子邮件。随后会出现这样的问题：应该按照什么顺序处理电子邮件？可能有些电子邮件需要先快速回复，然后有一两封比较紧急，再有一些最重要的电子邮件。

当有多个线程处于"就绪"状态时，调度程序的情况非常类似。调度策略定义了一组规则，用于确定将执行哪些可用于处理的线程。以下仅列出了最重要的一些调度策略。

按优先级选择：与抢占式OSEK / VDX 类似，首先执行优先级最高的线程。

时间片流程（即轮询）：每个线程都将在定义的时间段内进行处理，然后再轮到下一个线程。

先进先出（FIFO）：在这种情况下，"先进先出"是指按切换到"就绪"状态的顺序处理线程。

如果有更多信息可用，例如预期的剩余时间或截止期限，则在调度策略中也可以考虑这些信息。例如，最早截止期优先策略会处理最先到截止期限的线程。最短作业优先策略基于这样的思路，即可以快速处理的任务应该优先处理，就像上文的电子邮件示例一样。

3.5　总　　结

尽管看起来很矛盾，但本章首先介绍了不使用操作系统进行管理的系统，然后介绍了作为 ROTS 典型代表的OSEK / VDX 操作系统。

接下来，有关协作式和抢占式多任务处理的部分建议至少应在系统设计中考虑协作式多任务处理。这种方法具有众多的优点，而缺点只是会限制 Runnable 或直接从任务调用的函数的执行时间。对于很多系统而言，这种限制是可以接受的。如第 2 章所述，绝大部分数据不一致的情况实际上可以通过协作式多任务处理来避免。

最后在操作系统中，对 POSIX 进行了非常简短的介绍。因此，读者将注意到，本章明显侧重于基于经典实时操作系统的嵌入式系统。

第 4 章 软件时间理论

术语"软件时间理论"可能使本章的主题听起来更具学术性，实则不然。本章的重点是与日常实践相关的基础知识和术语解释。

例如，如果要问三位不同的项目经理，"CPU 使用率"或"CPU 负载"是什么意思，可能会得到三个不同的答案。对相同术语的不同解释也会对时间工具产生影响：对于某个软件的同一种运行时情况，三种不同的软件工具通常会提供三个关于 CPU 负载的不同结果。

很多年前，当第一次参加软件时间研究项目时，很惊讶地发现有很多非常基本的时间参数都没有统一的定义或术语。针对这种情况，笔者有一位在该领域获得了博士学位的同事是这样描述的："学术界宁愿彼此共享自己的牙刷，也不愿使用相同的定义或术语。"

笔者不想忍受这一点，因此创建了第一个版本的时间参数定义，如图 4.1 所示。多年后，笔者又更新了有关 AUTOSAR 标准的定义。之后，这些定义成为技术报告"软件时间分析"[9] 的一部分。

此外，本章还介绍了软件时间理论的现状和未来。例如，术语"逻辑执行时间"（LET）一词已写入 AUTOSAR 标准，但到目前为止，使用它的项目并不多，尽管它适合提升系统的可预测性（确定性）和可靠性。

对于POSIX 操作系统中时间参数的定义，仍有一些工作要做。尽管有一些已明确定义的时间参数，但缺少周期性事件所需的参数。但恰恰是这些周期性事件在嵌入式软件环境中非常重要，因为它们能够在控制算法中起到关键作用。

下文中涉及的某些方面概括成了一张 A1 大小的海报。海报可以下载成 PDF 格式[10]，作为随附的在线书籍材料的一部分提供。

4.1 时 间 参 数

本节将定义一系列时间参数。任务、中断乃至线程的发生将由术语"实例"定义，其中实例是指时间轴上的事件，而不是指在面向对象的编程中从实例化类别的意义上所说的实例。

4.1.1 RTOS 调度（OSEK、AUTOSAR CP 等）时间参数

本节中涉及的时间参数 CET、GET、IPT 和 RT 描述的是单实例（如任务或中断）的时间，而 DT、PER、ST 和 NST 则描述的是两个此类实例之间的时间。严格地说，NST 参数可能还考虑了其他任务和中断。

下文将详细介绍 OSEK 和 AUTOSAR CP 中使用的时间参数，这些参数也可以轻松地转移到其他大多数实时操作系统中。在本章和本书的其余部分中，有时会使用完整的术语，有时候会使用缩写。

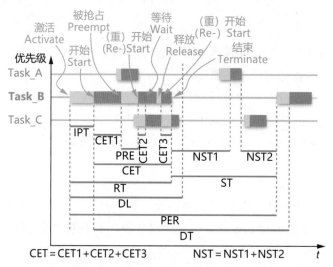

图 4.1   基于 OSEK / VDX 运行时的时间参数定义。所有参数均与 TASK_B 相关

CET—— **C**ore **E**xecution **T**ime，即核心执行时间，也称为纯运行时间或净运行时间。

核心执行时间是代码层级的核心时间参数，它指示 CPU 实际花费或已经花费了多少时间来执行中断、任务、Runnable、函数或代码片段（如循环体）等。CET 不包括 CPU 处理任何被抢占（例如由中断或更高优先级的任务抢占）所花费的时间。在确定 CET 时，应将此类抢占排除在外。另请参阅 5.5.1.2 节"测量净运行时间 CET"。

CET 的一个用处是代码层级的运行时间优化。例如，如果要缩短某个函数的运行时间但要保持其功能不变，CET 便是一个关键的量。在执行过程中是否发生任何中断、可能发生了多少次中断以及执行中断花费了多少时间都不重要，因为在评估中会将其忽略。

如果将特定时间段内的所有 CET 相加并与该时间段的持续时间进行比较，得出的结果就是 CPU 使用率或 CPU 负载。在 4.3 节"CPU 负载"中，将更详细地介绍 CPU 负载。

CET 的一种特殊存在是 WCET（**W**orst-**C**ase **E**xecution**T**ime，最坏情况执行时间）。此术语定义的关键在于"最坏情况"。在学术领域以及静态代码分析中（参阅 5.3 节"静态代码分析"），这被认为是 CET 在任何情况下可能的最大值。因此在实际应用中，CET 的实际最大值便被称为 WCET。

DT—— **D**elta **T**ime，DT 是指一个（周期）实例开始到下一次开始的间隔时间，即连续两次开始同一个任务所间隔的时间差。

控制算法（更准确的叫法是数字控制回路）需要对输入值进行周期性采样，再进行处理，然后进一步处理周期性输出。控制回路的微分方程基于通常定义为常数（例如

10 ms）的特定周期 Δt。然而，实际上，预期的周期时间并非每一次都能得到满足。代码的其他部分（例如中断或更高优先级的任务）会导致延迟，而且这些延迟可能导致无法在预期的时间调用控制算法。

DT 反映的是实际周期时间。功能开发人员必须指定允许偏离此预期周期时间的程度，并在必要时，通过分析其循环控制器的稳定性来确定。另外，还可以将对运行时间测得的时间差整合到控制算法中，而不使用恒定值。

PER—— **PER**iod，周期。　在调度中，周期是指连续两次激活相同任务的时间差。激活标记了计划开始任务的时间。如果任务是周期性任务，也就是说，如果要按照固定的时间定期激活任务，则该周期通常很重要。配置的周期，即期望的周期时间，在下列示例中通过指标 0：PER_0 识别。

如果中断的激活时间已知，即中断源的挂起位从"未挂起"跳转至"挂起"的时间，则 PER 也适用于中断。

偏移。偏移能与周期性事件一起发挥重要作用，它是指周期性事件相对于假想基准线的时间偏移，例如周期性任务的激活时间。通过偏移，可以确保几个周期性任务的激活互相错开。在操作系统配置中创建周期性任务时，将为这些任务设置周期和偏移。8.1.5 节"通过优化偏移实现周期性任务的负载均衡"介绍了如何通过正确选择偏移来优化系统。

JIT—— **JIT**ter，抖动。　抖动（更准确地说是周期性抖动）用于描述上述时间差的定义中所述的实际周期时间与期望周期时间之间的偏差。抖动 JIT 定义了 DT 与期望周期时间 PER_0 的差值，涉及以下期望周期时间：

$$JIT = \frac{DT - PER_0}{PER_0} = \frac{DT}{PER_0} - 1 \tag{4.1}$$

如果时间差小于期望周期时间，即相应事件过早发生，则抖动为负。图 4.2 中使用了追踪图表的一个区段来解释说明时间差与抖动。指定的时间参数是指配置有周期 $PER_0 = 2\ ms$ 的任务 `Core1_2msTask`。灰色竖条清晰地显示激活时间相差 2 ms。另外，此任务的激活时间波动性相当大，最终导致某些情况下抖动超过 40。

在此例中，产生较大抖动的原因是使用了协作式调度。在任务切换到等待中的更高优先级的任务之前，操作系统允许当前正在执行的 Runnable 完成其工作。在图中这些 Runnable 属于任务 `Core1_25msTask`，并显示为白色椭圆形。在 3.3 节"多任务：协作与抢占"中，已详细介绍了协作式和抢占式多任务处理。

参考 DT，此处描述的抖动与任务的开始时间隐式耦合，因此是"从开始到开始"的抖动。原则上，可以为任何周期性事件定义抖动。例如，对于控制算法输入数据的周期性采样点（采样抖动）或循环 Runnable 或函数处理的终点（端到端抖动），这很有用。

J—— Absolute Jitter，绝对抖动。　除了前述的抖动定义外，本书中还涉及另一种定义——绝对抖动，以示区分。绝对抖动在静态调度分析中尤为重要（参阅 5.9.1 节"基本功能和工作流"），它是指事件的标准时间与实际时间的关系。假设某个任务的期望周期时

间为 PER_0，在时间轴上可以因此得出该任务的每个实例的标准开始时间。但是，该任务实际从此时间之后经过 Δ 再开始。现在可通过最大和最小 Δ 计算绝对抖动：

$$J = \Delta_{\max} - \Delta_{\min} \tag{4.2}$$

因此，绝对抖动始终是一个正时间值。表 4.1 中列出了根据图 4.2 中追踪图表区段计算的绝对抖动。

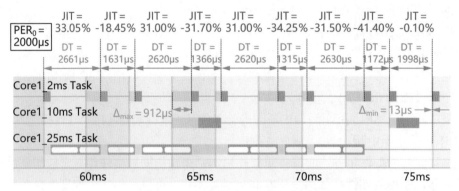

图 4.2　DT 与抖动（JIT）示意图

表 4.1　计算图 4.2 中 `Core1_2msTask` 的绝对抖动 J

实例	DT/μs	与第一个时间相关的开始时间/μs		Δ/μs	注释	绝对抖动/J
		实际值	标准值			
2	2661	2661	2000	661		
3	1631	4292	4000	292		
4	2620	6912	6000	912	$\Delta_{\max}$	
5	1366	8278	8000	278		$J = \Delta_{\max} - \Delta_{\min}$
6	2620	10898	10000	898		$= 912\ \mu s - 13\ \mu s$
7	1315	12213	12000	213		$= 899\ \mu s$
8	2630	14843	14000	843		
9	1172	16015	16000	15		
10	1998	18013	18000	13	$\Delta_{\min}$	

RT——**R**esponse **T**ime，响应时间。　响应时间是调度理论中最重要的时间参数，它指示了从需要执行任务或中断的时间到完成执行任务所经过的时间。对于任务而言，这就是从激活到终止的时间。对于中断而言，则是从进入挂起状态到 ISR 结束的时间。

　　此外，与为 CET 定义 WCET 类似，我们还为 RT 定义了 WCRT(**W**orst-**C**ase **R**esponse **T**ime)，即最坏情况响应时间。此术语定义的关键也在于"最坏情况"。在学术领域以及静态调度分析中（参阅 5.9 节"静态调度分析"）这被认为是 RT 在任何情况下可能的最大值。在实际应用中，它一般是响应时间的实际最大值（通常称为 WCRT）。

DL——**D**ead**L**ine，截止时间。　截止时间是指允许的最大响应时间。因此，截止时间是一项规范，无法测量。

对于 OSEK BCC1 类型的周期性任务，截止时间相当于根据相应任务的周期隐式设置了。例如，某个任务每 10 ms 激活一次，则其必须在激活后最多 10 ms 后就必须终止，从而确保可以激活下一个实例 (DL < PER_0)。

GET—— **G**ross **E**xecution **T**ime，总执行时间，即总运行时间。 总执行时间是指从任务开始执行到终止执行的时间差，或是从中断、Runnable、函数或代码片段开始执行到结束执行的时间差。与 CET 相比，总执行时间不"扣除"中断和抢占。因此，如果发生中断或任务切换到优先级更高的任务，则会增加总执行时间。

在实践中，通常由于对术语的误解而错误地用总执行时间来代替响应时间（RT）。响应时间和总执行时间的区别在于，响应时间还包括从激活到开始执行的初始延迟（请参阅下文所述的"初始挂起时间"（IPT））。如果涉及中断和抢占，则还应包括初始延迟，即任务开始之前已经开始的中断或抢占。

IPT—— **I**nitial **P**ending **T**ime，初始挂起时间，即初始延迟。 初始挂起时间是任务等待开始的时间，即从激活到开始执行的时间差，或者是从中断进入挂起状态到 ISR 开始执行的时间差。

ST—— **S**lack **T**ime，间隔空闲时间。 间隔空闲时间是指所观测对象的一个实例结束到下一个实例开始所间隔的时间，在此期间发生了什么都无关紧要。因此，间隔空闲时间只能被有限地用于确定任务或中断的剩余空间。

下面用示例来进行说明。假设为 Task X 配置了周期 $PER_0 = 1$ ms，其总执行时间（GET）为 700 μs，间隔空闲时间（ST）为 300 μs。这看起来还不是很关键，但是让我们再假设在此 Task X 的每个实例之后，具有更高优先级的 Task Y 的总运行时间（GET）为 299 μs。如果 Task X 的运行时间仅延长 2 μs，则下一次任务激活会失败（假设采用 OSEK / VDX BCC1 设定）。

NST—— **N**et **S**lack **T**ime，净间隔空闲时间。 用间隔空闲时间减去间隔空闲时间段内属于更高优先级任务或中断的所有 CET，即可计算得出净间隔空闲时间。

乍一看，这似乎难以理解，但是考虑其背后的概念时，净间隔空闲时间的定义很快就会变得很明了。如上所述，间隔空闲时间 ST 不能用于指示任务或中断"还有多少剩余空间"来执行其他功能。因此，专门定义了 NST 来实现此用途。对于上一个涉及两个任务（X 和 Y）的示例，Task X 的净间隔空闲时间值为 1 μs。

图 4.1 也举例说明了净间隔空闲时间。在计算 TASK B 的净间隔空闲时间时，需考虑 TASK A 的 CET，因为该任务的优先级高于 TASK B。另外，此计算无须考虑优先级更低的 TASK C。从理论上说，如果在图中运行时间情况中，将 TASK B 的 CET 增加当前的净松弛的时间值，则 TASK A 会在某个时刻将其中断。而另一方面，TASK C 将不受影响。图中 TASK C 的第二个实例将延迟到 TASK B 第二次执行之后再执行。

PRE—— **PRE**emption **T**ime，抢占时间，即中断时间。 在实践中，中断时间并不重要。它反映了相应实例执行期间的所有中断和抢占的时间总和。

NPR—— **N**umber of **PR**emptions，抢占次数，即中断次数。中断次数可以针对任务、中断，Runnable、函数或代码片段的单个实例，也可以指特定时间段内所有中断的总和。在第二种情况中，它对于相应 CPU 的调度实现而言是一个有用的参数。每次中断都会导致调度开销，即运行那些不属于应用程序的代码。因此，在配置系统时，应尽量减少中断次数。

4.1.2　与 POSIX 相关的时间参数

POSIX 定义的时间参数相对较少，具体定义请参见图 4.3。此图对应于前文中的 POSIX 线程状态图（图 3.11），只是新增了 POSIX 时间参数的定义。与 AUTOSAR AP 有关的 10.2.8.1 节介绍了更多的时间参数，这些参数章节 4.1.1 节中描述的参数基本相同。

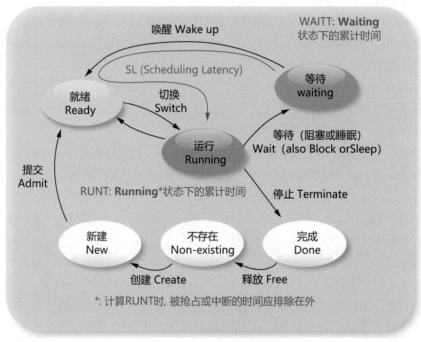

图 4.3　POSIX 时间参数

4.2　统 计 参 数

如果要描述大量实例的时间参数，可以先记录出现的每个值，然后再对这些值进行分析。第 5 章"软件时间分析方法"将介绍调度模拟、追踪以及运行时测量。这些都是时间分析方法，在执行这些分析方法时，会创建或观测大量实例。

通常，处理如此大量的测量值非常费事，可能未必有用，甚至可能都无法收集。如果这些值的测量由目标系统本身进行，则根本没有足够的空间来存储所有的值。因此，测量的重点在于确定最小值、最大值和平均值。

4.2.1　最小值和最大值

最重要的统计参数是时间参数的最小值和最大值。对于特定的数据量，最小值和最大值都非常容易确定。参考确定的观测期，便可以轻松地为观测对象（例如任务）的时间参数确定所有实例的最大值和最小值。

举一个简单的例子：在反映了约 2min 执行时间的追踪图表中，观测到任务 `my10ms_Task` 的 11998 个实例。确定所有实例的 CET 后，发现观测到的最大值为 1.234 ms。因此，在此追踪图表对应的观测期内，$\mathrm{CET}_{\max} = 1.234$ ms。

4.2.2　平均值

在时间分析中，可以将平均值理解为指定观测期内所有值的非加权算术平均值。如果 x 是任意时间参数，则可以如式 (4.3) 所示，计算观测期内 n 个值的平均值 $\bar{x}$。

$$\bar{x} = \frac{1}{n} \cdot \sum_{i=1}^{n} x_i \tag{4.3}$$

计算过程相当简单明了。当需要持续确定平均值时（例如在持续测量或运行模拟过程中），情况会变得有些复杂。因为只有在测量或模拟完成之后，才能确定总平均值。但是，当对运行中的系统或模拟进行测量时，会出现这样的问题：如何确定观测期，即应在哪个时间范围内计算平均值？

关于计算平均值的理论，本节将不作深入探讨，仅在表 4.2 中介绍最重要的时间分析方法。每个填充有颜色的小格均为其正上方"值 x_i"行中所有值的非加权算术平均值。

表 4.2　不同求平均值方法的对比

索引 i	1	2	3	4	5	6	7	8	9	10	11	12
值 x_i	96	20	28	36	53	27	41	32	62	36	73	68
总平均	48											
局部平均		45										
						38						
										60		
局部平均平移		45										
			34									
				36								
					39							
						38						
							41					
								43				
									51			
										60		

4.2.3 直方图

对于特定的一组值，直方图可显示最小值和最大值之间的值分布情况，这些值或是相对均匀的分布（显示为高度相似的竖条），或是呈作锤形分布，则最大值和最小值出现次数较少。

图 4.4 提供了某个任务的 CET 示例，该示例的数据来自追踪图表。在追踪图表中，共观测到 7031 个任务实例，CET_{min} 为 122 μs，CET_{max} 为 176 μs。

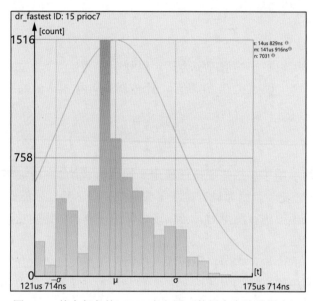

图 4.4　某个任务的 CET 直方图（数据来自追踪图表）

在该示例中，CET 以等距区段的方式排列在 X 轴上，图中显示了 20 个这样的区段。图中的 Y 轴表示捕捉到任务实例的数量，对于这些实例，根据其 CET 放置到了相应区段。

4.2.4 非定期事件的发生模式

到目前为止涉及的统计参数旨在描述单个时间参数，可以计算任务响应时间的最小值、最大值和平均值，并使用这些值创建直方图。

非定期事件的发生模式用于描述偶尔重复发生的事件。通常，这涉及某些中断触发的时刻或非周期性任务的激活时刻。

图 4.5 说明了如何解释此类激活模式。图中使用了来自能源管理 ECU 的数据，并显示了 CAN 接收中断的激活模式。

X 轴表示从 2 开始的中断实例数量 n，Y 轴为时间轴。图中有两条曲线，上方曲线为红色，下方曲线为绿色。上方曲线指示了可能发生 n 次中断的最大时间范围是多久，下方曲线则指示了可能发生 n 次中断的最小时间范围是多久。此类图表中的轴还可以颠倒。这就带来了以下问题：预计在特定时间范围内有多少次中断？

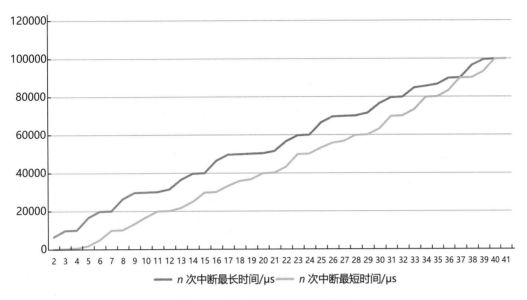

图 4.5　随机分布中断的激活模式

图 4.6 显示了第二个示例，同样是 CAN 接收中断，只是这次是来自转向控制器。除了激活模式以外，图中还显示了获取激活模式的追踪图表。观察此模式图，可以发现曲线呈楼梯状，每 8 个中断实例就会发生一次约 10 ms 的跳跃。追踪图表中清楚地显示了原因。这表示每 10 ms 就会连续快速触发 8 次中断，即突发中断。

那么，时间分析中非定期事件的激活模式到底有什么作用？它们在调度模拟和静态调度分析中都能起到重要作用。这两种方法将在第 5 章"软件时间分析方法"中详细介绍。

只要不知道事件发生的机制，或者没有此类机制，就可以轻松地使用激活模式来确定这些事件的发生方式。这些模式可以用作调度模拟或静态调度分析的输入数据。

4.3　CPU 负载

指定系统的 CPU 负载实际是试图用单个值来描述调度状态，该值将反映系统的所有任务、中断、延迟、时间参数、时间需求等。显然，如此大幅度的简化并非易事，必须做出一些妥协。

管理人员特别重视 CPU 负载，因此，如果能通过如下定义来进一步简化，他们会更感激：<70% 为绿色，70%～85% 为黄色，>85% 为红色。在这一点上，开发人员有很大的发言权，因为他们了解得更多，并且已经意识这件事并没有那么简单。

本节尝试从这两个角度入手，首先定义 CPU 负载，然后探讨计算时使用的参数。我们可以将其中一个参数理解为项目特定的配置参数，并以此参数为例进行说明。设置此配置变量是为了从"管理人员视角"介绍 CPU 负载，即 100% 的值表示过载点，任何低于此点的值都可以接受，但前提是要保证在系统运行期间的任何情况下都不会超出此限制。还有一个相关问题是为将来的附加功能提供可用空间，这个问题将在 9.7 节"尽早考虑后期的功能"中详细探讨。

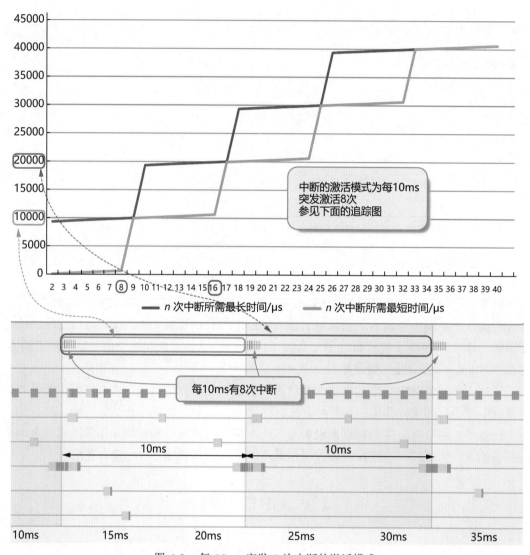

图 4.6   每 10ms 突发 8 次中断的激活模式

4.3.1   定义

即使不需要执行代码，活动的 CPU 也会一直执行机器指令。空闲代码是没有功能的代码，总是在没有其他有功能的代码等待执行时执行。它通常是操作系统的一部分，但是，即使不使用任何操作系统，main 函数中的等待循环也可被视为空闲代码。

单一 CPU 和观测期 t_o 内的 CPU 负载可以用时间 t_e（CPU 花在功能代码而非空闲代码上的时间）除以观测期 t_o 的持续时间计算得出，如式（4.4）所示：

$$U = \frac{t_e}{t_o} \tag{4.4}$$

这意味着 CPU 负载的范围为 $0 \sim 1$，通常以百分率表示。

在 5.5.1.4 节"使用空循环计数器测量 CPU 负载"中，式（4.4）中所示的 CPU 负载用于实现一种用来确定 CPU 负载的测量方法。

执行空闲代码的方法有时不起作用或不可行。现在我们以单一循环任务为侧重点，略微调整式（4.4）。如果此任务以 $\mathrm{PER_0}$ 为周期循环执行，且净运行时间为 CET，则将按式（4.5）计算用于处理此任务的 CPU 负载。

$$U = \frac{\mathrm{CET}}{\mathrm{PER_0}} \tag{4.5}$$

在下述方法中，将使用任务（或线程和进程）和中断的 CET 进一步探索这方面的内容。首先，假设操作系统本身不占用任何处理时间。当然，这在实际中是不可能的，但是这种假设有助于下列定义。在后面的步骤中，还将考虑操作系统必须在调度上花费的时间。

时间 t_e 可以理解为观测期内所有 CET 之和，即

$$t_e = \sum_{n=1}^{N} \mathrm{CET}_n \tag{4.6}$$

式中，N 为观测期内 CET 的数量。如果观测期始于任务、中断、线程或进程执行期间内，则仅仅将 CET 观测期内的部分包括在总计中。同样，这也适用于观测期在此某个任务或中断执行期间内结束的情况。图 4.7 说明了如何根据观测期内的 CET 计算 CPU 负载，其中考虑了观测期开始和结束时截断的 CET。任务 A、B 和 C 的 CET 以灰色方块显示，所有 CET 都投影到"CPU"线上。这样就可以很容易看出，在观测期内有 7 个方块，代表任务执行时间，观测期以绿色突出显示，共有 12 个方块。

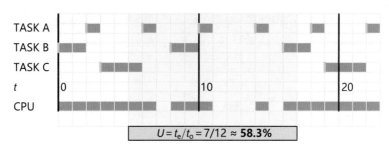

图 4.7　根据 CET 计算 CPU 负载

将式（4.4）与式（4.6）联立，可以得到式（4.7）：

$$U = \frac{\displaystyle\sum_{n=1}^{N} \mathrm{CET}_n}{t_o} \tag{4.7}$$

如果随后在相同观测期内考虑 CPU 的数量 n_C，则可得到式（4.8）：

$$U = \frac{\displaystyle\sum_{n=1}^{N} \mathrm{CET}_n}{n_C \cdot t_o} \tag{4.8}$$

在这种情况下，所有 CPU 的总负载为各 CPU 的 CPU 负载的算术平均值。

在每个观测期结束时，下一个观测期将紧随其后。因此，随着时间的流逝，可以得到大量 CPU 负载值，并收集这些负载值（与之前的时间参数一样）的最小值、最大值和平均值，然后创建直方图。合理的做法是使用已经确定的所有 CPU 负载值中的最大值来评估系统。

4.3.2　选择观测范围

到目前为止，有关 CPU 负载的讨论还非常简单。然而，具体应该选择哪个观测期的问题却很难回答。但是这个问题没有明确的答案。观测期取决于前面提到的项目特定配置。为了说明观测期的选择对于 CPU 负载的影响，同时为了制定一个好的选择策略，我们首先来看一个具体的例子。

图 4.8 使用了图 4.7 中介绍的显示方式，展现了略微复杂的场景。它显示了四个周期分别为 4 ms、8 ms、16 ms 和 1000 ms 的周期性任务。为简单起见，假设每个任务都有一个典型的 CET：$\mathrm{CET}_{4\mathrm{ms}} = 1$ ms，$\mathrm{CET}_{8\mathrm{ms}} = 2$ ms，$\mathrm{CET}_{16\mathrm{ms}} = 3$ ms，$\mathrm{CET}_{1000\mathrm{ms}} = 1$ ms。如果将这些值代入式4.5中，可以得出

$$U = \frac{1 \text{ ms}}{4 \text{ ms}} + \frac{2 \text{ ms}}{8 \text{ ms}} + \frac{3 \text{ ms}}{16 \text{ ms}} + \frac{1 \text{ ms}}{1000 \text{ ms}} = 0.6885 = 68.85\% \tag{4.9}$$

大部分时间里，调度看起来像是 $t > 8$ ms 到 $t < 24$ ms 的时间间隔。这种时间间隔模式通常会不断地重复。然后，每秒执行一次周期为 1s 的任务，从而产生 $t > 0$ ms 和 $t < 16$ ms 之间的时间间隔。

从 $t = 35$ ms 开始，任务的 CET 就偏离其典型值，并且出现中断。最后，在 $t = 51$ ms 时，以 16 ms 为周期的任务激活失败（Failed Task Activation）。显然，系统此时已过载。

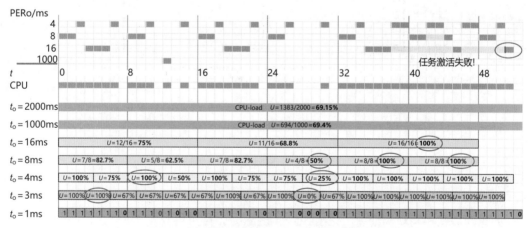

图 4.8　选择的观测期对 CPU 负载计算的影响

现在回到选择哪个观测期的问题。一种被广泛使用的方法是使用系统的超周期（各任务周期最小公倍数），即重复任务启动模式的时间段。在示例中，此时间段为 $t_{\mathrm{o}} = 2$ s。

如果系统在图示的时间段内某处发生了错误并且需要计算 CPU 负载时，则结果为 $U_{2000} = 69.15\%$（请参阅图中标记为 $t_\text{o} = 2000$ ms 的行）。也就是说，系统在某一点上局部过载，但是计算出的 CPU 负载仍处于可以描述为舒适的范围内。从本节开头提到的管理员视角来看，尽管存在由于任务启动失败而造成的严重运行时问题，但指示灯仍可能是绿色。

因此，超周期并不适合作为观测期，至少在涉及时间较长的任务时不适合。如果使用"最慢"任务的周期（在此例中为 1s）而不是超周期，情况几乎不会好转。在标记为 $t_\text{o} = 1000$ ms 的行中可以看到结果：$U_{1000} = 69.4\%$，这也会让管理员误认为是"绿色"。

后面两种使用 $t_\text{o} = 16$ ms 和 $t_\text{o} = 8$ ms 的方法则比较有用。对于过载区域，二者都显示 $U = 100\%$，并为其他区域提供了有意义的值。

如果选择更小的观测期来计算 CPU 负载，对于过载区域，仍然会出现 $U = 100\%$ 的结果。但是，随着 t_o 越来越小，在其他区域（即没有过载的区域）获得的可用值也将减少。在 $t_\text{o} = 1$ ms 的极端情况中，CPU 负载最终只会在 $0 \sim 100\%$ 来回跳跃，而不会提供任何有意义的结果。

那么，对于如何选择合适的观测期，我们可以得出什么样的总体上有效的策略呢？一般而言，观测期应该尽可能长，但不要太长。如前所述，如果观测期太长，则过载阶段的 CPU 负载值将过低。系统的任何局部过载都应导致报告 CPU 负载接近或等于 100%。

对于所有基于控制器的系统，主控制算法的周期已被证明是一个不错的入手点。通常，这会导致 $t_\text{o} = 10$ ms。建议在项目追踪过程中经常询问此选择是否合适，了解 CPU 负载计算的背景，并在必要时进行调整。但是，任何调整都具有一个缺点，那就是无法将新计算的结果与先前确定的值进行比较。

并非所有嵌入式系统都基于控制算法。最好的情况是，汽车安全气囊控制单元将只执行少量诊断，并在报废之前进行一些网络通信。但是，一旦发生事故，很多代码将突然开始运行，因此必须及时对这些代码进行处理。碰撞期间的诊断作业被放置在队列中，并且可能会在碰撞期间被抑制。碰撞场景本身也可能变得非常复杂。呈倾斜角度的正面碰撞会触发驾驶员和乘客安全气囊，随后车辆可能会沿着斜坡滑下并翻倒，从而触发侧气帘。这时应该使用哪个观测期来计算 CPU 负载呢？

针对不同的场景单独定义观测期可能更有意义。没有任何说法表明嵌入式系统的所有运行模式和场景都必须具有相同的 t_o。为了方便使用，这一点无可厚非，但是如果场景差异很大，则分析方法必须根据系统状态进行调整。

4.3.3　扩增的 CPU 负载

在实际应用中，通常系统在达到 100% 的 CPU 负载之前就已不再提供所需的功能。当然，CPU 负载及负载监测不应成为唯一要检查的时间参数，具体的时间需求也必须单独进行记录和监测。5.5 节"运行时间测量"和 9.1.1 节"时间需求"将对此进行更具体的介绍。

但是，如果 CPU 负载并未指示当前已经没有余量，这也将有所帮助。再次从管理员的视角看，如果某个系统在 CPU 负载达到 89%时就停止工作，开发人员将很难解释这个问题。

有一种既简单又显而易见的解决方案。例如，如果 89% 为系统"工作"和"不工作"的界限，则可以定义一个（从限值 U_{limit} 开始）扩增的 CPU 负载 U'，以重新定义百分比：

$$U' = \frac{U}{U_{\mathrm{limit}}} \tag{4.10}$$

这是一个实用的解决方案，更准确地说，这是一种变通措施，但是仍然未能解释根本原因。下面介绍了几个设想的原因。首先，最重要的事实是，早在达到 100% 标记之前，就已违反了时间要求，因此无法再实现完整的功能。

如果使用 CET 计算 CPU 负载，并且通过仪器进行测量，则另一个原因可能是仪器的精度不够。根据使用的操作系统，一般无法进行精确的仪器测量。

最后，如果使用调度模拟或静态调度分析，则原因很可能是模型不够准确。当只能近似模拟或分析内部操作系统进程的表现形式以及操作系统的关联运行时间需求时，就会发生这种情况。

4.3.4   使用后台任务时的 CPU 负载

后台任务是指在没有处理其他任务或中断时始终执行的任务。如果存在后台任务，则它将替换操作系统的空闲函数。后台任务的具体实现方式可能有很大的差异，从 5.5.1.4 节"使用空循环计数器测量 CPU 负载"中所述计数器的最简单任务，到在后台执行 RAM 检查的任务，再到包含应用程序所有基础部分的后台任务，一切皆有可能。对于每种方法，都存在有意义的用例。对于后台任务包含应用程序所有基础部分的实现方式，在中断或周期性任务中应尽可能少地执行。特别是对于专注于状态机实现的小型嵌入式系统，这种方法已被证明有效，因为它可以很好地利用小型处理器的有限资源。

使用这种后台任务方法时，上述 CPU 负载定义的问题在于，现在它会将 CPU 负载永久设置为 100%。对于不在后台任务中放置任何应用程序代码（功能代码）的系统，可以直接将其视为与空循环相同。也就是说，在计算 CPU 负载时，忽略由后台任务估计的计算时间即可。即使后台任务包含前述 RAM 检查之类的函数，这也是可行的。由于运行过程中通常会检查 RAM 的较大区段，整个运行过程会花费大量时间，因此，只要没有其他待处理的任务，就可以将它转移到后台任务，分小块完成这项工作。

如果有关于完整运行最大时长的规范，则无法通过监测和计算 CPU 负载来实现这一点。因此，必须找到一种替代机制。

如果后台任务包含了实际应用程序的大部分，那么到目前为止介绍的所有方法都将失败。这种情况下，可以按照如下方式对这类系统实现一种简单且可行的方法。首先，有必要考虑并确定后台任务实例的最大持续时间（包括所有中断）可能是多久。这需要使用总执行时间（GET），实际上，这也是 GET 的少数合适用例之一。因此，此最大容许持续时间也被称为 $\mathrm{GET}_{\mathrm{BGmax}}$。在运行期间，记录每次运行的当前总执行时间，并使用以下公式计算当前 CPU 负载：

$$U = \frac{\text{GET}_{\text{BG}}}{\text{GET}_{\text{BGmax}}} \tag{4.11}$$

4.4　总线负载

前文中几乎所有关于 CPU 负载的内容也可应用于总线负载，即任何通信总线的负载。处于"运行"状态的任务对应于当前正在传输的报文，因此可以说是报文"占用"了总线。除纯用户数据外，还可以将操作系统引起的开销比作占用总线的信息。对于 CAN 总线，这包括帧起始（SOF）位、其在 DLC 字段中的长度编码、校验等。用于计算 CPU 负载的式（4.4）可用于计算总线负载，前提是 t_e 包含了总线在观测期 t_o 内占用的时间。

4.5　逻辑执行时间

逻辑执行时间（Logical Execution Time LET）[11] 是一种解耦功能与通信概念，目的是使嵌入式软件（尤其是在多核应用中）具有确定性，从而更加稳定、安全且易于分析。

典型任务的结构都采用 IPO 模型：输入（**I**nput）、处理（**P**rocess）、输出（**O**utput）。这意味着任务在开始时会接收数据，然后处理该数据，并在终止之前输出数据。接收和发送也可以采用对存储器进行读写访问的形式。具体来说，数据发送时间在很大程度上取决于任务的执行时间。如果结束时间比平常早，则数据也将更早发送。如果比平常需要更多运行时间，则发送数据的时间将比平常晚。

由于有大量任务在多核处理器的不同核心上处理，任务间的通信很快将变得复杂且不可预测，有时甚至不稳定。有时可能无法按时接收数据，也可能在接收者希望仅接收单个数据值的时间段内发送两次数据。6.4 节"遗漏及重复的传感器数据"将通过一个实例更详细地介绍此种情况。

图 4.9 显示了多核处理器的两个核心之间出现的通信问题。CPU 0 上的 Task A 在结束执行时向 CPU 1 上的 Task C 发送数据。由于启动时间相同但优先级较低，Task C 总是在 Task B 之后执行。

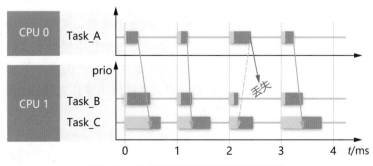

图 4.9　调度上的延迟引起的通信问题

在 $t = 2$ ms 到 $t = 3$ ms 期间，Task A 的执行时间比平常略长，而 Task C 则比平常略短。因此，Task C 将不能接收预期的数据，因为 Task A 在当时没有提供这些数据。

使用逻辑执行时间范式，接收和传输时间在一定程度上与任务的执行时间解耦。接收和发送均在任务执行期间的固定时间进行（图 4.10）。

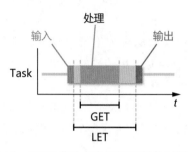

图 4.10　LET 作为任务可以运行的时间范围

无论处理时间更长还是更短，都不会影响定义好的"通信模式"。如果执行时间过长，即任务尚未完成执行即已到发送时间，则可能会发生错误处理。

图 4.11 显示了如何使用 LET 解决图 4.9 中所述的情况。现在，始终在每个 1 ms 周期内的同一时间发送 Task A 提供的数据，并在稍后的定义时间由 Task C 接收数据。此时，后者将不再与 Task B 同时激活，而是在接收数据时或片刻之后再启动。

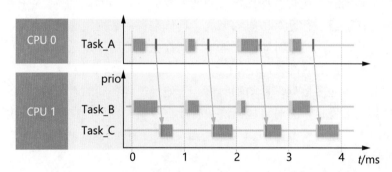

图 4.11　使用 LET 时，通信时间将与任务调度解耦

4.6　总　　结

本章介绍了多种时间参数。为了能够妥善地利用这些参数，我们可以使用最小值、最大值和平均值以及直方图，这些内容均在 4.2 节"统计参数"中进行了探讨。

CPU 负载在实际应用中仍然起着重要的作用，因此，本书也详细介绍了该部分内容。它是选择正确观测期 t_o 的决定性因素，但是，要确定最佳选择往往并非易事。本书尝试在 4.3 节"CPU 负载"中为正确决策提供依据。

LET 范式的引入带来了一种方法，尽管该方法到 2020 年中期还未被广泛应用，但在实现确定性通信方面提供了明显的优势。这无疑将特别有助于改善多核系统的处理能力。至于工具链何时为 LET 提供普遍支持以及支持到什么程度，将另作讨论。

第 5 章　软件时间分析方法

在开发嵌入式软件时，每个开发阶段都会遇到一系列与时间相关的问题、任务或挑战。例如，是否应该在项目的早期阶段，甚至在硬件可用之前比较不同的操作系统配置和通信概念？或者，软件的第一个版本已在运行中，但是仍然有一些尚未解决的零星问题需要调查？又或者，你或许需要确保软件时间保持稳定，以免在项目后期进行自动化测试时引起意外？可能你已经完成开发，但是在最终产品正常运行的过程中，需要通过分析组件来监控软件时间。

对于所有这些用例，可使用的软件时间分析方法存在很大差异。全面了解它们的所有可能性、优点和缺点以及使用它们的必要先决条件，对于高效执行时间分析至关重要。这里的"高效"是指以较低的成本和尽量少的精力实现正确的时间分析。如果没有本书中介绍的工具和方法，提供高可用性的安全嵌入式系统就是一件很难的事。

本章介绍在不同的开发阶段使用的各种软件时间分析方法，在后面的第 9 章"开发过程中的方法技巧"中，将使用这些方法。

除了介绍每种时间分析方法以外，本章还包含就相关方法对相关专家进行的简短访谈。

5.1　概览及在不同层面上的分类

图 5.1 显示了本章中详细介绍的软件时间分析方法。图中的纵轴表示可以执行时间分析的层级或粒度。以下三节将提供详细的描述。

5.1.1　通信层级

通信层级的时间通常与网络总线上的经过时间有关。其中，报文响应时间、带宽、利用率和缓冲区大小起到了重要的作用。而关注的重点是通信层级上端到端的时间（例如，从传感器到执行器），或者从软件中的一个事件到服务器上另一个事件的时间差。

产品之间：每当要开发的产品与外界交换数据时，时间方面也会产生影响。下面将以用于车联网或通过云端连接服务器的 Car-2-X 为例进行说明。其中一个用例是，在道路上检测到危险的车辆向跟随在后方的车辆示警。显然，此示警信息到达接收车辆的时间不应持续太久。

网络：这里的"网络"一词是指产品中（例如，机器或车辆中）控制单元和它们之间的总线所构成的网络。

ECU：对单个 ECU 进行时间分析意味着要查看安装在 ECU 中的处理器，并检查二者之间通过 SPI 进行的通信。如果 ECU 仅有一个处理器，则 ECU 层级也就是处理器层级。

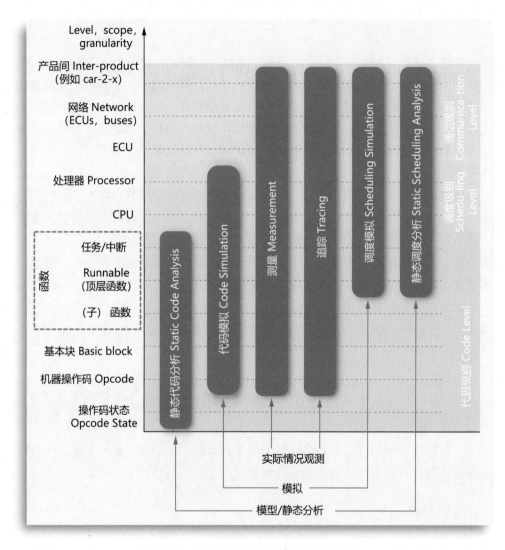

图 5.1   时间分析方法概览及其应用领域

5.1.2   调度层级

调度层级（RTOS 层级）的时间会影响操作系统所有与时间有关的行为。因此，调度层级也被称为操作系统层级或 RTOS 层级。调度层级的关键时间参数是任务的响应时间（参阅 4.1 节"时间参数"）。

处理器：处理器是一种半导体器件，上面有一个或多个 CPU、各种存储器和外设（参阅图 2.1）。CPU 会相互通信，通常也会相互干扰，例如在访问共享存储器时。此外，在不同 CPU 上运行的代码部分在某些时候必须同步。

处理器层级是指执行多核调度的层级。这意味着提供多核调度的操作系统（例如基于 POSIX 的操作系统）必须"监控"整个处理器及其 CPU。例如，用户可以将线程的处理从一个 CPU 迁移到另一个 CPU。

但如果是更高的层级，则不由操作系统负责。例如，用户无法轻松地在另一个处理器上启动任务或在另一个处理器上启动线程。

多核任务时间方面的内容将在第 7 章"多核及多 ECU 环境下的软件时间"中进行更加详细的讨论。

CPU：CPU（中央处理器）是一种执行单元，一次只能处理一个线程（一串指令）。这里专门排除了超线程 CPU，因为嵌入式系统中很少用到这类 CPU。如果要执行另一串指令（例如中断），则必须先中断当前这一串指令。

CPU 层级是指执行单核调度（如 OSEK 所提供的调度）的层级。

5.1.3　代码层级

对代码层级的元素执行时间分析时，重点是元素的处理和所需的时间。代码层级的中央时间参数是净运行时间（CET，核心执行时间）。

由于中断等原因造成的打断在代码层级不予考虑。也就是说，如果在代码层级进行分析时（例如测量 CET 时）出现了打断，则应予以扣除。

函数：这里的"函数"一词用于指代所有与函数类似的结构，包括常规的 C 函数（如 `int giveMeANumber(void){ return 42; }`) 以及 OSEK 任务或中断服务例程。

扩展此定义的主要原因是可以很好地表示层级，如图 5.1 所示（自上而下）。

　　TASK, ISR：AUTOSAR CP 或 OSEK 任务和某些中断服务例程均将接受调度，因此在运行时由 AUTOSAR CP 或 OSEK 操作系统组织。

　　Runnable（顶层函数）：AUTOSAR CP 任务一般会依次调用分配给它们的 Runnable。和任务一样，Runnable 一般也是 `void-void` 函数。

　　但是，即使是不使用 AUTOSAR 操作系统的应用程序也通常遵循"顶层函数"的概念，使用这些函数"完成"操作系统的任务。

　　（子）**函数**：顶层的 Runnable 或函数会调用函数本身，而后又会调用其他函数。

基本块：所有代码（包括函数）均可分成基本块。需要注意的是，基本块是一系列不会跳入或跳出的机器指令。因此，基本块的所有命令将无一例外地从第一个命令开始按顺序进行处理。

基本块已经在 2.2 节"代码执行"中做过解释。

机器指令码：机器指令码是指单一指令。大部分追踪和测量工具的粒度和精确度都止于此层级。比如这样的测量任务示例：测量在地址 X 执行指令和在地址 X+Y 执行指令之间的 CET。无法以比这更高的精确度解析测量或追踪结果。

操作码状态：如 2.6 节"流水线"（Pipeline）中所示，每个机器指令均分多个步骤处理，这些步骤即操作码状态。在时间分析中，仅静态代码分析会考虑此层级的影响，有时代码模拟也会考虑。

5.2　术语定义

在详细说明时间分析方法之前，我们先对一些在后续章节中起重要作用的术语进行解释。

5.2.1　追踪

追踪是指在存储器中记录事件并附加时间戳的过程。在以后的某个时间点，此追踪存储内容可用于重现原始事件发生时的情况。

以下将通过一些例子来进行说明。CAN 追踪使我们能够分析 CAN 总线上的通信状况或对其进行"重现"。在 CAN 总线上传输的每条报文都将与报文 ID、用户数据和时间戳一起记录。

如果以某种方式扩展 OSEK 或 AUTOSAR CP 操作系统，使其记录所有任务的激活、开始和终止以及任务 ID 和时间戳，则可以在稍后可视化并分析何时激活、运行、中断哪些任务等。

即便和嵌入式软件不搭边的一个例子，即游艇的航行日志条目，也可以说明追踪的概念。游艇日志上会记录每一次进出港口事件以及相应的日期和时间等，以后可通过此日志追踪游艇的航行路线。此示例也很有帮助，因为它可以清楚地表明追踪数据通常只是实际发生情况的摘录。日志中的信息只能大致重现游艇的航行路线。条目中并不会显示游艇在各港口之间的具体航行路线。

我们将在后文中更详细地介绍调度追踪，即将任务和 ISR 或进程和线程随时间的变化可视化。在许多方面，调度追踪与示波器相似，本书的后续章节将多次使用这种类比。调度追踪将记录任务状态并在时间轴上显示任务状态，而示波器记录的则是电压。

最后，要注意避免混淆。术语"追踪"和"可追踪性"虽然具有相同的词根，但含义不同。前文已经解释过追踪的含义。而可追踪性则描述了在开发过程中追踪不同项目的能力。例如，测试结果应与测试关联。而测试本身则应与测试的功能关联，而该功能又与构成开发基础的需求关联。

5.2.2　分析、时间测量和（再次）追踪

分析（Profiling）是指访问运行中嵌入式系统或模拟的时间参数的过程。图 5.2 显示了两种分析方法，其中一种方法是执行运行时间测量，以直接确定所需的时间参数；另一种方法则是通过追踪间接进行。在追踪时，最初仅收集追踪数据，然后便可从中提取时间参数。

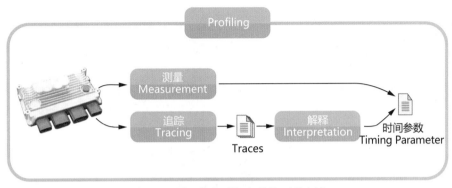

图 5.2　用于获取时间参数的两种方法

5.3　静态代码分析

这里的静态应理解为"离线"，即在分析时，不实际运行被分析的软件。静态代码分析器有很多，但用于分析软件运行时间行为或软件时间的很少。此外，还有分析堆栈需求的工具、尝试检测软件错误的工具以及检查是否符合编码准则的工具。

在下文中，我们将探讨侧重于软件时间的静态代码分析。更准确地说，我们将研究如何确定特定代码片段（例如函数）的可能最大内核执行时间。可能的最大 CET 是指 WCET（最坏情况执行时间），实际应表述为 WCCET（最坏情况核心执行时间）。在多数情况下，静态代码分析还能确定 BCET（最佳情况执行时间），但这并无太大意义，因为它对于软件的安全性和可靠性并不是很重要。

静态代码分析主要有两种类型，一种是从源代码开始，另一种则是从可执行文件开始。前者在学术环境之外几乎没有任何实际应用，因此，下面将只介绍基于可执行文件的分析。

5.3.1　基础功能和工作流

图 5.3 显示了执行静态代码分析时有哪些相关的数据，同时也显示了整个的工作流。首先，静态代码分析读取可执行文件并将其反汇编，即将二进制机器代码转译为汇编程序指令（另请参阅 1.3.5 节"汇编器"）。通过反汇编的代码，可以推导出控制流和函数调用树。所谓函数调用树，顾名思义，就是它能告诉你哪个函数调用哪些其他函数。此外，此分析还能确定最大循环迭代次数。

收集的数据现在将合并在一起，可能的最大运行时间将沿着控制流累加。可执行文件包含所有机器指令和数据的存储地址，这就是为什么此分析甚至可以考虑缓存和流水线对运行时的影响。为此，除了存储器配置（如指定闪存访问的等待状态）外，此分析还需要非常精确的处理器模型。在很多情况下，可使用处理器厂商的 VHDL 或 Verilog 数据创建此模型。VHDL 是指超高速集成电路硬件描述语言，可被视为作用于实现处理器的源代码。

如果所有时间数据均以秒或纳秒为单位，则分析时还需要有关处理器时钟的信息。这是由所用晶振和处理器时钟单元的配置决定的。

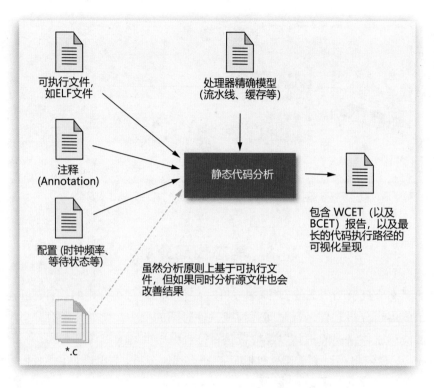

图 5.3　用于 WCET 计算的静态代码分析工作流

最后应该注意的是，在大多数情况下，实际 WCET 并不能在有限的时间内计算出来，但是可以计算出一个保证大于 WCET 的值 X。因此，分析的结果总是在安全的一侧，可以理解为安全上限，请参阅图 5.4。

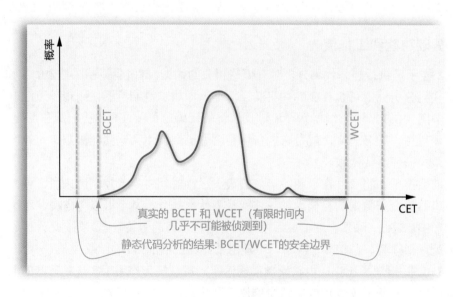

图 5.4　某函数（具有 BCET 和 WCET）的 CET 分布

5.3.2　用例

实际上，当需要确定最坏情况下的时间时，就必须要进行静态代码分析。某些安全性标准将静态代码分析视为"强烈推荐"的分析方法（参阅第 11 章"功能安全, ISO 26262"）。

抽象解译是适用于大部分情况的一种基本静态分析方法。它是一种形式化的方法，当应用于 WCET 分析并正确实现和配置时，它可以被认为是 WCET 的数学推导。

至关重要的是，分析结果必须完全独立于所使用的任何测试变量，这样可确保无须考虑这些变量导致最大运行时间的因素。

由于静态代码分析使用未执行的现成可执行文件，因此可以在不考虑硬件可用性的情况下进行分析。

另一个用例是构建过程中的自动 WCET 验证。每次编译软件时，都会进行静态代码分析，以检查某些函数的 WCET 是否超过预定义的限制，或者 WCET 相比于上一个软件版本的增量是否超过 $X\%$。

如果评估足够详细，则静态代码分析也可以用于运行时优化。

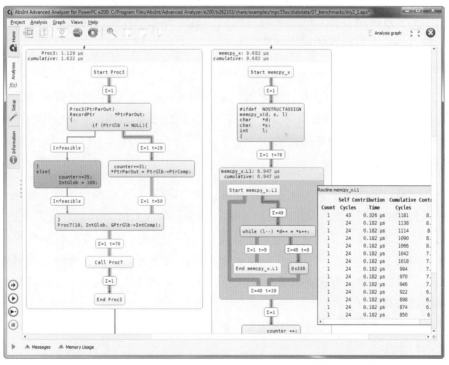

图 5.5　两个函数的 WCET 路径（工具：AbsInt[13] 的 aiT[12]）

图 5.5 显示了在 aiT[12]（AbsInt[13] 开发的一种静态代码分析工具）中分析的两个函数的结果，左侧为 Proc3，右侧为 memcpy_x。蓝色方框中显示了源代码片段。路径上的白色方框表示相应路径的最大执行次数。如果可执行文件中包含死代码（即任何情况下都无法执行的代码），则相应代码块显示为灰色而不是蓝色，并且相应路径上显示"Infeasible"（不可行）。最长执行路径（函数的 WCET 路径）以粉色突出显示，并有蓝色或绿色箭头（有

绿色箭头的部分在粉色背景下显示为橙色）。蓝色箭头标记了常规执行路径，绿色箭头标记了执行条件跳转的路径，例如在满足跳转条件时。此外，aiT 还提供了有关该函数各个代码部分为 WCET 贡献了多少时间的详细信息。

5.3.3　静态代码分析的限制

静态代码分析实际上并不像看起来那样简单。即使在构建函数调用树时，此分析通常也会遇到在没有外部帮助（例如，来自用户的帮助）的情况下无法解决的问题。

5.3.3.1　间接函数调用

间接函数调用（即将要调用的函数作为参数指针传递给调用者）可能很难分析。在某些情况下，静态分析将无法确定此参数可以取哪些值。在这种情况下，函数调用树并不完整。静态分析"知道"有更多函数要添加到其中，但是具体涉及哪些函数仍处于未知状态。此时需要在调用树上的这个点放置一个红色问号，而不是分出另一个分支。

5.3.3.2　递归

递归（即函数调用自身）的情况与此类似。这里有一个有趣的问题：递归将达到多大的深度，即该函数调用自身的最大次数。

5.3.3.3　循环上界

即使函数调用树完整，分析仍然会达到某些循环的极限，并且无法确定最大循环迭代次数。但是，计算 WCET 需要此数据。与其使用实际的循环上界，不如使用一个可能过大的值进行分析，从而导致明显的高估。

5.3.3.4　注释

用户必须通过提供其他信息来手动阐明这三个"绊脚石"（未解析的间接函数调用、递归以及错误识别的循环次数上限）。也就是说，必须注释（Annotation）代码。

小贴士：通过要求负责创建代码的人员提供必要的注释，可以非常轻松地解决这种问题。例如，如果某家软件公司交付了一组包含间接函数调用的函数，则除了代码以外，还必须要求该供应商提供注释文件（类似于规范），这些文件将清楚地说明每次间接函数调用可能有哪些调用目标。

德国的一家汽车行业大型供应商在几年前就引入并实施了这种要求供应商完全注释其所交付代码的方法。

5.3.3.5　运行模式和互斥代码

对于已经正确识别或注释了所有间接函数调用和递归以及所有循环边界的应用程序，通常仍需要附加注释。

应用程序一般都能支持不同的工作模式。以飞机作为类比，这些模式可能是"在地面上""飞行中"和"控制单元更新"。静态代码分析时各个不同工作模式的代码部分并不总是以互斥的方式彼此分离，至少从静态代码分析的角度来看并非如此。

当详细检查 WCET 高得出奇的代码时，开发人员会发现路径中存在互斥的代码。现在，他们有两个选项：要么重写代码，以便静态分析发现两个部分不能在同一路径中；要么必须添加其他注释。

5.3.3.6　高估

即使可以完全完成分析并注释应用程序工作模式，分析结果通常 WCET 仍会出乎意料的高。造成这种情况的原因之一可能是高估，即报告的 WCET 上界与实际 WCET 之间的差异很大。

还应注意的是，高估的时间也会被计入。例如，如果你要执行具有 500 个 Runnable 的 AUTOSAR CP 任务，并想确定该任务的 WCET，则分析时将选择通过所有这 500 个 Runnable 的最长路径。然后就是一个该值是否仍然相关的概率问题了。但是，WCET（或者更普遍地说，图 5.4 中所示的该任务的曲线）的发生概率无法通过计算得出。

如果这一点可以实现，则不必根据分析报告的上界来调整系统；相反，可以使用与所需概率相对应的 CET 值。

但是，在实践中并不会这样做，因此我们要么必须忍受这些高估，要么以相应较低的使用率运行系统，要么使用其他分析方法。

5.3.3.7　中断、多核和暂时性错误

如上所述，静态代码分析是一种代码层级的方法，因此不涉及任何调度方面。存储器接口上的中断或访问冲突（多核设备上经常发生）将不予考虑。

下面将用示例来进行说明。使用静态代码分析，将函数 F 的值 x 确定为 WCET 的上界。假定在实际执行中满足达到 WCET 的所有先决条件，即启动该函数时缓存和流水线将处于最差状态，且该函数使用的所有数据和参数都具有最长路径所需的值。在执行过程中，达到了 WCET。根据静态代码分析方法，此执行过程不会出现任何中断或冲突。

现在假设此执行过程被 ISR 中断。中断服务例程位于缓存中并不存在的存储区中。因此，必须将代码以及 ISR 使用的数据加载到缓存中，这样会覆盖缓存中函数 F 的代码和数据。

处理 ISR 后，函数 F 将继续执行。当然，ISR 的 CET 将从该函数总执行时间（GET）中减去，即 ISR 的执行时间将被扣除。即便如此，缓存现在仍处于"较差"状态，并且在继续执行函数 F 时会出现额外的延迟。当函数 F 执行完成时，其实际执行时间将超过静态代码分析所指定的上限。

原则上，当另一个 CPU 在执行函数 F 期间访问共享存储器并因此延迟其执行时，也会发生非常类似的情况。通过这种方式，可能会出现相当大的延迟，尤其是在访问数组时。但是，即便存在隔离的存储区域，访问共享内部地址和 Crossbar（图 2.1）等数据总线时仍会发生冲突。

为确保完整性，静态代码分析也将忽略暂时性错误（参阅 7.1.3 节"锁步多核"）。

这些限制在实践中意味着什么？结果可靠的真实 WCET 分析仅适用于不会中断的函数，中断、异常和任务抢占等必须予以排除。对于多核系统，几乎不可能进行可靠的 WCET

分析。

但是，它仍不失为多核环境中的一种有效分析方法（参阅 5.3.2 节"用例"中的关键词"构建过程中的自动 WCET 验证"）。

或许也可以摆脱这种严格形式化的方法，通过使用追踪数据[14] 来计算可能的最佳上界。

5.3.4 静态代码分析专家访谈

以下访谈旨在使静态代码分析的主题更加完整，并从另一个角度进行探讨。工具 aiT 和 TimeWeaver 均是 AbsInt[13] 公司的产品，该公司由 Reinhard Wilhelm 教授于 1998 年联合创办。

Peter Gliwa：静态代码分析是一个广阔的领域。我们在这里仅探讨用于确定 BCET 和 WCET 的分析方法。那么简单地说，它的工作原理是什么？

Reinhard Wilhelm 教授：WCET 分析很难用一句话来描述。首要的问题是机器指令执行时间可能存在巨大的差异，具体取决于执行状态，例如缓存内容。对于程序中的每个点，aiT 会计算所有可能执行状态的高估近似值。为了能够预测某个内存块上的缓存命中，该内存块必须处于所有已计算的缓存状态。

aiT 的第一步是通过可执行机器程序重建控制流程图。然后，aiT 将确定上述执行状态的高估近似值。借助于此，aiT 可以安全地高估程序中所有机器命令的执行时间。最后，必须确定此基础上通过程序的最长路径。

Peter Gliwa：有哪些核心用例？

Reinhard Wilhelm 教授：所有安全关键硬实时系统都是。其中大部分都无法通过飞行时间法（Time-of-Flight）测量来确定 WCET，因为这个过程十分复杂，需要测量大量用例，因此监管机构并不认可这种方法。

aiT 通常还应用于非关键型应用程序，因为不需要构建测试用例和测试输入，从而节省了大量的时间和精力。

当在硬件上进行测量的成本过高或无法进行测量时，我们的 TimingProfiler 产品还将使用该技术来实现开发初期的代码优化。

Peter Gliwa：学术界已经就这个话题讨论了很多年，并且进行了深入的研究。但为什么这种分析方法至今还没有在嵌入式软件开发过程中广泛使用呢？

Reinhard Wilhelm 教授：关于静态运行时分析的第一批出版物在 20 世纪 80 年代后期陆续发表，但那时都是针对具有恒定指令执行时间的架构。到了 90 年代，开始首次使用带有缓存、流水线、预测等功能的架构，其指令执行时间取决于执行状态。我们已经解决了由此产生的 WCET 分析问题，并实现了一种解决方案。这种技术在意识到这一问题的用户群体中应用非常广泛。剩下的那些用户则陷入了一种错误的安全感，并依赖一些根本不健全的方法。

Peter Gliwa：不久之后，能够显著提高平均计算能力的处理器功能就从桌面系统迁移到了嵌入式系统，其中就包括复杂的缓存逻辑或巧妙的分支预测单元。这对静态代码分析有什么影响，用户应该注意什么？

Reinhard Wilhelm 教授：我们前面已经提到过，这在 20 世纪 90 年代就已经发生。大部分缓存架构都比较容易分析。对于具有随机替换机制的缓存，不能指望它预测如此大量的缓存命中，例如，对于具有 LRU 替换机制的缓存，可能也是这样。但是，aiT 能够精确分析可以为具有随机替换机制的缓存预测的内容。而基于测量的方法显然不能做到这一点。原因仍然是要考虑的用例数量过多。

但是，开发人员通常可以配置复杂的架构来获得更大的可预测性。AbsInt 公司可以提供这方面的帮助。

Peter Gliwa：那么多核环境的情况又如何呢？

Reinhard Wilhelm 教授：多核环境的 WCET 分析更加复杂，因为除了单核分析以外，你还必须分析对共享资源的干扰，然后将这两项分析的结果干净利落地组合起来。aiT 支持多种不同的处理器。

AbsInt 还提供了 TimeWeaver，这是一种混合工具，可以自动考虑干扰影响。

Peter Gliwa：静态代码分析的结果与测试变量无关。因此，它可以代替某些测试，从而节省时间。但是，要获得完整的调用树并限制高估，就需要提供注释，而这又需要一定的时间。那么，这整件事实际上是不是相当于一场零和博弈？

Reinhard Wilhelm 教授：如果你愿意拿苹果和梨进行比较，也可以这么说。一方面，你有一种能够保证准时反应的方法；另一方面，你还有一种最多只能让你感觉还不错的方法。那么，当登上飞机时，你更想选择哪种方法？为关于飞机软件开发的国际标准 DO178-C 增补的《形式化方法》中考虑了这一点。前一种方法被认为适用，因此可以通过认证，后者则不行。

此外，在很多情况下，aiT 还可以节省大量的精力和时间。为了使用户能针对自己的应用场景确定这一点，AbsInt 还提供了工具评估。

Peter Gliwa：在实际使用过程中是否遇到过"惊喜时刻"？

Reinhard Wilhelm 教授：在首次分析空客 A340 飞机控制软件和 A340 上运行的平台时，我们得到的结果处于自观测以来最差的执行时间与空客以前使用基于测量的方法所取得的结果的中间，安全系数为 50%。这一结果让空客团队非常高兴，因为他们从我们这里获得了一种新的可靠方法，这种方法可以确定运行时限制，比空客以前采用的方法更精确，而且我们还证明了他们的运行时间限制（A340 认证时采用了此限制），虽然准确性稍差，但确实安全。

Peter Gliwa：最后您还有什么建议或实用技巧吗？

Reinhard Wilhelm 教授：用户首先务必清楚自己需要的是一种可靠的保障，还是只要感觉还不错即可，然后再尝试使用我们的工具。

Peter Gliwa：谢谢您！

　　Reinhard Wilhelm 于 1965—1972 年就读于德国明斯特大学，主修数学、物理和数学逻辑，后来又先后进入慕尼黑工业大学和斯坦福大学攻读计算机科学。1977 年，他在慕尼黑工业大学获得了计算机科学博士学位。自 1978 年以来，他一直在萨尔大学教授计算机科学，并领导研究编程语言和编译程序构造，一直到 2014 年。1990—2014 年，Wilhelm 同时还作为科学总监领导了位于 Schloss Dagstuhl 的 Leibniz Center for Informatics（LZI，前身为 International Meeting and Research Center for Informatics（IBFI））。

　　Wilhelm 的研究兴趣包括编程语言、编译程序构造、静态程序分析、嵌入式实时系统以及算法和数据结构的动画和可视化。

　　1998 年，他与自己的团队成员一道创立了衍生公司 AbsInt，以便将他领导开发的一种正确而精确的实时程序运行时分析方法转化成产品。AbsInt 开发的工具（如 Patrick Cousot 和 Radhia Cousot 主导开发的 Astrée）已被应用于认证空客 A380 和 A350 飞机的安全和时间关键子系统。

5.4　代　码　仿　真

　　代码仿真器可以为 PC（x86 架构）上的任何处理器执行机器代码。在这里，PC 模拟了其他处理器。由于在这种情况下，一个平台的代码将在另一个平台上执行，因此经常使用"跨平台"一词。简单地说，目标处理器的编译器也被称为交叉编译器（Cross-compiler）。

　　与其他时间分析技术相比，代码仿真并没有发挥太大的作用，因此本节也比较简短。

　　对于那些执行为 x86 而不是嵌入式处理器编译的代码的仿真器，本节不作讨论。尽管对于功能开发而言这些仿真器非常有趣，但它们所产生的有关软件运行时间行为的结果并无太大的实用价值。

5.4.1　功能与工作流

　　代码仿真通常涉及少部分代码的检查，例如单个函数或算法。仿真器由可以模拟目标处理器的软件组成。仿真器可以执行为目标处理器生成的可执行文件，具体的详细程度取决于使用的仿真器。广泛使用的指令集仿真器通常带有一些编译器，在这些仿真器中，正确的软件时间一般不是它们的关注重点。此类仿真器不模拟流水线、缓存以及定时器、MPU 和调试模块等外设。相应地，基于此类仿真器的软件时间分析也比较含糊。

　　图 5.6 显示了代码示例 5.1 中的程序是如何先在命令行进行编译再转移到仿真器的；在此例中，以 Wind River 用于 PowerPC 的 RTASIM 为例。

　　仿真器的输出仅报告 main 函数的返回值和已执行的机器指令总数。

代码示例 5.1　　一个返回值为 42 的小程序

```
1 int main(void)
2 {
3     return 40+2;
4 }
```

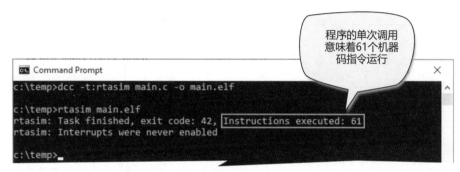

图 5.6　　程序转译和仿真（包括输出）

5.4.2　用例

为了使单元测试更接近真实目标系统，避免在真实硬件上运行测试，可以针对目标处理器对其进行编译，然后再使用代码仿真器执行。如果仍然发生这种情况，则存储每个测试执行的指令数量将很有帮助。通过最小程度地扩展（单元）测试环境，可以获得其他有关被测函数运行时间需求（更准确地说，是 CET）的基本信息。

如果在项目过程中，这些值被系统地自动记录下来，那么它们可以很好地指示被测函数的净运行时间。如果将这些模拟值与测量值进行比较，就能够实现简单且合算的运行时分析，函数的净运行时间也将清晰地显示出来。

建议在更改后的测试过程中自动监测与先前版本软件运行时间的差异，如果增加了 $x\%$，则发出警告等提示。如果增加是由其他函数引起，则说明一切可能都还好，新的参考运行时间将会更高。但是，如果由于错误的"代码修饰"措施而导致函数的运行时间在两个版本间存在巨大的差异，就要立即引起注意。如果没有这种验证，有问题的函数可能会进入软件发行版，造成零星的调度问题，并且可能要到几周后才被确定为罪魁祸首。

还有一些更复杂、更强大的仿真环境，如新思科技（Synopsys）公司通过其虚拟器提供的仿真环境（图 5.7）。它是虚拟样机环境[15] 的组成部分，可以模拟嵌入式系统。以下示例中包含了两个 ECU。第一个 ECU 搭载 AURIX 处理器，运行的是 OSEK 操作系统。第二个 ECU 则通过两个 SoC（**Systemon Chip**，片上系统）分发其功能：一个网关和一个基于 ARM 的 Linux 环境。

在截图中，有多个视图上下叠放，它们都共用相同的时间横轴。竖线（如图中所示的红线）标记了所有视图中相同的时间点。最上面的视图显示了 AURIX 处理器 CPU 0 的 OSEK 任务追踪，下方显示了该 CPU 的函数追踪。然后是网关的函数追踪，接下来是 SPI

总线的追踪。

最下面的视图具有黑色背景，显示了多核嵌入式 Linux 平台的控制台输出。

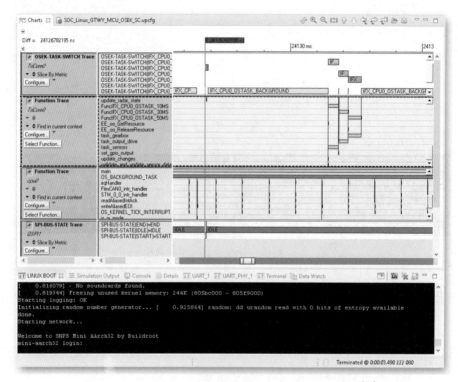

图 5.7　作为虚拟样机环境组成部分的新思科技仿真器[15]

5.4.3　静态代码仿真的限制

近年来，有观点认为，为了使完整软件可执行程序的仿真足够接近现实，付出的代价比得到的好处多。术语"嵌入式软件"源于这样一个事实：这类软件被嵌入传感器、执行器、通信总线和其他硬件接口的环境中。所有这些仿真还必须达到足够的细节水平，这通常需要投入大量的精力。

本节结尾关于代码仿真的访谈内容清楚地表明，最近几年（直到 2020 年）这个领域发生了很多事，代码仿真如今已经（或者说在不久的未来将会）被更多地用于嵌入式软件开发。

在实现全面仿真的过程中，可以将上述运行时测量方法与单元测试相关的简单指令计数以及调度模拟相结合，作为过渡步骤。在 5.8 节"调度模拟"将更详细地介绍调度模拟。通过这种构建过程中完全自动化的组合，可以在代码和调度层级执行简单的运行时验证。尽管这种验证无法代替真实硬件上的测试，但是有可能在将软件刷入硬件之前，以完全自动化的方式发现不同类型的错误。

与所有非基于模型静态分析的实践分析方法一样，这些结果同样也取决于测试变量，这些变量会在仿真期间激活分析的代码。如果未使用"正确的"变量，则会出现仿真的运行时间太小的情况，导致在真实环境中使用代码时发生不好的意外情况。

5.4.4　与代码仿真领域专家的访谈

与上一节（有关静态代码分析）一样，本节（关于代码仿真）也包含了与技术专家的访谈内容。访谈中提到的仿真环境是来自 Synopsys[16] 的虚拟样机[15] 环境。

Peter Gliwa：简单地说，代码仿真的工作原理是什么？

Kevin Brand：一般来说，代码仿真分为两种。其一是 SIL（Software In the Loop）方法，此方法将执行"软件在环"测试。大部分嵌入式软件都使用 C、C++ 或 Ada 等可移植语言开发，这些语言在各大平台上均可使用。在 SIL 设定中，你可以编译 x86 应用程序软件并在仿真环境中运行它。你可以在该设定中调试和验证该软件，并将其放入可以对其进行测试的某些仿真器或环境的循环中。新思科技的 Qtronic 产品就是一个很好的例子。利用这种方法，你在很大程度上可以不考虑与硬件相关的软件，而仅模拟你的应用程序代码。

这些类型的代码仿真与你结合使用 MATLAB 和 Simulink 时的 MIL（Model In the Loop，模型在环）仿真类似。它们都使用高级模型来生成基于标准的、符合 AUTOSAR 的 C 代码，以便最终将其编译为应用程序代码，因此，还可以使用 Qtronic 等 SIL 仿真器来进行模拟。

另一种方法是获取针对实际目标交叉编译的真实代码，并通过指令集仿真器来运行，而不是将其装入目标处理器。仿真器在真实硬件模型上执行代码，就像真实硬件一样，逐条指令地执行。从简单的核心/存储器模型到更完整的模型（包含多个处理器，甚至是多个 ECU 以及它们之间的所有通信），该模型可以是任何类型。

我个人一直专注于在系统硬件模型上执行的指令集仿真方法。

Peter Gliwa：当您说到"模型"时，您指的是处理器模型以及包括外部信号、外部通信等在内的环境模型吗？

Kevin Brand：我会说是又不是。说是是因为该模型可以包含所有这些内容，而说不是，则是因为"外部"可能表述得不正确。你所说的外部信号、外部通信等都在仿真范围之内。核心模型一般都不会单独地模拟代码。如果你愿意，可将其置于仿真底板或仿真内核上。我们的产品采用了 SystemC 标准，这是我们的骨干。仿真内核可同时模拟所有类型的模型，例如存储器模型、CPU 模型、外设模型、通信模型等。

Peter Gliwa：那么，当我们模拟定时器中断时，这些是否会像在真实硬件中一样，清晰地显示出来。

Kevin Brand：会。发生的所有事件都会在精确的时间进行仿真。例如，如果你的软件使用定时器并且比较匹配中断每毫秒执行一次代码，你会发现此类周期性事件发生的时间间隔与真实硬件上的时间间隔相同。

Peter Gliwa：我理解了。你可以在代码层级和调度层级模拟软件。嵌入式操作系统所能做的比前文所述的多不了太多。它将在专用时间点设置比较匹配中断，以实现定时启动和报警，并根据其状态和优先级执行任务。

那么 GPIO 呢？是否可以通过定义输入引脚处于"高"和"低"状态的时间来配置它们的状态？

Kevin Brand：那么，你这里指的是来自芯片、半导体器件之外的刺激，对吗？

Peter Gliwa：是的。

Kevin Brand：模型本身没有边界。你可以通过 SPI 将 MCU 接口连接到 ASIC。只要进行过相应的仿真，内核就会看到所有这些活动。

对于真正来自模型外部的数据，我们有多种选择。有些非常简单，例如我们的脚本编程接口。利用脚本可以在内核上生成信号，以便内核知道它们并进行调度，然后它们被注入平台，并且硬件模型可以响应它们。

另一个选项是将仿真模型连接至设备模型，例如在MATLAB/Simulink 中开发的模型。有多种工具（如 Vector 的 CANoe）可提供用于仿真的接口。FMI 也是一种常用的仿真器互连方法。我们还可以注入并监测串行 I/O 报文，如 Ethernet、CAN 和 SPI。

最终，无论你用何种方式将外部信号或数据源接入仿真环境，一切都由内核控制。仿真内核是一种由时间和事件驱动的骨干，能够促进代码仿真和硬件交互。

Peter Gliwa：当我在 CANoe 中为使用真实硬件的测试设置了剩余总线仿真时，是否可以在代码仿真环境中使用相同的剩余总线仿真？是否要使用 Vector PC 驱动程序随附的虚拟总线（如虚拟 CAN 总线）？

Kevin Brand：是的，你可以使用相同的剩余总线仿真；但我们不使用虚拟 CAN 总线。相反，我们通过共享存储器连接到 CANoe，并使用 Vector 接口 API。然后，可以通过在仿真底板上建模的 CAN、CAN-FD、Ethernet 或 FlexRay 总线获得来自 CANoe 的信息。这两种仿真（剩余总线仿真以及硬件和代码仿真内核）将同步进行。我们称之为"V-HIL"（Virtual Hardware In the Loop，虚拟硬件在环），实际上你可以对 HIL 和 V-HIL 使用相同的剩余总线仿真。

Peter Gliwa：是的，当然。现在想来，使用 Vector 虚拟总线并不是个好主意。如果要设置每 10 ms 发送一次的周期性报文，则这些报文在此时间段内将实时出现在虚拟总线上。但是，我想即使不依赖实时应该也可以运行仿真。这样对吗？这就引出了一个比较常规的问题，即仿真时间与实时之间的关系是什么。

Kevin Brand：仿真器由事件驱动。因此在特定实时范围内发生的事件越多，此时间范围的仿真花费的时间就越长。基本上就是这样。因此，仿真速度可能因事件带宽而出现很大的差异。

这种差异不仅体现在不同的仿真器之间，在同一仿真中也有体现。AUTOSAR 启动时（软件初始化外设并完成一切配置）通常会产生很多事件。一旦可以正常执行，仿真通常会更快地运行。

由于这种速度变化，我们通常很难连接到需要保持一定吞吐量的实时接口。

Peter Gliwa：我说对了吗？根据仿真内容的复杂性，仿真运行的速度比实时运行快还是慢？如果我有一个相当简单的系统，是否可以减慢实时仿真的速度？

Kevin Brand：实际上，我们确实有一个能够插入的区块，它可以降低仿真速度。当你想与仿真外部的实时 I/O 交互并且运行速度比实时速度快时，就可以这样做。比如 USB 或以太网接口。

　　仿真速度可以轻松达到实时速度的多倍，因为在某些模式下，CPU 会进入睡眠模式，然后你会发现时间差异"非常大"，因为只有很少的事件发生。在睡眠模式下，一般只能看到外围定时器偶尔在递增，这有助于调节仿真速度。但一般而言，如果 CPU 模型在仿真期间不主动执行指令，则仿真事件的处理速度可能会非常快。

Peter Gliwa：也就是说，只要软件具有某种图形界面（例如转速表），就能使仿真运行接近实时，从而避免指针出现不切实际的动作，可以这样认为吗？

Kevin Brand：是的，对于这些情况，接近实时或者稍慢更理想一点。

Peter Gliwa：那么，如果仿真能够保证准确会怎么样呢？CPU 本身模型的精确性又如何呢？

Kevin Brand：具体要看你使用什么平台。并非所有平台都有高准确度。有些仅提供相当简单的指令集仿真，但提供所谓"快速时间技术"的平台则可以在更详细的层级进行仿真。它们可以模拟处理器内部总线上的仲裁、预取缓冲、流水线（包括分支预测），具有复杂逐出方案的缓存等。

Peter Gliwa：代码仿真有哪些用例？它主要在代码层级还是调度层级使用？还是同时在这两个层级使用？

Kevin Brand：在调度层级用得并不多。实际上，应用的重点更多的是在代码层级，例如了解和验证功能软件。还有一个例子是同一个用例在一定程度上涵盖这两个层级的情况。如今的 ECU 有成千上万个符号：变量和函数。但是，硬件却只能提供有限的本地快速存储器。借助代码仿真，你可以分析从何处以及隔多久访问一次哪个符号。假设变量 a 驻留在 Core 1 的本地 RAM 中，但很少被该核上运行的代码访问。同时，Core 0 上运行的代码每秒会读取该变量 10 000 次。由于跨核读取访问需要更长的执行时间，因此很明显，你应该在 Core 0 而不是 Core 1 的本地存储器中配置变量 a。

Peter Gliwa：我们已经讨论得很详细了，那么客户会使用你们的工具来解决 WCET 的问题吗？

Kevin Brand：并不都是这样。我们已经探讨过通过代码仿真来确定空余空间。对于此类设定，我们需要在现有代码之上新增一个模拟场景，在不修改软件本身的情况下，人为地增加负载。在更高的负载下执行软件，可以让你检查软件是否仍可以安全地正常运行。

Peter Gliwa：最后，在软件时间分析方面，您对代码仿真有什么建议、意见或技巧吗？

Kevin Brand：将代码仿真与现有的工具相结合，能够为你的硬件带来补充，从而提供了高效调试和测试所需的系统可见性。让你的系统成为一个白盒。

Peter Gliwa：非常感谢！

　　Kevin Brand 是爱丁堡纳皮尔大学数字硬件设计硕士，最初在行业中从事硬件和系统设计师工作。Kevin 目前在新思科技公司担任应用工程高级经理，拥有 15 年的虚拟样机领域从业经验。他专注于汽车领域，一直从事研发工作。最近几年，他在全球多家半导体厂商、一级供应商和 OEM 公司实现并部署了虚拟样机解决方案。

　　新思科技公司为芯片设计、验证、IP 集成以及软件安全性和质量测试提供先进的技术。

5.5　运行时间测量

　　通过端口引脚进行运行时测量可能是最古老的时间分析方法。但是，这并不意味着可以将"运行时间测量"和"引脚切换"划上等号。如今有一些高度优化的精确工具，它们不需要端口引脚或其他硬件。如果这些工具还满足较高的安全性要求，则可以在运行期间将它们用于监控最终产品的运行时间。因此，它们也被用作系统安全概念的一部分。

　　从简单的引脚测量到经过认证的运行时间测量和运行时间监测方法，有一系列可用的运行时间测量方法，并且有多种方法介于这两种极端之间。

5.5.1　基本功能和工作流

　　首先，我们来看看代码和调度层级。要测量的运行时间是指代码（任务、ISR、函数等）的执行时间，而不是指网络中的信号。

　　图 5.2 所示的运行时间测量几乎总是基于代码软件工具的测量。基于硬件的追踪程序有时被错误地称为"调试程序"，它们也提供了时间参数，但却是利用之前记录的追踪数据来实现的。基于硬件的追踪将在 5.6 节"基于硬件的追踪"中探讨。

　　使用软件检测进行运行时间测量时，最简单的原始形式包括在测量的元素（例如函数或循环）的开始和结尾处提供额外代码。在开头处，代码会将端口引脚设置为逻辑 1，在结尾处设置为逻辑 0。如果现在通过示波器或逻辑分析仪对端口引脚上的信号进行可视化和测量，则信号保持逻辑 1 的时间代表测量元素的总执行时间（GET）。

　　代码示例 5.2 中显示了一个小示例程序，该示例为数据类型 unsigned short 的所有正整数值调用根函数 sqrt。每次调用之前，运行时间测量都通过 StartObservation 启动，在返回结果之后，测量将通过 StopObservation 终止。启动函数 main 时，将通过调用 InitObservation 初始化测量。

代码示例 5.2　用于测量库函数 sqrt 执行时间的程序

```
1  #include <math.h>
2  #include "Observation.h"
3
```

```
 4 unsigned short result;
 5
 6 int main(void)
 7 {
 8     unsigned short i = 0;
 9     InitObservation();
10     do {
11         StartObservation();
12         result = (unsigned short) sqrt(i);
13         StopObservation();
14         i++;
15     } while (i != 0);
16     return 0;
17 }
```

　　引脚测量的实际实现方法可在代码示例 5.3 所示的头文件 observation.h 中找到。此例中的代码是为 Microchip AVR 处理器实现的，非常简单。

代码示例 5.3　observation.h: 引脚检测的实现

```
 1 #ifndef OBSERVATION_H_
 2 #define OBSERVATION_H_
 3
 4 #include <avr/io.h>
 5
 6 inline void InitObservation(void)
 7 {
 8     DDRB = (1<<PB0); // configure PB0 as output pin
 9 }
10
11 inline void StartObservation(void)
12 {
13     PORTB |= (1<<PB0); // set pin high
14 }
15
16 inline void StopObservation(void)
17 {
18     PORTB &= ~(1<<PB0); // set pin low
19 }
20
21 #endif /* OBSERVATION_H_ */
```

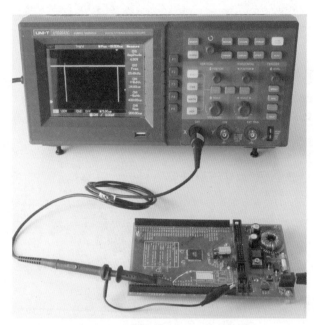

图 5.8   使用引脚进行 GET 测量

图 5.8 中显示了测量设定。由于频率通常在几千赫兹到几兆赫兹的范围内，因此使用非常简单的示波器或逻辑分析仪即可。图 5.9 显示了端口引脚的电压曲线。

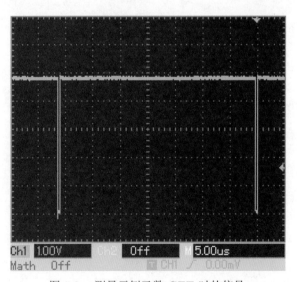

图 5.9   测量示例函数 GET 时的信号

被测函数的各次调用之间只经过了很短的时间，因此信号仅在很短的时间内保持低电平状态。端口引脚处于高电平状态的持续时间表示总运行时间，即 sqrt 的 GET 加上测量开销的一半。

为什么要"加上测量开销的一半"？我们假设两个函数 StartObservation 和 StopObservation 需要相同的运行时间，而引脚处电平变化的出现相对于它们的调用具有相同的延迟（相对于各自的调用），即经过时间 t_1 后。从电平发生变化到相应测量函数结束执行所经过的时间为 t_2。因此，可以估算出每个函数的开销为 $CET_{OH} = t_1 + t_2$。引脚处高电平所对应的总持续时间由 `StartObservation` 的结束时间（t_2）、sqrt 的 GET 和 `StopObservation` 的开始时间（t_1）构成。这对应于一个检测函数的运行时间和开销的一半。

图 5.10 显示了这半个开销的测量。此时需要做的只是修改 main 函数的原始代码，以便在测量函数之间不执行任何代码。这足以临时注释掉或者移除代码示例 5.2 第 12 行 "`result = (unsigned short) sqrt(i);`"。现在，端口引脚已经设置并将立即重置，在此例中需要 125 ns。此例中使用 ATmega128 和 16 MHz 晶振频率，这对应于两个处理器周期。在测量期间，此一半开销，即 125 ns 可以从结果中减去，以获得非常准确的测量值。

由于该实现以 inline 作为函数的前缀，所以编译器根本不会生成任何函数调用，而是在代码中恰好放置一条机器指令。这也解释了为什么开销如此低。

另外，在第 8 章"软件运行时间优化"的 8.3.2 节"优化根函数 sqrt"中，sqrt 函数也将发挥重要作用，因为我们会优化此函数，以减少运行时间。

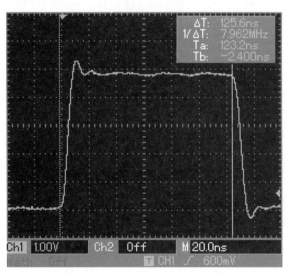

图 5.10　确定测量开销时的信号

5.5.1.1　不使用端口引脚测量

端口引脚或外部测量方法并非始终可用。另外，测量设备不仅操作麻烦，而且有时无法进行方便的自动化操作。

可以使用硬件定时器作为测量的基础，代替端口引脚和示波器方法。定时器值存储在要测量的元素开头，并在结尾处再次读出，这两个值的差值反映了定时器在此期间的跳动次数，即记录的总运行时间。定时器单次跳动的时间与定时器频率呈反比，从而可以将这个运行时间换算为以秒为单位。

根据已通过引脚切换进行测量的示例，在以下示例中，将对检测进行调整，确保函数 sqrt 的运行时间完全由软件确定。代码示例 5.4 显示了标题 observation.h 的全新实现方式，代码示例 5.5 则显示了现在需要的新 C 模块 observation.c。main 函数的代码仍保持不变，因此与代码示例 5.2 中的代码相同。

代码示例 5.4   observation.h：仅基于软件的运行时测量

```
 1 #ifndef OBSERVATION_H_
 2 #define OBSERVATION_H_
 3
 4 #include <avr/io.h>
 5 #include <avr/interrupt.h>
 6
 7 extern unsigned short startTime;
 8 extern unsigned short grossExecutionTime;
 9
10 void InitObservation(void);
11
12 inline unsigned short SafeReadTCNT1(void)
13 {
14     unsigned char sreg;
15     unsigned short retVal;
16
17     sreg = SREG; // save interrupt lock status
18     cli(); // disable all interrupts
19     retVal = TCNT1;
20     SREG = sreg; // restore interrupt lock status
21     return retVal;
22 }
23
24 inline void StartObservation(void)
25 {
26     startTime = SafeReadTCNT1();
27 }
28
29 inline void StopObservation(void)
30 {
31     grossExecutionTime = SafeReadTCNT1() - startTime;
32 }
33
34 inline unsigned short GetGrossExecutionTime(void)
35 {
36     return grossExecutionTime;
37 }
38
```

```
39  #endif /* OBSERVATION_H_ */
```

代码示例 5.5　observation.c：仅基于软件的运行时测量

```
1  #include "Observation.h"
2
3  unsigned short startTime; // of the measurement
4  unsigned short grossExecutionTime; // GET
5
6  void InitObservation(void)
7  {
8      // !!! careful !!! function relies on reset values
9      TCCR1B = (1 << CS10); // timer start running at full speed
10 }
```

可以使用函数 GetGrossExecutionTime 检索上次测量的结果，只是缺少了将定时器跳动次数转换为秒的步骤：

$$t_{\text{sec}} = \frac{t_{\text{ticks}} \cdot \text{Prescaler}}{f_{\text{sys}}} \tag{5.1}$$

系统时钟 f_{sys} 可对应简单处理器上的振荡频率；而在更复杂的处理器上，将使用 PLL 来提供系统时钟。因此，可再次按照预分频系数（Prescaler）来分频系统时钟。请注意，可能有多个必须考虑的预分频器（分频器）。

对于这两种测量方法（即使用引脚切换和使用定时器的方法），可使用晶振频率 16 MHz 的 ATmega128（$f_{\text{sys}} = 16$ MHz）。代码示例 5.5 中的函数 InitObservation 将启动 16 位的定时器 1 而不使用预分频（Prescaler = 1）。如上文所述（通过使用引脚切换方法确定一半的开销），对于这种基于软件的测量，可以确定也有类似的测量开销。测量开销将从测量结果中减去，以获得更准确的结果。为此，将再次执行"空测量"，即直接依次调用 StartObservation 和 StopObservation。对于示例中所示的环境，可能存在 $t_{\text{OH}} = 9$ 次定时器跳动的测量开销。

由于在测量期间禁用了中断源，因此总运行时间 GET 对应于净运行时间 CET，下一节将更详细地介绍这方面的内容。

实际测量显示，sqrt 的净运行时间为 123~655 次跳动（非修正值）或 114~646 次跳动（修正值），这对应于 7.125~40.375 μs 的总运行时间。另外，此测量无须使用硬件。除了编辑器以外，可免费使用的 Atmel Studio 7 还提供项目管理、编译器和能够正确模拟定时器的仿真器[17]。

必要时，可将每次测量后更新所谓的极限指示器，以此确定最小值和最大值。这与表示低潮位和高潮位的低水位线和高水位线十分类似。请参阅代码示例 5.6 中经过相应调整的文件 main.c 中的 GETmin 和 GETmax。

代码示例 5.6   提供了最小值、最大值和平均值的 `main.c`

```c
1  #include <math.h>
2  #include <limits.h>
3  #include "Observation.h"
4
5  volatile unsigned short result, iGETmax, iGETmin;
6  unsigned short GETmax = 0;
7  unsigned short GETmin = UINT_MAX;
8  unsigned long GETavg = 0;
9
10 int main(void)
11 {
12     unsigned short i = 0;
13     InitObservation();
14     do {
15         StartObservation();
16         result = (unsigned short) sqrt(i);
17         StopObservation();
18         GETavg += GetGrossExecutionTime();
19         if(GetGrossExecutionTime() > GETmax) {
20             GETmax = GetGrossExecutionTime();
21             iGETmax = i;
22         }
23         if(GetGrossExecutionTime() < GETmin) {
24             GETmin = GetGrossExecutionTime();
25             iGETmin = i;
26         }
27         i++;
28     } while (i != 0);
29     GETavg >>= 16;
30     return 0;
31 }
```

和引脚测量一样，基于软件的运行时间测量函数 StartObservation 和 StopObservation 将作为内联（Inline）函数实现，以最大程度地减小开销。这是以牺牲整洁的软件结构为代价，因为接口（即文件 observation.h）不仅是一个接口，它还包含了实现方式并揭示了内部变量，例如变量 startTime。

如果在所有基于（定时器）跳动次数的计算中使用无符号整数和相应类型（例如 unsigned short），则无须担心定时器溢出。即使在测量的开始和结束之间发生溢出，差值也能提供所需的值。以下示例简要地说明了这一点。

假设使用 16 位定时器进行测量，就像 ATmega128 的定时器 1 一样。或者，你也可以使用更宽的定时器的任何连续 16 位，有一种非常有效的方法可以确保只读取 32 位定时器的低 16 位同时忽略高 16 位即可。

首先，考虑检测点之间没有溢出的情况。测量开始时的定时器值为 $T_B = 0x1A0C$，测量结束时的定时器值为 $T_E = 0x1D2E$。二者之差为 $T_E - T_B = 0x0322 = 802$。相应的源代码可能类似于：`unsigned short grossExecutionTime = T_E - T_B;`

如果定时器被配置为每 1 μs 加一，则测得的总运行时间为 802 μs。在第二次测量中，T_B 的值为 0xFE03，T_E 的值为 0x0125。由于 $T_E < T_B$，显然测量的开始和结束之间存在溢出。如果整个计算过程中都使用无符号 16 位作为数据类型，则仍可以使用前述计算方法得出差值。对于示例中的值，可再次得出：$T_E - T_B = 0x0322 = 802$。唯一的限制是测量开始和结束之间仅允许最多一次溢出。如果无法保证这一点，即要测量的时间间隔太长，则必须调整定时器配置，使其更慢地递增。或者，也可以使用更宽的定时器的另一个 16 位区段。可能的最大测量时间为两次溢出之间的时间间隔 T_{OV}。对于位宽为 B、跳动持续时间为 T_{tick} 的定时器，计算公式如下：

$$T_{OV} = 2^B \cdot T_{tick} \tag{5.2}$$

当然，以上整个方法的前提是所选的数据类型能够提供所需的位宽。对于大部分架构，`unsigned short` 都会返回无符号 16 位值。为了安全起见，可以使用 C99 数据类型 `uint16_t`，但前提是至少使用了 C99 版本的编程语言。

5.5.1.2 测量净运行时间（CET）

如果仅检测和测量所要测量的元素（如函数），则从信号（引脚切换）或时间差（定时器）中看不出是高优先级任务、中断还是异常造成了一次或多次中断。如果可能出现中断，则无法轻松推导出 CET。

但是，为了得到净运行时间，可以在测量期间禁用中断。异常（Exceptions）不会受到禁用的影响，但是异常的执行代表了软件的一种特殊异常状况，通常最合理的解决方案是在发生异常时直接丢弃所有测量数据。

如果待测量元素的净运行时间比较长，则禁用中断的持续时间可能会迅速变长，以至于由此产生的中断延迟导致软件无法正常运行。大部分操作系统都使用中断进行调度，因此抢占式任务也会受到全局中断锁的影响。

通过测量得到净运行时间的另一种方法是对所有可能中断的任务和 ISR 进行检测。大多数时候，只需直接检测所有任务和中断即可。在测量期间或之后，可以重新构造和扣除所有中断。最后得到的即是净运行时间。

5.5.1.3 OSEK PreTaskHook/PostTaskHook

OSEK 引入了一种运行时间测量机制，该机制也可用于 AUTOSAR CP，并被各种操作系统供应商广泛采用，这就是 PreTaskHook/PostTaskHook 机制。在调用任务的应用程序代码之前，PreTaskHook 运行，任务结束时，PostTaskHook 运行。整个过程到这一步为止都还很直观，因为根据 hook 的名称就能判断出来。但是，操作系统在中断期间也会调用这些 hook，如图 5.11 所示。实际上，这两个 hook 的名称应为 PreExecutionHook 和 PostExecutionHook。

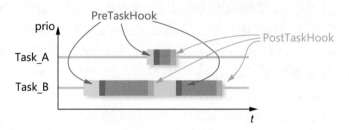

图 5.11　OSEK PreTaskHook 和 PostTaskHook

OSEK PreTaskHook 和 PostTaskHook 仅部分适用于运行时间测量。虽然这些 hook 可用于快速实现同时确定了核心执行时间的检测，但有时，出于以下原因，不能将这些 hook 作此用途。

一方面，这些 hook 没有参数，因此无法"知道"它们由哪个任务启动。不知道为什么 OSEK 当时作出此种规定。毕竟，操作系统在调用 hook 时就已知晓相关任务，并且很容易通过参数将这些信息传递给 hook。因此，按照目前的标准，hook 需要先通过调用函数 GetTaskId() 来确定哪个任务受到影响，而这会浪费宝贵的运行时间。

不使用 OSEK PreTaskHook 和 PostTaskHook 的另一个原因是，这些 hook 会被频繁调用。如果一个任务被另一个任务中断了 10 次，将导致仅针对这两个任务就会调用 42 次 hook。

最后一个原因就是 OSEK 标准本身。出于安全原因，强烈建议仅在开发过程中使用 hook，而不应在成品中使用。

5.5.1.4　使用空循环计数器测量 CPU 负载

4.3 节"CPU 负载"介绍了如何计算 CPU 负载。主要有两种测量方法：在观测期 t_{o} 内，记录空闲时间 t_{idle} 或将所有净运行时间相加得出 t_{e}。对于空闲时间的测量，可以将式（4.4）扩展如下：

$$U = \frac{t_{\mathrm{e}}}{t_{\mathrm{o}}} = \frac{t_{\mathrm{o}} - t_{\mathrm{idle}}}{t_{\mathrm{o}}} = 1 - \frac{t_{\mathrm{idle}}}{t_{\mathrm{o}}} \tag{5.3}$$

测量空闲时间的一个相当常用的方法是使用空闲循环中的计数器，如代码示例 5.7 所示。

代码示例 5.7　用于 CPU 负载测量的空闲函数循环体

```
1  __isync(); /* Reset pipeline and cache */
2  if( 0 != (idleCounter + 1) ) /* saturation: avoid overflow */
3  {
4      idleCounter++;
5  }
```

在观测期开始时，将计数器值设置为零，并在观测期结束时读出。在下文中，此值简称为 Z。在初始校准期间，需要确保在观测期内没有任何任务或中断，这可以通过全局禁用中断来实现。对于此初始测量，可能还需要停用各种监视程序。最终得到的值 Z_0 即是 CPU 负载值 $U = 0\%$，因为只执行了空闲函数。如果该值对应于饱和值（即 `0xFFFFFFFF`，如果在 32 位处理器上，选择 `unsigned int` 作为计数器的数据为例），则观测期将非常长。这种情况下，应缩短观测期，或者将延迟元素添加到循环体中，例如更多的 `__isync` 语句。

此时，可以重新移除全局中断锁，必要时可重置监视程序。从现在开始，在观测期结束时获取计数器值 Z 之后，可以使用以下公式计算 CPU 负载：

$$U = 1 - \frac{Z}{Z_0} \tag{5.4}$$

值 $Z = 0$ 表示空循环一次都未运行，这对应于 100 存储器中执行了空循环，则会发生这种情况。

最后，我们将简要介绍 `__isync` 语句。这是英飞凌 TriCore 架构（如 AURIX）特有的语句。对于其他架构，也有类似的说明。此语句会重置流水线和缓存，这意味着无论先前执行的代码如何，后续语句（使计数器递增）总是花费相同的时间。使用空循环计数器测量 CPU 负载时，这一点很重要。如果没有此语句，校准过程中将有少量后续指令会非常快速地得到处理，因为流水线、缓存和分支预测单元几乎都非常适合于快速执行此代码。校准后，在系统运行时，空循环将连续被中断，当其返回时，流水线、缓存和分支预测单元可能并未处于允许尽快执行空循环的状态。最终的结果是式（5.4）表现出高度的非线性行为。

5.5.1.5　使用"性能计数器"进行测量

很多处理器提供的硬件功能都可以在代码执行期间确定与时间密切相关的参数，其中包括缓存未命中的数量和多个核（同时）访问共享存储器时的冲突次数以及流水线推迟次数。

可以使用自主开发的软件模块、调试器或专门为此开发的工具来进行配置和评估。后者包括 TASKING 针对英飞凌 AURIX 开发的"Embedded Profiler"[18] 等。

5.5.1.6　使用 ping 进行测量

最后一种运行时间测量方法是使用网络诊断工具 ping。它可以测量简单请求（更准确地说是"回显请求"）从客户端发送出去、经过网络到达主机再返回的响应时间。这也解释了为什么图 5.1 中的运行时间测量会扩展到"跨产品"级别。图 5.12 显示了其用法。

5.5.2　用例

在很多情况下，飞行时间测量是最佳的解决方案。

5.4.2 节中所述用于在单元测试期间确定被测函数运行时间的方法也可以通过运行时间测量来实现。所谓的 PIL（Processor In the Loop，处理器在环）设定允许在实际目标处理器上进行单元测试和运行时间测量，并且其结果也将相应地更有意义。

因为它实现起来非常快速、简单，所以当需要以简单且经济高效的方式确定时间参数时，它始终是首选工具。对于小型且不涉及安全性的嵌入式系统来说，尤其如此。

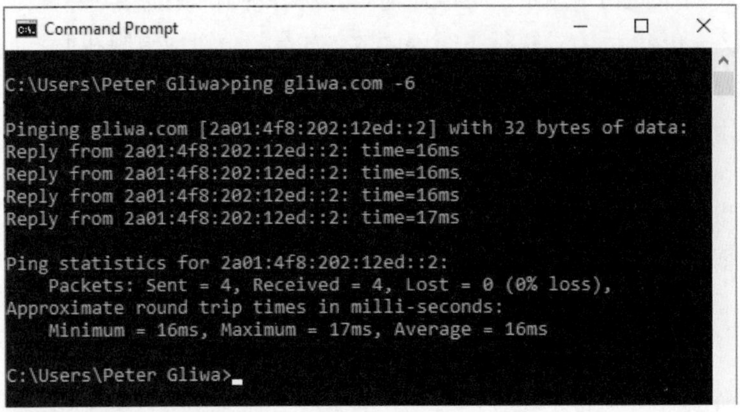

图 5.12　使用 ping 测量通过互联网传输到 gliwa.com 再返回的响应时间

但是，即使在复杂且与安全相关的项目中，也建议查看运行期间的实际运行时间。无论是通过运行时间测量来执行，还是采用更好的方式——通过追踪来执行，都有必要查看真实系统以检查运行时间。6.6 节"实际测量得到的 WCET 比静态代码分析得到的更大"介绍了如果不依据现实情况会出现什么问题；9.6 节"时间验证"则为此主题提供了理论背景。

最后，我们要再次强调一点：不应仅将运行时间测量视为纯粹的开发工具，而应视为也将在最终版本软件（产品）中使用的嵌入式软件的一部分。在这种情况下，它不仅会执行运行时间测量，还可以用作运行时间监测器，比较测量结果，以确保结果在之前定义的范围内。如果超出范围，嵌入式系统可以相应地做出反应，例如通过切换到安全状态（故障安全模式）来应对。

5.5.3　运行时间测量的限制

如果要使用运行时间测量进行分析，则必须要牢记：结果取决于测试变量。如果目标是确定最大 CET，则只有在选择了所有相关参数、变量以遍历最长路径时，才会发生这种情况。即便如此，流水线和缓存的存在肯定也不会产生理论上可能的 WCET。

通过持续测量并将最大运行时间存储在非易失性存储器中，可以大大缓解此问题。因此，运行时间测量正在从一种开发工具转变成为在最终产品中也处于活动状态的软件的组成部分。

尽管此方法在实践中能得到高度可靠的值，但在与安全相关的环境中，相关标准可能要求采取进一步的措施（参阅 11.4 节"法律方面的考量"）。

前文有关分析方法的各节末尾均附带了与相关方法领域专家的访谈内容。在本节"时间测量"中，附带了主题为"基于检测的追踪"的访谈内容，详见 5.7.4 节"基于测量的追踪领域专家访谈"。

5.6　基于硬件的追踪

展开本主题的讨论之前，我们先回顾一下历史。很久以前，处理器还有用于存储程序代码和数据的外部存储器。这些外部存储设备通过地址和数据总线及其控制线连接到处理器。为了实现程序流的可视化，现在可以将逻辑分析仪连接到地址和数据总线以及控制线上，这样就实现了所有存储器访问的可视化。在功能强大的逻辑分析仪中，控制线的功能将被存储（其中一些甚至还能存储操作码）起来，以便在屏幕上显示已执行的汇编程序命令以及交换的数据。

随着内部存储器的引入，这种方法已经不再适合直接使用，因为此时无法再在芯片外部访问所需的信号。一些特殊版本处理器的诞生标志着仿真器时代的开始，在这类处理器中监测的信号会被路由到外部。这些仿真器芯片具有比普通版本的处理器更多的引脚，并且通常安装在特殊的适配板上，适配板底部有与普通版本相同的引脚布置，这样就可以将这些"仿真器头"像普通处理器一样插在在目标板上，确保能够在其预期环境中观测正在运行的软件。逻辑分析仪已被仿真器所取代，后者可以看作是仿真器芯片和逻辑分析仪的结合，包含适用于所用处理器的反汇编程序。

随着时钟频率的升高，仿真器的设定需要增加线路，这成为一个挑战。7.1 节"多核基础知识"详细介绍了此电磁兼容性（EMC）问题的背景知识。

最终的解决方案是将实际追踪逻辑从仿真器转移到芯片内。"支持片上调试"或"支持片上追踪"的芯片价格略高，因为额外的功能肯定会增加半导体器件的体积。尽管如此，这种方法如今也已被人们普遍接受。有些芯片厂商也提供装备不同但引脚兼容的处理器版本。例如，英飞凌第一代 AURIX 既提供常规的"用于量产的设备"，又提供具有片上追踪逻辑和大型追踪存储器的"仿真设备"。

即使处理器上附带调试和追踪逻辑的必要部分，这也不意味着你无须其他硬件即可进行调试和追踪。调试和追踪工具部署在处理器和 PC 之间，在芯片上实现调试和追踪逻辑的协议，从而双向传输数据。这种情况下通常会需要非常高的带宽，尤其是在追踪过程中，因此，即使采用这种方法，也无法完全消除 EMC 问题。

5.6.1　基本功能和工作流

我们将根据追踪类型介绍操作模式，追踪类型可以是程序流追踪，也可以是数据追踪。

5.6.1.1　用于程序流分析的指令追踪

在下文中，我们将详细介绍基于硬件的追踪是如何运作的。我们先从指令或流程追踪开始，此类追踪的目标是追踪已执行的每个命令或指令。基于硬件的追踪的基本设定如在 5.17 节"三种不同的追踪方法（追踪元素显示为橙色）"中的图 5.17 上面三分之一所示。

图 5.13 显示了从上下文中截取的代码片段。红框中是基本块，均以跳转或函数调用结束。除了处理中断或异常以外，指令顺序执行的过程中发生的任何中断都被称为分支。因

此，所有跳转和调用（无论是有条件还是无条件）均属于分支。

假设代码正在执行，并且正被基于硬件的追踪工具"监视"。蓝色箭头表示正在执行的命令。很明显，寄存器 D15 具有值 2，因为命令 `jeq d15,#2,.L10`（如果 d15 等于 2 则跳转至标签.L10）实际触发了一次跳转。跳转标签.L10 处的命令将按顺序执行，最后一个命令是对函数 `CAN_PreWrite` 的调用。

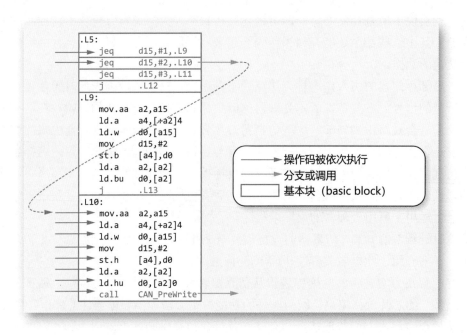

图 5.13　具有基本块和跳转/函数调用（红色部分）的代码

如果现在处理器上的追踪单元要在追踪存储器中为执行的命令（蓝色箭头）建立一个条目（包括时间戳），那么最终产生的追踪带宽将非常高。这对于重构程序流而言并非必不可少，只要追踪条件分支即可。中间的所有指令均可被插值，其执行时间（时间戳）也可以是近似值。

追踪逻辑的确切工作方式取决于使用的处理器。这些实现方式在细节上有所不同，但都有一个共同点：只有少数决定性事件记录在追踪存储器中，而执行的大多数指令都是重构时被插值而来。

最终可以得到被观测程序流的图像、处理过的所有机器指令的列表以及每个指令的时间戳。如果符号信息和源文件可用，还可以在源代码中追踪程序流。用户可以在头脑中一步步地"遍历"源代码并确定程序流。

图 5.14 显示了指令或流程追踪。文本行表示在追踪存储器中实际建立的条目。左侧是追踪存储器中相对于末尾（图中的 −16、−17 和 −18）的位置以及操作码地址，最右侧是与前一个追踪条目的时间差。

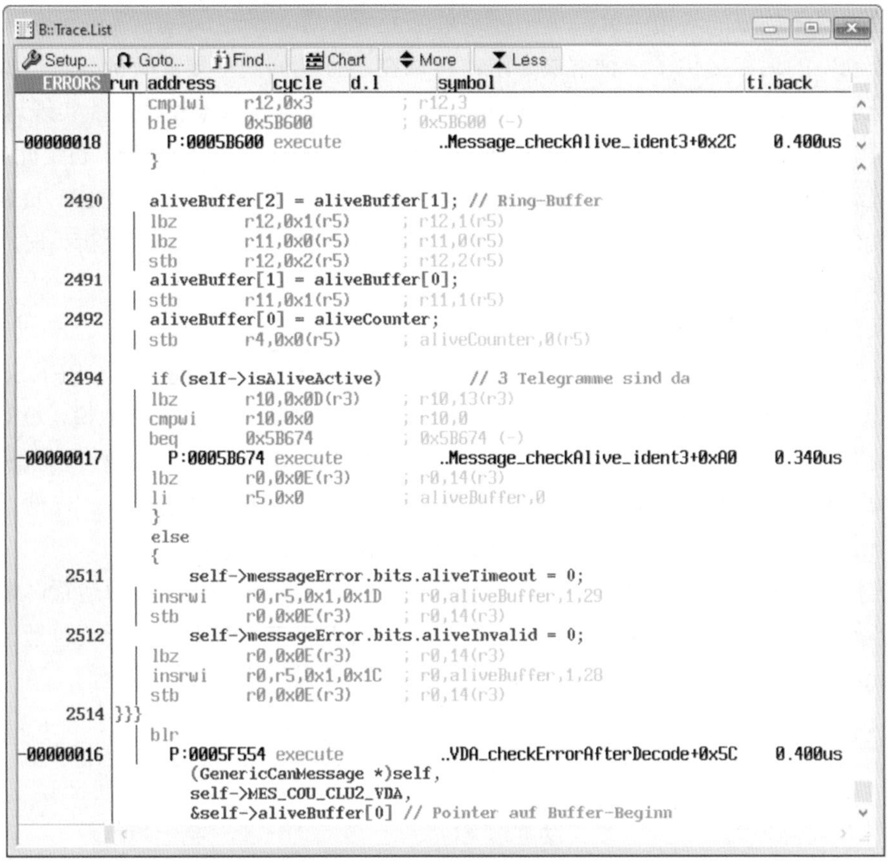

图 5.14　指令追踪（也被称为"流程追踪"）的屏幕截图

左侧具有蓝色行为程序的源代码行。追踪工具（此例中使用劳特巴赫公司的 TRACE32）从存储器内容中反汇编出的机器指令显示为蓝绿色。

根据使用的处理器和追踪工具，可以记录从几秒到几分钟内的所有内容。

在处理器的侧面有不同的硬件接口，具体取决于芯片厂商。PowerPC 提供了 Nexus 接口，英飞凌 TriCore 架构提供了 DAP 等。作为用户，基本上不必在意这些细节，但是当从一种架构转到另一种架构时，用户需要更换至少一部分所用追踪硬件。

5.6.1.2　数据追踪

对于数据追踪，就是监控特定地址或地址范围是否存在写入操作。如果存在对监控地址或区域的写入操作，则会在追踪存储器中存储此事件以及数据的值。这样就可以重构数据值随时间的变化。

5.6.2　用例

对于基于硬件的追踪而言，最重要的用例可能是调试。尽管开发人员还可以使用调试器，以单步模式"遍历"代码，但出于此目的，每一步都必须停止处理器。然而，这种方法通常用途有限，尤其是在嵌入式系统中（嵌入到完全满足实时性要求的传感器、执行器、总线和处理器所构成的环境中）。

　　基于硬件的追踪提供了一种解决方法：可以在运行期间观测要检查的软件（即无须停止）并记录执行路径。与基于软件的追踪不同，该方法不需要修改软件就能实现这一目的。

　　除了"调试"用例以外，基于硬件的追踪还特别适用于运行时间分析。利用此方法，可以确定追踪期间所执行函数的所有时间参数。通常会有一个视图显示按 CPU 负载排序的所有已执行函数，这对于运行时间优化特别有用（另请参阅 5.2.2 节）"分析、时间测量和（再次追踪）"。

　　那么在函数以上的层级又将如何呢？

　　10.4 节 "AUTOSAR/ASAM 运行时间接口 ARTI" 将更详细地讨论 OSEK 规范集中的 ORTI[19]（OSEK Run-Time Interface，OSEK 运行时间接口）。概括地说，ORTI 为调试器和硬件追踪器带来了"操作系统意识"。利用 ORTI，这些工具"知道"要分析的软件使用了操作系统，并知道如何确定当前正在运行的任务。在大多数情况下，仅通过数据追踪即可记录内部操作系统变量，从而识别出当前正在运行的任务。

　　以这种方式配备的硬件追踪器可用于调度分析，并可显示任务层级的运行时情况，或确定任务的 CET。图 5.15 的下部显示了这种表示形式，在此例中，甚至还包括了应用程序的 Runnable。图中的上部显示了基于追踪的代码覆盖率分析结果。

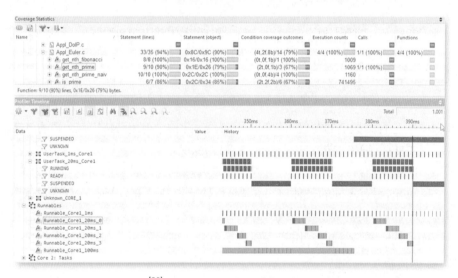

图 5.15　winIDEA[20]（iSYSTEM 的一种集成开发环境）的屏幕截图

　　图 5.16 还显示了详细的代码覆盖率分析。源代码在大窗口中以蓝色显示，而机器码指令在右侧以黑色显示。左侧是源代码的行号和机器码指令的程序地址。"覆盖率"列指示在追踪过程中是否执行了相应的指令，以及是否执行了条件跳转。

　　此摘录只是一个示例，用于说明"语句覆盖率"和"条件覆盖率"之间的区别。窗口中显示的所有机器指令均已执行（100%语句覆盖率），但源代码行 970 中的条件 if (e == 0) 始终得到了满足。因此，地址 0x1404 处的跳转 bne（branch if not equal，不相等则分支）一直未执行。对于这种情况，TRACE32 将在源代码层级显示报文"未完成"，并在机器代码层级显示报文"（未分支）"，从而发出提醒。

严格地说，在以上示例中，TRACE32 并未执行条件覆盖率分析，而是执行了 MC/DC（修改条件/决策覆盖率）覆盖率分析。高亮显示的条件 if (e == 0) 非常简单，以至于条件覆盖率和 MC/DC 覆盖率实际上一致。

图 5.16 的下部显示了覆盖率分析的摘要信息。

Id	Dec/Cond	True	False	Coverage	Addr/Line	Code	Label	Mnemonic	Remark
					file	C:\T32\demo\arm\compiler\gnu\src\cppdemo.cpp			
					967				
					968	int cpp_funcargs5{ int e = 0, char * p = 0x0, int x = 2 }			
				stmt	969	{			
				ok	T:000013F4	B5 80	cpp_funcargs5:	push	{r7,r14}
				ok	T:000013F6	B0 84		sub	sp,#0x10
				ok	T:000013F8	AF 00		add	r7,sp,#0x0
				ok	T:000013FA	60 F8		str	r0,[r7,#0x0C]
				ok	T:000013FC	60 B9		str	r1,[r7,#0x8]
				ok	T:000013FE	60 7A		str	r2,[r7,#0x4]
17	1.	1.	0.	incomplete	970	if (e == 0)			
				ok	T:00001400	68 FB		ldr	r3,[r7,#0x0C]
				ok	T:00001402	2B 00		cmp	r3,#0x0
17	1.	•		not taken	T:00001404	D1 02		bne	0x140C
					971	{			
				stmt	972		vpchar = p;		
				ok	T:00001406	4B 05		ldr	r3,0x141C
				ok	T:00001408	68 BA		ldr	r2,[r7,#0x8]
				ok	T:0000140A	60 1A		str	r2,[r3]
					973	}			
				stmt	974		return x+1;		
				ok	T:0000140C	68 7B		ldr	r3,[r7,#0x4]
				ok	T:0000140E	33 01		add	r3,#0x1
				stmt	975	}			
				ok	T:00001410	1C 18		mov	r0,r3

address	tree	coverage	mcdc	0% 50% 100%	lines	ok	decisions	ok	conditions	true	false	bytes	bytesok
P:000013F4--000013FF	cppdemo.cpp \967--969	stmt	100.000%		1	1	0	0	0	0	0	12	12
P:00001400--00001405	cppdemo.cpp \970--970	incomplete	50.000%		1	0	1	0	1	1	0	6	4
P:00001406--0000140B	cppdemo.cpp \971--972	stmt	100.000%		1	1	0	0	0	0	0	6	6
P:0000140C--0000140F	cppdemo.cpp \973--974	stmt	100.000%		1	1	0	0	0	0	0	4	4
P:00001410--0000141F	cppdemo.cpp \975--975	stmt	100.000%		1	1	0	0	0	0	0	12	12
total		incomplete	80.000%		5	4	1	0	1	1	0	40	38

图 5.16　Lauterbach[21]TRACE32 IDE 的屏幕截图

5.6.3　基于硬件的追踪的限制

对于运行时间覆盖率，追踪（无论是基于硬件、基于软件还是运行时间测量）一般都取决于观测期内使用的测试变量。与运行时间测量不同，对于基于硬件的追踪，观测期不能任意延长以增加测试范围。

由于被测试产品的硬件经常没有可用的追踪接口，因此，如果要使用基于硬件的追踪，则必须使用该产品的特殊开发版本，也就是说只有当仅芯片的特殊衍生版本支持追踪，例如 AURIX 及其仿真和生产版本设备（在本章中已提及），则处理器也是如此。

即使有仿真设备和特殊开发版本的硬件，也不能保证在各种环境中都能使用它们。例如在汽车上，要么是不能使用基于硬件的追踪，要么就是使用起来有难度。想一想变速箱壳体中被油液包围的变速箱控制单元：即便是最小的电缆孔都无法实现。

实际上，基于硬件的追踪通常仅限于在实验室中使用，最多限于 HiL（Hardware in Loop，硬件在环）测试系统。

5.6.2 节"用例"中提到过 ORTI。与根本没有操作系统的环境相比，可以追踪正在执行的任务（即处于"运行"状态的任务）是一个很大的优势。

但是，在开发过程中，很快就会出现希望能追踪更多与调度相关信息的情况。这是因为虽然任务的"就绪"状态是关注重点，但对细节（如追踪 Runnable）的需求也越来越重要。

显然，单纯依靠基于硬件的追踪无法实现所需的功能，至少是无法实现某些功能。如今一般都采用基于硬件的追踪与检测相结合的混合方法。但是，这样就失去了基于硬件的追踪所具备的主要优势，即不必修改分析软件。

5.6.4　基于硬件的追踪专家访谈

Armin Stingl 就职于 iSYSTEM 公司[22]，Rudi Dienstbeck 就职于劳特巴赫公司[21]。这两家公司都开发和分发用于嵌入式软件开发的调试和追踪工具。两家公司均在全球开展业务，并且都是以软件时间分析工具接口标准化为目标的标准化委员会的活跃成员。

对于基于硬件的追踪，以下访谈提供了有关实际使用的见解，介绍了趋势，并提供了更多的背景知识。

Peter Gliwa：能简单地说一下基于硬件追踪的工作原理吗？

Armin Stingl：硬件逻辑在与处理器核心关联紧密的芯片中实现，可以进行适当的配置以捕获 CPU 中的某些事件。然后这些事件会被打包成追踪报文，通过专用硬件接口传输到连接的追踪工具中。为了将此数据流转化成追踪报文，每个事件都有一个时间戳。此时间戳既可以由片上硬件生成，也可以由芯片外部的追踪工具生成。

Peter Gliwa：什么会导致时间戳在芯片上而不是在追踪工具上生成？

Rudi Dienstbeck：答案很简单，就是架构越复杂，使用芯片侧缓冲（Buffer）的可能性就越大。使用缓冲存储器时，从事件发生到外部接口处出现相应追踪报文的延迟时间并不是恒定的。因此，使用外部时间戳时，会出现较大的误差，这就是为什么更复杂的架构通常会自己生成时间戳。

Peter Gliwa：你能否举一些常见架构及其实现的例子？

Armin Stingl：NXP PowerPC 架构和瑞萨电子 RH850 均使用 Nexus。这是一项标准，定义了用于追踪的硬件接口以及在该接口上运行的协议。使用 Nexus 时，时间戳由追踪工具生成，也就是说，在外部生成。

英飞凌 AURIX 可以配置为适合这两种方法。但是，由于片上缓冲存储器的使用频率比较高，因此通常使用由 AURIX 生成的时间戳。这也适用于新兴的 ARM 架构，同时也是目前的总体趋势。

Rudi Dienstbeck：在这种情况下，重要的是，要知道内部时间戳会导致非常高的带宽。

Armin Stingl：对。我们只有在绝对必要时才使用。

Peter Gliwa：这样的硬件时间戳带宽能达到多少？

Armin Stingl：一般有 32 位。

Peter Gliwa：追踪工具如何变成时间分析工具？

Rudi Dienstbeck：根据追踪信息可以推断出其他一些信息，例如何时执行了某个函数。此外，由中断或异常引起的中断也可以清晰显示出来。随后利用所有这些信息，就可以在后期处理中计算所有函数的净运行时间。后期处理也将由追踪工具执行，非常方便。

Peter Gliwa：有哪些核心用例？请先提供几个一般性用例，然后再提供几个软件时间方面的用例。

Armin Stingl：最重要的一个当然是我称之为"高级调试"的用例，也就是通过程序历史记录进行调试。当软件包含故障（软件错误）时，我可以使用记录的程序流来确定故障是如何发生的。通过流程追踪，我可以看到错误发生前执行的代码，即"我来自哪里"。

在其他情况下，我可以使用数据追踪来确定，例如，对受保护数据区域的无效访问是如何发生的。这让我能够快速确定导致"写入的罪魁祸首"是谁。

Peter Gliwa：所以说，查看程序流及其历史记录本身就非常有帮助。那么数据呢？作为用户，我也希望看到与每个程序步骤的错误情况相关的数据。这有可能吗？

Rudi Dienstbeck：这就要看处理器了。有些 CPU 也可以输出数据，但有些不行。

Peter Gliwa：基于硬件的追踪还有哪些其他用途？

Rudi Dienstbeck：一个越来越重要的用例是代码覆盖率。

Armin Stingl：另外，还应该提一下数据分析。这可以用来回答下面这样的问题：哪个 CPU 访问了哪个共享存储区域？多久访问一次？

到目前为止，这些用例与硬件层级的相关性更高。但是，在更高的抽象级别，基于硬件的追踪也能提供帮助。例如，可以利用此方法使由软件实现的状态机变得可见。

Peter Gliwa：这一点我完全没有想到！我们还是回到"底部"层级吧。那么缓存未命中和流水线气泡（未命中）的分析又会怎样呢？

Rudi Dienstbeck：我正要在另一个用例中提到这一点。我们实际上会对专用的 CPU 执行缓存分析。当然，这会非常耗时，因为我们必须模拟缓存的访问历史记录。

Peter Gliwa：也就是说，可以精确地再现缓存及其逻辑，从而根据内存访问推导出缓存内容吗？这远超出基于硬件的追踪范围。

Rudi Dienstbeck：是的，可以。它的工作原理就是这样的。

Peter Gliwa：这个我也不清楚。我还有两个问题。首先，如果我在任意时间开始追踪，但我不知道此时缓存处于什么状态。我是否必须等到所有缓存行都被清除，即系统已"稳定"？

Rudi Dienstbeck：没错，对于我们所进行的某些运行时间分析，原则上也是如此。在追踪开始时，我并不知道系统处于什么状态。通常，我们不会在上电或重置（Reset）时开始追踪。

Peter Gliwa：好的。第二个问题：如果 CPU 使用随机缓存替换策略，该怎么办？看运气吗？

Rudi Dienstbeck：使用随机缓存替换时，原则上无法追踪缓存行的覆盖，因此也无法准确计算缓存分析的结果。但是，随机缓存替换很少发生，因此这种限制在实践中并没有太大的影响。

Armin Stingl：对流水线分析的请求必须予以拒绝。这根本不可行。总线负载分析也不可行，但经常会出现这样的请求。

Peter Gliwa：你这里所说的总线是指"处理器内部总线"，例如 Crossbar，对吗？

Armin Stingl：是的，不错。访问冲突及其导致的访问延迟等争用尤其重要，它们有时会对通信延迟造成巨大的影响。

Peter Gliwa：这就是在多核环境中进行纯静态 WCET 分析不具备实际价值的原因之一：最大总线冲突数的理论最坏情况假设值将非常高，同时也极不可能。

　　但是，可以回过头来看一下能想到的出色处理器功能。例如，检测总线上或内部存储器接口上的访问冲突。你们与处理器厂商交谈并与他们探讨未来的架构，从而提出这样的客户要求，难道不是吗？

Rudi Dienstbeck/Armin Stingl：（两人大笑）

Armin Stingl：这很难。我们已经和他们进行了讨论，但是调试和追踪接口方面通常很晚才会谈到。为了使芯片具有新功能，必须更早地与芯片架构师沟通。但这并不容易。Rudi，你怎么看？

Rudi Dienstbeck：我们已经在与他们进行了沟通，但是新的想法和功能最终会占用芯片面积；然而，更低的价格才能赢得竞争，因此有用的新调试和追踪功能不在需求清单之列。我们曾经和一家芯片厂商进行过非常深入的讨论，但最后，还是没能带来任何改变。

Armin Stingl：我以前曾是一名芯片架构师，正好负责的是实现调试和追踪单元。项目经理们总是会相互争执，他们承受着来自客户的压力。客户只愿意为应用程序功能付费，而不愿意认真分析以后将在该芯片上运行的软件。

　　客户需要的是能在出现问题时分析其应用程序，但他们并不希望提前付费。

Rudi Dienstbeck：（笑着说）就是这样！

Armin Stingl：架构师知道这种情况，却无能为力。但是，也有很多例外。例如，你可以对 AURIX 中的性能计数器执行很多操作。

Peter Gliwa：我们现在谈谈另一个主题：追踪接口的带宽。带宽会受到限制，我想知道这在实践中会产生什么影响。

Rudi Dienstbeck：作为用户，我必须问自己要追踪什么。如果要追踪的东西太多，带宽可能会不够用。特定追踪配置所需的带宽取决于软件本身。经典案例：操作系统的空循环或者应用程序本身（如果没有使用操作系统）。如果此循环体非常紧凑，由于频繁跳转，会产生大量追踪报文，此时带宽可能会不够用。在这种情况下，某些 CPU 允许将空循环从追踪中排除。

　　另一项非常简单的措施是在循环中包含大量 NOP，以使空循环仍然"不执行任何操作", 但跳转将大幅减少, 从而大大减少追踪报文的产生。

Peter Gliwa: 这对用户而言是一个很实在的提示, 非常感谢!

作为用户, 我怎么知道带宽不足? 这种情况下, 用户界面会有什么显示吗?

Rudi Dienstbeck: 在这种情况下, 用户界面会显示"追踪 FIFP 溢出"。

Armin Stingl: 对于带宽主题: 我要说的是, 使用当前的架构, 可以同时运行不超过 6 个 CPU 的完整程序流追踪。

Rudi Dienstbeck: 如果使用最新的 ARM CPU, 则 3 个或 4 个核就足以使追踪接口 过载。

Peter Gliwa: 当前, 自动驾驶已成为热门话题, 相应的控制单元也配备了越来越多的核。 难道你们不担心基于硬件的追踪不能随着核心数量的增加而很好地扩展吗?

Rudi Dienstbeck: 必须将追踪范围限制在当前关注的核心。这个问题并不新鲜, 已经存 在几年了, 很多多核处理器有这样的问题。

处理器厂商的应对措施是增加追踪接口的带宽, 其中一些甚至使芯片主频达到了 10 GHz。印制电路板设计师也必须进行相应的合作。通道必须全部彻底屏蔽且长度 相等, 还必须使用特殊的 RF 连接器, 等等。

Armin Stingl: 这听起来可能有些怪异, 但是肯定已经完成并投入使用。通常也会使用现 有的应用程序基础结构, 尤其是用于 SoC (片上系统) 的 LVDS 或 PCI Express (PCIe) 接口。

一般来说, 很明显, 将来你必须以更有针对性的方式进行追踪, 也就是说, 你必须更 仔细地考虑要追踪的内容。

另一个越来越重要的方面是, 工具厂商、芯片厂商和软件 (例如操作系统) 厂商必须更 加紧密地协调工作, 否则未来将缺少有效的追踪解决方案。这种情况尤其如此, 因为 基于硬件的追踪正越来越多地由软件的工具所补充。我们如今已经看到这种情况。如 果要在经典版 ORTI Traces 上附加当前正在运行的 Runnable 的信息, 一般可以通过 检测来实现。

Peter Gliwa: 工具厂商、芯片厂商和软件厂商之间加强协调不仅可以提高效率, 还有助 于用户更轻松地操作系统。理想情况下, 他们可以在较高的抽象级别上设置想要查看 的内容, 例如在 AUTOSAR Authoring Tool 或操作系统配置器中。

Armin Stingl: 这样还能节省成本。我不需要超快速的追踪接口, 但占用的带宽反而更少, 而且作为用户, 我仍然可以看到感兴趣的内容。

Rudi Dienstbeck: 我想提到的另一件事是: 当前, 越来越多的芯片甚至不需要通过外部 硬件进行追踪, 而是将数据写入附加在芯片上的存储器 (例如 DRAM)。但是, 这并 未解决带宽问题。

Peter Gliwa: 现在我们来看看时间分析这个主题。你们是否有这样的印象: 时间分析在 过去几年中变得越来越重要? 基于软件的追踪是不是也是这样呢?

Rudi Dienstbeck: 绝对是的。20 年前, 当 OSEK 诞生之时, 还很容易计算所有的调度参数，并且可以轻松证明任务是否总是会轮到、任务是否按时执行。如今，由于有多个 CPU、多个缓存、流水线等，对于使用中的复杂系统而言，这样的计算实际上是不可能完成的。使用 AUTOSAR AP 和POSIX 的实现方式使得此计算更加复杂。这意味着，对于代码验证，你必须通过测量来进行追踪。

这是一点。另一点就是证明。我们有越来越多的客户都被要求证明系统行为符合规定，不仅是在理论上，在实践中也要如此。这同样适用于软件时间和代码覆盖率。例如，目标代码覆盖率：目前没有任何软件能够做到；因此你需要一个硬件追踪器。

Armin Stingl：我只能确认这一点。另外，应该提到的是，时间分析已越来越频繁地与持续集成工具结合使用。经过整夜的编译之后，只需通过 Jenkins 调用软件时间分析即可。

Peter Gliwa：Rudi，对于你提到的两个方面，我有一点看法。如果我们这里有静态代码分析领域的专家，我敢肯定他们会立即竖起手指说"等等，我们同时分析了 OSEK/AUTOSAR CP 系统和 AUTOSAR AP 软件"。

Rudi Dienstbeck：是的，他们确实会这样说，但是我对此表示非常怀疑。

Armin Stingl：我看到的是，混合方法正被越来越多地采用。静态分析领域的代表知道，他们只能静态分析某个部分，仍需要追踪数据来获得完整的图像。顺便说一下，这也适用于静态代码分析。

Rudi Dienstbeck：甚至于测量结果通常都会被传输到模型中。

Peter Gliwa：关于关键字"证明"，我可以立即想到一个静态分析领域的代表（无论是在代码层级还是在调度调度）都会提出的一个论点：只有基于模型的方法才可用于最坏情况，因为它不受测量变量以及追踪持续时间、测量或仿真的影响。对此，你们怎么看？

Rudi Dienstbeck：我们通常都使用 Armin 所说的混合方法。最坏的情况是通过静态分析计算得出的，后续将使用我们的追踪工具进行调整和测量。测量还包括中断和存储器访问冲突，但静态分析通常会忽略这些。

Peter Gliwa：因此可以说追踪是一种模型检测器。

Rudi Dienstbeck：是的，你可以这样说。

Armin Stingl：理论方法在实际应用中的情况通常不容乐观。

Peter Gliwa：遗憾的是，静态分析工具始终仅指示此安全上界，而不指示所考虑的时间参数的概率曲线。如果 WCET 的概率低于地球上每个人在 1 s 之内被自己对应的那块陨石砸中的概率，那么 WCET 还有什么实际价值？

Armin Stingl：在 1 s 内？是的，这的确可能发生（大笑）。

Rudi Dienstbeck：虽然有一定的发生概率，但几乎不可能发生。

Peter Gliwa：最好是知道 WCET 的概率，并且其低于某个特定的概率，这样就可以说"已经达到质量目标，可以停止分析和优化"。

如果仅将其与理论上的 WCET 和 WCRT 相关联，那么对于那些成本影响比较大的领域，毫无疑问，这将无济于事。

Armin Stingl：可以这样说，我们并不担心将来会失业。实际环境太复杂了，以至于我无法忽略它而只依靠理论分析。

Peter Gliwa：你们还可以向读者提供哪些实用技巧或建议？

Armin Stingl：我一般建议应尽早考虑以后需要测试和分析的内容。与你选择的工具厂商联系，了解需要什么必要的条件、有什么限制以及可以做哪些准备工作。在开发的早期阶段，通常无须投入资金或仅需投入很少的资金就可以为将来的无故障使用追踪铺平道路。

Rudi Dienstbeck：我也这么认为。让自己多一点选择。

Armin Stingl：在设计硬件时，不仅要考虑调试端口，还要看处理器是否提供追踪接口。这应该是每个项目经理的责任。

Peter Gliwa：这就引出了我二十多年来一直在问自己的一个问题：他们为什么不将每个 ECU 设计成包含一个便宜的 LED，以便进行调试呢？至少在 C-sample（量产生产线生产的样品）出来之前，为什么不这样做呢？汽车行业可以在几天之内一次性加快数千个项目中的软件开发调试速度。

非常感谢你们抽出宝贵的时间为我们答疑解惑！

　　Rudi Dienstbeck 曾在曼海姆大学学习计算机科学，自 1995 年以来就一直为劳特巴赫公司工作。从一开始，Rudi 就负责为 TRACE32 中的实时操作系统提供支持。Rudi 还参与编制了 OSEK-ORTI 标准，是 AUTOSAR 的活跃成员。

　　劳特巴赫公司（Lauterbach GmbH）成立于 1979 年，是全球领先的微处理器开发系统厂商。通过与各大半导体厂商的长期密切合作，劳特巴赫公司能够在新产品推出之后迅速为它们提供调试器。劳特巴赫公司是一家独立的私营企业，总部位于德国慕尼黑附近的霍亨基兴，在英国、法国、意大利、日本、突尼斯、中国以及美国东海岸和西海岸均设有子公司。

　　Armin Stingl 于 2013 年加入 iSYSTEM AG 公司，负责新型调试和测试工具的定义、验证和产品上市。Armin 拥有 20 多年的专业经验，参与了多种 RISC 核心的开发。作为一名系统工程师，Armin 曾在多家半导体厂商负责架构定义工作。在此期间，他参与了多款处理器的片上调试和追踪解决方案的开发。

　　iSYSTEM 公司成立于 1986 年，是一家私营企业，总部位于慕尼黑附近的施瓦伯豪森，在斯洛文尼亚和美国设有子公司。iSYSTEM 公司提供嵌入式软件开发和测试工具，专注于服务汽车电子行业的客户。

5.7   基于软件方法的追踪

基于硬件的指令或流程追踪通常指向较低的代码层级。使用软件工具实施的追踪在粒度上也可以向下延伸到单个机器指令，但重心放在调度级别上的情况更为常见。在这一情境中，任务和 ISR 的可视化起着决定性作用。

在数百万年的进化史中，人类大脑不断优化，从而能够在短时间内处理大量视觉信息。如今，我们的嗅觉相当灵敏，听觉水平也不差，我们的眼力和视觉能力则更为出色。人类是一种高度依赖视觉的思维动物。景观、人群或图案中的不规则之处总是能够"吸引我们的眼球"。因此，当有大量数据无法通过简单的规则或算法进行分析时，最好将其转换为图形，并将分析留给我们强大的大脑来执行。

调度追踪甚至可将复杂的运行时情况转换成我们大脑非常擅长处理的图形形式。不规则和重复内容以及工作负载、分布和优化潜力在极短的时间内（远不足 1 s）就能得以捕捉，然后转化为近乎具体的形象。如果同样的数据以非视觉形式呈现（例如在追踪内存中以未经处理的显性数字列的形式呈现，而不转换为视觉形式），那么这些数据实际上毫无用处。

5.7.1   基本功能和工作流

与 5.5 节"运行时间测量"中探讨的运行时测量类似，被测量的软件同样由记录相关事件的附加追踪软件提供辅助。可通过两种方法实现这一点，有关详情可参见下文。图 5.17 对这两种方法进行了对比，同时将纯硬件追踪纳入了对比范围。所有专门用于追踪的元素都以橙色表示。

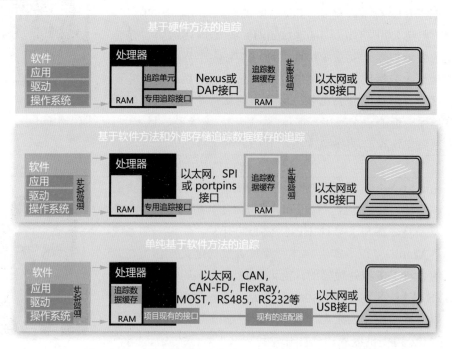

图 5.17   三种不同的追踪方法（追踪元素显示为橙色）

5.7.1.1　基于软件的追踪（采用外部追踪数据存储）

虽然此方法并非纯软件解决方案，但追踪数据的获取仍基于软件测量。与外部追踪硬件的连接可以通过所有可用的接口来实现，前提是这些接口提供足够的带宽。端口引脚、SPI 和以太网是这种方法常用的接口。

"基于软件的追踪（采用外部追踪数据存储）"的时间戳可以由追踪软件本身生成并与其他信息一起传输到外部，也可以由外部硬件生成。在第一种情况下，测量产生的开销将更高。在第二种情况下，时间戳的准确性会受到影响，因为从事件发生到传送到（外部）追踪存储器之间存在一个可变的时间量（有时较大，有时较小）。

与测量相关的"开销"将在后文中更详细地讨论。

对于一些系统，不需要特殊的硬件就可以采用这种方法，而且可以将追踪数据直接读入并存储到 PC 中。然而，在大多数项目中，由于 PC 缺乏实时性，这种方法最终将失败。在嵌入式系统中，如果没有额外的中间缓存，数据将会丢失。

5.7.1.2　基于纯软件的追踪

外部追踪数据存储的替代方法是将追踪信息输入追踪存储器，其将作为处理器 RAM 中的常规数组实现。追踪信息由事件相关信息和时间戳组成。

用于可视化和分析的追踪存储器内容通常使用现有的通信通道实现传输，即这些内容将被传输到嵌入式系统的外部。当然，在现有的（应用程序）通信受到影响之前，只有有限的带宽可用于追踪这些通道。

5.7.1.3　软件的测量

在大多数情况下，基于软件测量的追踪都以捕获调度信息为目标。但是，在详细介绍这方面的内容之前，还应针对基于软件的追踪修改引脚切换测量方法（参阅章节 5.5.1）引入的代码。main() 函数（参阅代码示例 5.2）保持不变，仍与基于软件的运行时测量相同，只更改文件 observation.h 和 observation.c。新代码如代码示例 5.8 和代码示例 5.9 所示。

代码示例 5.8　observation.h：仅基于软件的追踪

```
1  #ifndef OBSERVATION_H_
2  #define OBSERVATION_H_
3
4  #include <avr/io.h>
5  #include <avr/interrupt.h>
6
7  #define NOF_TRACE_ENTRIES    (200u)
8
9  typedef enum {
10     START_EVENT,
11     STOP_EVENT
12 } info_t;
```

```
13
14  typedef struct {
15      info_t          info;
16      unsigned short timeStamp;
17  } event_t;
18
19  extern event_t traceBuffer[];
20  extern unsigned char traceIndex;
21
22  void InitObservation(void);
23
24  inline unsigned short SafeReadTCNT1(void)
25  {
26      unsigned char  sreg;
27      unsigned short retVal;
28
29      sreg  = SREG;  // save interrupt lock status
30      cli();         // disable all interrupts
31      retVal = TCNT1; // read consistent 16 bit timer value
32      SREG  = sreg;  // restore interrupt lock status
33      return retVal;
34  }
35
36  inline void traceEvent(info_t info)
37  {
38      unsigned char sreg;
39      if (traceIndex < NOF_TRACE_ENTRIES) {
40          sreg = SREG; // save interrupt lock status
41          cli(); // disable all interrupts
42          traceBuffer[traceIndex].timeStamp = SafeReadTCNT1();
43          traceBuffer[traceIndex].info = info;
44          traceIndex++;
45          SREG = sreg; // restore interrupt lock status
46      }
47  }
48
49  inline void StartObservation(void)
50  {
51      traceEvent(START_EVENT);
52  }
53
54  inline void StopObservation(void)
```

```
55 {
56     traceEvent(STOP_EVENT);
57 }
58
59 #endif /* OBSERVATION_H_ */
```

代码示例 5.9　　observation.c：纯软件追踪

```
1 #include "Observation.h"
2
3 event_t traceBuffer[NOF_TRACE_ENTRIES];
4 unsigned char traceIndex;
5
6 void InitObservation(void)
7 {
8     // !!! careful !!! function relies on reset values
9     TCCR1B = (1 << CS10); // timer start running at full speed
10     traceIndex = 0;
11 }
```

如图 5.17 下部 "单纯基于软件方法的追踪" 所示，代码使用了处理器自带 RAM 的一部分来存储追踪数据。示例中使用了 200 个条目。每个条目均包含了时间戳以及有关输入了哪个事件的信息。示例中仅定义了两个事件，即测量开始和测量结束，但可以添加更多事件。

现在回到基于软件的追踪的典型应用领域：调度分析。作为在运行时组织调度的组件，操作系统是最佳的测量位置。某些操作系统默认提供了测量接口。

如果操作系统的（至少部分）源代码可用，则通过挂钩（Hooks）调用追踪软件；如果操作系统以目标代码的形式（通常打包成库函数）交付，则通过调用（Callout）追踪软件。挂钩属于宏（#define...），其最大的优点是不使用时不会产生任何开销，因为如果是空宏，它们在实际编译之前会被预处理器删除。

调用是操作系统执行的常规函数调用。调用的函数必须由追踪解决方案的用户或供应商实现。如果使用调用，则存在多种可能性，但都有各自的缺点。

无条件函数调用需要一直定义调用的函数，否则链接器将 "投诉" 有未解析的外部符号（有关此错误消息的背景信息，请参阅 1.3.6 节 "链接器"）。函数总是被调用，因此，即使它们是空函数（即不应该进行追踪），也会产生运行时间。

通过函数指针调用可以解决不使用追踪时存在未解析链接的问题，但这种方法需要检查要追踪的每一个事件，以确定追踪是否处于活动状态以及是否必须调用追踪软件。if 也会导致运行时额外开销。此外，一些编码准则还禁止使用函数指针。

于是就剩下了最后一个解决方案，虽然它在软件方面最有效，但会使后勤工作复杂化。操作系统有两种变型：一种是包含的追踪调用可用，另一种是不包含任何追踪调用。

10.4 节 "AUTOSAR/ASAM 运行时间接口 ARTI" 介绍了操作系统和追踪工具之间接口的标准化。ARTI 能够减轻用户对于测量的大部分担忧。如果操作系统和追踪解决方案都支持 ARTI，那么代码生成器将接管测量。

即使操作系统未提供追踪接口，在大多数情况下，也可以创建用于追踪的通用接口。这里所说的 "通用" 是指不需要在执行每个任务和中断时手动修改代码即可实现测量。这种方法极易出错。例如，如果后续要将一个新任务添加到系统中，也必须随后对它进行手动添加。这个环节极有可能被遗忘。如果新任务具有高优先级，则它在运行时肯定会中断其他任务，但在追踪中却不可见。因此，被中断任务的净运行时间将无法准确计算出来。

除了测量与调度相关的事件之外，用户还可以根据需要对自己的软件组件（如应用程序软件）进行追踪。因此，它们可以捕获相关的时间段（起止时间）、特定的时间点（用户事件），甚至可以将用户数据捕获到追踪存储器中。追踪工作将通过追踪工具提供的接口进行。

图 5.18 显示了此类由用户定义的 "秒表"（Stopwatch）（T1 分析套件[23] 中使用了此术语），在任务下方显示为蓝条。追踪图表中的彩色箭头（三个洋红色和几个绿色）指示了用户定义的数据流。箭头的起始端对应于 "发送" 事件或变量的写入，而箭头的头端则对应于 "接收" 事件或从变量读取。

本书中多个地方都使用了用于表示任务和中断状态的 T1 追踪图表。在图 3.4 和图 3.5 中，图表还包含了 Runnable。后续第 6 章 "软件时间问题案例" 中的所有追踪图表也是使用 T1 创建而成的。

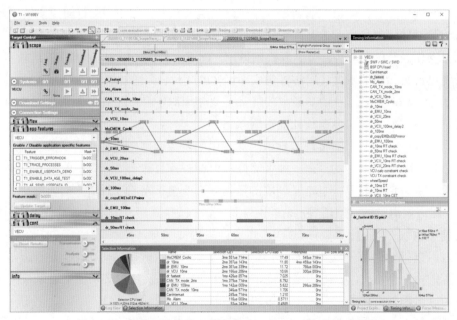

图 5.18   带数据流信息（彩色箭头）的 T1.scope 追踪图表

5.7.1.4　运行时测量

如果从 RAM 执行代码，则可以通过代码交换，将追踪软件"注入"运行中的系统。例如，如果要在运行时测量函数，则函数的第一个命令将替换为跳转到追踪软件。追踪软件在追踪缓冲区中输入开始事件，然后执行替换命令和函数的其余部分，最后在追踪缓冲区中输入结束事件。

但是，即使代码位于闪存中，也仍然可以通过一些方法来测量它。图 5.19 显示了 T1 如何使用 T1.flex 组件测量运行时间的代码（即使代码位于闪存中）。这种动态运行时间测量方法有一些非常重要的优势。

（1）测量实际发生在代码执行时。这意味着不需要在测量之后编译、链接和刷入代码。根据项目和构建过程的复杂程度，这种方法可以节省几分钟到几小时的时间。在运行期间，运行时间测量几乎可以立即进入活动状态。

在这方面，我们的工作方式正经历着颠覆性的变化。我们在软件运行时"遍历代码"，在这里测量一个函数，在那里测量一个循环，确保始终能够获取所选的最重要时间参数的当前值。

（2）接受测量的代码本身不会发生变化。虽然追踪软件是在执行前后添加的，但测量本身对被测量代码的机器指令没有影响。这与插入测量源代码后进行编译的情况与此不同，在这种情况下，编译器有时会生成明显不同的代码，并且无法执行某些优化。这会导致代码的运行时间行为与未受测量的版本不同。

（3）上述优点中积极的一面在于，运行时间测量实际上可以在单个机器指令层级执行。

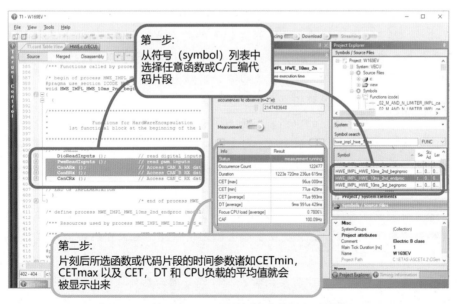

图 5.19　使用 T1.flex 测量闪存中的运行时间代码

5.7.1.5　同步不同来源的追踪信息

前文中考虑的是一个 CPU，但使用多个 CPU 进行追踪如何？调度追踪在多核项目中非常有用（尤其是当它们显示所有核的同步追踪图表时），这样你就可以看到在某个时间段内所有核上发生了什么。

只要需同步的追踪图表具有相同的时间基准，同步往往都非常简单。多核处理器的核心通常就是这样。如果要同步不同处理器的追踪图表，则比较困难。即使可以在处理器 A 和处理器 B 的追踪图表中找到时间 x 处的一个点，也不能简单地从这个时间点开始"并排放置"时间轴，以期望它们可以从该点开始并行地表示相同的时间。如果时间基准不同，两个处理器的追踪时间会彼此偏移（另请参阅 6.4 节"遗漏及重复的传感器数据"）。如果追踪时间较短，错误或偏移可能会非常小，以至于即使忽略也不会有什么问题。对于测量时间长度为分钟的追踪来说，肯定就不再是这样。

因此，如果追踪时间较短，必须确定在所有要同步的追踪图表中出现一个共同时间点 x；如果追踪时间较长，则需要定期进行此类同步。

如果在各处理器上已对应用程序使用了 AUTOSAR "Synchronized Time Base Manager"[24] 等同步机制，则同步相对简单。

如果不是这样，则必须找到一种方法来测量在所有相关处理器上同时发生的事件。一旦发生此事件，就必须在所有要同步的追踪图表中输入同步事件，以便在事件发生后尽快进行同步。这里说的"尽快"需灵活看待，在实践中通常很难实现。相比最佳情况，稍差一点的情况是，事件从发生到输入追踪存储器的延迟是恒定的、已知的或可测量的。这样在同步追踪图表时，就可以考虑此延迟。

小贴士：关于不同（追踪）数据源同步在本质上似乎偏向于理论，最多也只是与追踪工具的开发相关。然而，在系统设计中，追踪图表的同步是一个值得考虑和支持的方面。例如，如果在每个处理器上提供了用于同步信号的端口引脚，则随后可以轻松、高效、可靠地同步追踪图表。其中一个处理器被配置为当定时器溢出时复位引脚，对于很多处理器来说，这可以通过相应地配置定时器外设来实现，无须额外的软件。此外，还应在这个处理器上配置一个在定时器溢出时触发的中断。而所有其他处理器都将配置为中断在此端口引脚边缘触发。因此两种中断实际上同时触发，实际上代表了一个所有处理器的同步事件。定时器中断以及端口引脚中断都会将同步事件输入各自的本地追踪存储器。这只需要很短的时间，并且能够由此非常精确地同步各个追踪图表。

除了每个同步事件之外，还可以在追踪存储器中存储一个计数器，每发生一个同步事件，计数器就增加 1。然后，该值对应于所有已连接的处理器上可用的全局时间。

如果在开发过程的早期就计划提供这样的端口引脚，那么就可以轻松实现。然而，如果在项目后期出现了对同步追踪图表的需求（可能是因为在处理器的交互过程中出现了问题，必须通过追踪来进行调查），那么对硬件进行修改通常已不再可行。在这种情况下，你就不得不接受其他较差的替代方案，例如使用 CAN 报文进行同步。

5.7.2　用例

5.7.2.1　代码层级的时间分析

在代码层级，可以非常有效地利用追踪来进行分析，即获取时间参数。这在 5.2.2 节"分析、时间测量和（再次）追踪"中已有介绍，如图 5.2 所示。

追踪期间与净运行时间有关的情况和 5.5.1.2 节"测量净运行时间（CET）"中所述测量期间的情况非常相似。此外，在追踪期间，追踪数据必须显示所有中断。这意味着至少所有任务和 ISR 的执行都必须通过相应的事件进行记录。这可以通过直接测量任务和 ISR、测量操作系统或使用操作系统提供的挂钩（Hook）来完成。

用户可以在此过程中选择要记录的事件。根据测量的内容，可以使用代码层级、调度层级或二者的组合。例如，在代码层级，可以观测循环体、函数、Runnable、单个任务或 ISR。

5.7.2.2　调度层级的时间分析

如果测量的目标是追踪调度（即记录任务的启动、开始和结束以及所有中断的开始和结束），则特别适合利用追踪来实现调度的可视化和分析。

很大一部分软件时间问题都可以在此层级找到原因。通常，只要快速查看追踪图表（及其中显示的任务和中断），就足以确定问题的原因，而如果缺少这样的可视化，团队可能需要工作数周才能做到。

这同样适用于运行时间优化（详见 8.1 节"调度层级的运行时间优化"）。随着时间的推移，任务和中断处理的图表很快就能揭示优化的潜力。

5.7.2.3　数据流分析、通信和同步

到目前为止，我们还只讨论了不同层级的代码追踪。如果对数据访问（例如，全局变量的写入/读取）或通信（发送/接收）进行测量，它们会显示在追踪图表上，因而也可以进行定量分析。还应该对访问频率和数据龄期（即读取数据时最后一次写入操作的时间差）进行讨论。

特别是在多核项目中，CPU 之间的通信和同步将起到重要的作用。第 7 章"多核及多 ECU 环境下的软件时间"将更详细地探讨此主题。然而，应该注意的是，实际上每个多核项目迟早都会遇到这样的情况：目标硬件上的行为与理论预测或期望不一致。通过追踪来观测真实的系统，可以很快发现尚未考虑到、尚未进行静态分析到或尚未模拟的方面。

5.7.3　基于测量的追踪的限制

5.7.3.1　不完整的测试变量

代码仿真、运行时间测量和基于硬件的追踪所具有的限制也同样适用于基于软件测量的追踪。其结果取决于测试变量。

5.7.3.2　与额外运行时有关的开销

追踪软件（主要是用于执行测量的附加代码）自己也需要运行时间，因此会产生一定的开销。是否可以忽略这一点，或者是否会给系统带来如此大的负载，以至于实际的应用软件无法再执行，要取决于多种因素：将单个事件输入追踪存储器需要多长时间？每秒能记录多少个事件？在时间关键点，原始代码的延迟是否达到了违反软件时间需求的程度？

对于开销，也可以使用示波器进行类比。示波器的探头一旦靠在待检查的电路上，整个电路就跟以前不一样了。探头具有一定的电容，可耦合干扰信号、EMC 行为变化等。所有这些是否相关以及是否使测量无效，在很大程度上取决于电路和测量任务。它是一个在 GHz 范围内的高灵敏度高频接收器，还是只是被检查的 CAN 收发器接收和发射的逻辑信号？在第一种情况下，你肯定需要考虑一些问题才能获得有意义的结果；而第二种情况遇到的问题较少，并且可以忽略探头对测量结果的影响。

在实践中，有很多不同的追踪软件可供使用。对于很多内部解决方案，即用户自己开发的追踪和/或测量工具，通常每个事件会占用几微秒的处理时间，而追踪 CPU 使用率所需的开销则在两位数的百分比范围内。另外，对于高度优化的追踪软件，在第二代 AURIX 中，每个事件只需要 60 ns；因此，对于大多数项目，用于追踪的 CPU 使用率低于 0.4。

5.7.3.3　与存储器消耗有关的开销

与关键字"开销"相关的另一个方面是追踪软件的存储需求。除了程序存储器（闪存）以外，还会使用 RAM，尤其是追踪存储器（如果其位于处理器的 RAM 中），如图 5.17 中的下部所示。为了捕获所需的事件，追踪存储器通常必须有几 KB 的大小，并且不是每个嵌入式软件项目都能为追踪提供这么多的 RAM 空间。

5.7.3.4　追踪工具与外部的接口

追踪软件本身的开销是一回事，而与外部的接口则是另一回事。如果需要专用的硬件接口，有时就只能通过硬件的特殊开发版本来实现。另外，纯软件解决方案需要在现有接口或总线上增加带宽。根据追踪软件的工作原理，对带宽的需求可能超过系统安全可靠运行所需的带宽量。如果所有追踪数据都不间断地发送到 PC，则流式传输将存在上述危险。

5.7.4　基于测量的追踪领域专家访谈

我们此次的访谈对象是 Fabian Durst。与其他采访对象不同，他不是特定工具的代表，也不为工具供应商工作。Fabian Durst 是软件时间工具的用户，在他供职的博世公司负责为发动机控制部门提供完整的时间分析基础结构，其中一个重点领域是基于软件的追踪。

Peter Gliwa： 请简单地谈谈基于软件的追踪是如何运作的。

Fabian Durst： 对于基于软件的追踪，要观测的对象（如函数或任务）将由包装函数（Wrapper）封装，以便截获对象处理的开头和结尾，并将它们作为时间事件与时间戳一存入追踪存储器。当对追踪存储器进行分析时，就可以重建运行时发生的事件和发生时间。

Peter Gliwa： 包装函数在这里面到底是如何发挥作用的？它们是应用程序的一部分还是操作系统的一部分？

Fabian Durst：通常两种情况都有。影响调度的时间事件来自操作系统，还有一些应用程序特定的事件，在这些事件中，会直接从应用程序代码调用追踪函数。

Peter Gliwa：全球每年都会安装上千万个发动机控制单元，而且目前还有相当数量的项目正在开发中。

您的工作会跨越多个部门，为各个 ECU 项目提供运行时分析技术。那么具体是要做些什么呢？您有一系列的专用工具还是某种易于使用的"量产产品"？

Fabian Durst：两者皆有。利用 T1 执行的追踪和运行时间测量基本由 Gliwa 提供。这个工具存在一个默认配置，可以记录、测量调度并实现可视化，而且还能提供应用程序的典型信息。此外，我们还可以通过使用不同的配置或其他工具（其中一部分由我们自己开发）来获得更深入的见解。

开发项目的目标是执行软件时间验证和简单的时间分析，而不必花费大量的时间，也不需要太多深入的专业知识。对于更复杂的分析任务，或者特别棘手的时间问题，我们团队的软件时间专家会为项目提供支持。

Peter Gliwa：所以您有一个完整的工具箱来进行时间分析。那么工具箱里还有什么其他的工具吗？

Fabian Durst：当然，有硬件追踪器，我们在实验室和 HIL 上都会用到它。还有调度模拟和基于模型的程序。此外，我们还有很多自主开发的工具。

Peter Gliwa：它们能做什么？

Fabian Durst：很多事情。比如，我们有各种转换器，可将与时间相关的信息从一种格式转换成另一种格式。

Peter Gliwa：如果 ASAM ARTI 得以普及，这项任务就要靠边站了。

Fabian Durst：非常有可能。我很想看看 ARTI 会怎样发展。除了转换器，我们还支持一系列其他工具。不仅有支持数据库的工具，还有用于评估测量和追踪数据并根据结果优化软件的自动化方法。

Peter Gliwa：您是否也优化了经常要访问的符号（Symbols）并将它们放入快速存储器？

Fabian Durst：是的，这正是我们追求的一种优化方法。我们会利用测量和追踪数据来确定访问频率和调用频率。

Peter Gliwa：根据您的经验，这里的潜力有多大？

Fabian Durst：这很难笼统地说，很大程度上取决于要优化的软件的原始状态，当然，也取决于所用的硬件。然而，这种运行时间的优化增益对于项目的成功完成起到了决定性的作用。

Peter Gliwa：在任何情况下，这对于自动化都有重要意义。没有人愿意手动分析成千上万的符号，然后再将它们分别分配到适当的区段。

您是怎么把所有工具整合到一起的？有什么框架之类的吗？

Fabian Durst：格式和方法主要基于 AMALTHEA[25]。

Peter Gliwa：目前已完成的研究项目为嵌入式多核系统提供了平台。

Fabian Durst：交换格式很复杂，支持我们通过各种各样的软件和时间分析工具收集数据，包括调用树、运行时间、追踪数据、访问频率等。

Peter Gliwa：那么用于确定 WCET 的静态代码分析呢？

Fabian Durst：我们也可以考虑这一点，但我们在开发过程中一般不这样做。相反，我们将其保留在平台上，以便用于特殊的分析目的。在任何情况下，静态 WCET 分析都是少数专家使用的工具之一。在整个数据收集和评估过程中，关键的一点是将相应的数据汇集起来，进行正确的分析，然后对其进行正确的解释。比盲目收集大量数据更重要的是对关键情况的选择性追踪。必须结合车辆的行驶情况分析追踪或时间数据。

Peter Gliwa：您之前还提到了调度模拟。您用它来做什么？为新项目设定操作系统配置和软件时间配置？还是优化任务优先级和偏移？

Fabian Durst：我们会在两个开发步骤中使用调度模拟。第一次是在设计基本系统时，但在很大程度上基于既定标准。这主要适用于任务优先级和偏移。第二次是在特定项目中使用调度模拟，例如，在不同的核心之间高效地分配任务。

Peter Gliwa：调度模拟的输入变量（例如 Runnable 的最小和最大净可运行时间）将由运行时间测量决定，对吗？

Fabian Durst：是的。

Peter Gliwa：我们此次访谈的核心主题是基于测量的追踪或测量。那么对您而言最重要的用例有哪些？

Fabian Durst：一个非常重要的用例是分析，尤其是测量任务、中断和 Runnable 的净运行时间（即核心执行时间），以及任务的响应时间。这项工作将在 HIL 上自动完成，而在车辆中，则通过存储最小值和最大值来实现。

Peter Gliwa：您的意思是说记录一个时间参数的最小值和最大值？

Fabian Durst：是的。这些值由系统记录，稍后再读取。毕竟，并非每时每刻都有开发人员坐在乘客座椅上，膝上放着一台计算机，不停地检查软件时间。

另一个重要的用例是调查软件时间问题，我称之为时间调试。它非常有用，因为我可以在软件中的不同位置触发追踪。这意味着如果软件在真实性检查期间测量到不真实的数据，它将停止追踪。通过这种方式，T1 就能为我提供一个追踪图表，表中准确地显示了调度过程中出现问题时发生了什么。此外，还能够通过"用户数据事件"记录应用程序特定数据。在追踪图表中，我可以非常清楚地看到数据和调度之间的关联。通过这种方法，可以很快地发现多核项目中各个核心之间的同步问题。

Peter Gliwa：您能举一个实践中的具体例子吗？

Fabian Durst：最近有一个案例：我们观测到阻力指标的最大值，但我们无法给出真正的解释。如果在正常行驶条件下出现这样的值，我们会观测到大量问题，但软件的运行并没有遇到任何明显的困难。原因很快就找到了。我们只需要为相应的时间参数定义一个约束条件（即限值），甚至都不需要专门为此修改软件。在随后的测量中，当超过此限值时，追踪停止。分析追踪数据缓冲区内容时，可以立即弄清楚到底发生了什么。在这个特殊的案例中，关机过程中出现了一个很长的运行时间，随后我们可以相应地对其进行评估和优化。

Peter Gliwa：所以，这并不是一个问题，至少在正常运行期间不是。

Fabian Durst：您可以这样说。但只有通过追踪和上下文参照，我们才能认识到这一点。单靠测量数据会表明"我们遇到了问题"。

Peter Gliwa：这与我们前面讨论的非常吻合：必须在行驶情况的上下文中查看时间数据。或者，更笼统地说，结合嵌入式系统的基本状态。

Fabian Durst：确切地说，我必须要知道系统的状态，并确保这些状态发生在测量期间。

Peter Gliwa：像这样的一次测量需要多长时间？

Fabian Durst：我不能给你一个笼统的答案。测量的持续时间在很大程度上取决于所需的粒度和存在的潜在的问题，其范围从几分钟到几小时不等。具体的测量由项目开发团队执行。

Peter Gliwa：这表明项目可以非常自主地运作。

Fabian Durst：当然。我们自己搭建了一个框架，可以在整个项目期间充分地为开发人员提供支持，使他们能够轻松执行典型的时间分析任务。该框架被嵌入一个流程中，员工也接受了相应的培训。

Peter Gliwa：我们之前讨论过基于软件的追踪用例。那么"持续运行时间保护"的用例呢？在道路上行驶的量产车所使用的最终版本软件中，T1 是否能运行并执行测量？

Fabian Durst：是的，但只能通过一种局限性很大的方式实现。只有部分中央时间参数会受到监测。

Peter Gliwa：我们现在来聊一个完全不同的主题：CPU 负载。这方面非常重要的一点是使用哪种观测期进行计算。您是如何测量 CPU 负载的？

Fabian Durst：首先，我对 CPU 负载可不太"友好"。如果有人对我说"我的系统的 CPU 负载是 92%"，我首先会问，"你是怎么测量的？是在什么工作条件下测量的？最大值是多少？测量周期是什么？"

有一个问题是，这个值取决于太多因素，它不足以描述复杂系统"发动机控制单元"及其所有相关的时间需求。这些不能仅用一个数字来代表。在我看来，CPU 负载的作用显然被高估了。

Peter Gliwa：但它非常简洁，一个数字就能表达一切！

Fabian Durst：这就是为什么它如此成功并不断出现在各种规格的文件中。

Peter Gliwa：我很想听听您对我的这个观点有什么看法。我不想妖魔化这种非常便于管理的 CPU 负载测量，我更愿意在管理者和开发人员之间协调对它的使用。我们的开发人员必须能够以满足管理人员期望的方式测量 CPU 负载。但这有时很难实现。当然，也不应该出现这种情况，我测量出系统的 CPU 负载为 85%，但实际系统却已经过载并且多次任务激活失败。

Fabian Durst：很难。在使用 CPU 负载时，你必须非常谨慎，看看自己的感觉并确定感觉是否准确。我用来确定 CPU 负载的时间间隔是否选择正确，还是说你是否陷入了一种错误的安全感？

Peter Gliwa：是的，我们也同意。我们的工作是先了解相互关系，再相应地配置系统和测量，然后正确地执行计算。如果不能成功地做到这一点，作为软件时间专家，我们就已经在一定程度上失败了。

Fabian Durst：与此同时，我们得到了一个不同的解决方案，并引入了一个被称为"系统负载"的量。它提供了整个参数范围的最大值。

Peter Gliwa：这很有趣。那么，这就是核心 CPU 负载和总线负载的来源吗？

Fabian Durst：还不能说是总线负载。将来可能是。但是除了 CPU 负载，任务响应时间也应加以考虑。

Peter Gliwa：我非常喜欢这种方法。每个人都能理解"负载"一词，而"系统"一词表明，确定的值比单个核心上的负载值更大。最大值的计算也很有用。毕竟，从管理的角度，如果有一项时间要求未予满足，或者有一个方面存在问题，都足以亮起红灯。

Fabian Durst：是的。事实已经证明，系统负载的引入对我们很有效。顺便说一下，不仅仅要考虑时间参数。还要考虑堆栈负载。

Peter Gliwa：我喜欢的另一点是，从系统负载的摘要数据到更详细视图的切换可以无缝实现。如果系统负载存在问题，那么会让人立即想到这个问题：是哪个参数造成的？

Fabian Durst：是的。我可以将它表示为一个单独的数字，而不是长长的几列数字；如果它超过某个阈值，我可以立即在相应的位置查看详情。

Peter Gliwa：回到追踪的话题。您曾经在试车跑道上进行过测量或记录过追踪图表吗？

Fabian Durst：还没有。

Peter Gliwa：真的吗？不是吧！这是你们必须要做的吧！

Fabian Durst：嗯，我们内部有明确的分工。项目的开发人员自然也会在时间分析期间到车辆上工作，但我们软件专家隶属于一个跨职能部门。

Peter Gliwa：您都不知道自己错过了什么。我记得有一次，我坐在乘客座椅上，腿上放着计算机，使用 T1.delay 有针对性地触发运行时间问题，然后利用追踪来分析软件的反应。这是一个悬架项目，测试时，车辆总是在急转弯。20 min 后，我就感觉非常不舒服。

Fabian Durst：听起来好像还不错啊。

Peter Gliwa：但说真的，我经常发现，即使是那些在大公司负责工具的人也很少会去体验、观察和评估他们所负责的工具的使用情况。毕竟，用户基本上是他们的客户，当然也是他们的同事。

Fabian Durst：是这样的。反过来说也有道理。"客户"来到我们这里，了解我们必须满足的大量需求。当你们坐在一起时，可以从对方学到很多东西。

Peter Gliwa：说到"坐在一起"，您和客户在软件时间方面合作得如何？毕竟，他们是通过自己的规范将时间需求或有关追踪和测量技术的需求输入系统中的。

Fabian Durst：是这样的。这对我们来说相对容易，因为在大多数情况下，所需的时间分析都可以在现有的配置中实现。我敢说我们是这方面的先驱。我们为此付出了很多努力，但这是值得的。

Peter Gliwa：是否经常发生这样的情况：客户希望能够自己进行测量和追踪？例如，为了能够分析自己的软件组件在时间方面的表现？

Fabian Durst：这很常见，而且我们也默认支持。客户还可以通过 T1 追踪和测量自己的软件元件。

Peter Gliwa：那么我在这里祝愿你们自主研发的分析基础架构继续取得成功。非常感谢您抽出宝贵的时间接受访谈！

Fabian Durst：这是我的荣幸。

Fabian Durst 于 2013 年毕业于埃斯林根应用科学大学，主修电气工程。在学习期间以及之前的设备和系统电子工程师职业培训期间，他与位于斯图加特的博世公司保持着密切的联系，并在顺利完成学业后回到了该公司。此后，Fabian Durst 一直在总部的软件开发部门工作，负责控制单元的研发，并参与嵌入式系统中的软件资源管理。他的工作重心是开发实时系统中软件执行时间的测量和验证概念及其工具支持。此外，他还负责动态软件架构的设计与优化、微控制器计算能力的获取与评估，以及资源管理背景下开发过程的设计与优化。

5.8　调 度 模 拟

5.4 节"代 码 仿 真"所述的代码仿真对执行程序的 CPU 进行了模拟。调度模拟则是对操作系统组织任务和中断的执行逻辑进行模拟。

在时间分析方法的示意图（5.1 节"时间分析方法概览及其应用领域"）中调度模拟所处的位置比代码仿真高几个层级，这是因为它的详细程度不如代码仿真，特别是它很少涉及 Runnable 以下层级的对象。

5.8.1　基本功能和工作流

首先，我们来看看使用调度模拟的工作流程（参阅图 5.20）。第一步，必须为特定的调度方法配置模拟。这样说会更清楚，虽然可能不那么准确：必须选择用于模拟的操作系统。

下一步，创建任务和中断，并定义与调度相关的参数。最重要的参数是优先级，其他参数涉及任务多次激活（请参阅 3.2.4.1 节"任务的多次激活"）或"可抢占"设置（参见 3.2.4.3 节"调度策略：抢占式、非抢占式和混合式"）。静态的项目配置到这里就完成了。然而，动态方面的配置还未完成，包括每个任务和每个中断的最短和最长执行时间。仿真器还必须知道激活任务和触发中断的模式。对于周期性任务，将使用周期和偏移确定这一点。

由于存在中断，情况会略微复杂一点。已经确定的一种方法是使用激活模式来描述中断的发生，详见 4.2.4 节"非定期事件的发生模式"。

要提供给仿真器的最后一个配置参数指定了 BCET 和 WCET 之间假设的运行时间统计分布，例如高斯分布或均匀分布。

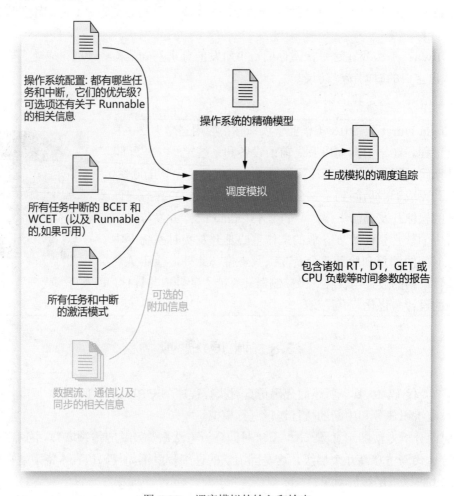

图 5.20   调度模拟的输入和输出

介绍完模拟的所有输入之后，我们现在可以看看调度模拟是如何工作的。

模拟期间将根据激活模式激活任务并触发中断。对于任务或中断的每次模拟执行，将根据指定的分布以及 BCET 和 WCET 随机确定运行时间（CET）。如果存在由另一个任务或中断造成的中断，则也会映射到模拟中，这次同样是使用随机选择的 CET。模拟过程将以这种方式继续，通常会生成与调度相关的所有事件的追踪图表（至少是所有任务的激活、开始和结束，以及所有中断的开始和结束）。追踪数据能够实现可视化，时间参数也可以根据追踪数据计算得出（即可以按照 5.2 节"用于获取时间参数的两种方法"所述执行分析）。图 5.21 显示了此类追踪图表，其中包含了任务和中断之间的抢占和中断序列、任务的状态信息以及 CPU 负载随时间变化的图表。

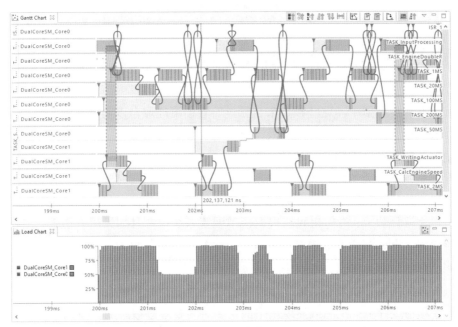

图 5.21 使用 TA Tool Suite[26] 生成的追踪图表截图

很明显，输出仅限于调度层级的时间参数，即响应时间 RT、总运行时间 GET、时间差 DT、抖动、间隔空闲时间 ST、净松弛时间 NST 和 CPU 负载。如前文所述，净运行时间 CET 是一个输入参数。

另外，模拟时的执行速度一般比现实中快。根据执行模拟的 PC 所具有的计算能力，可以在 5 min 内生成反映出大概 1 h 执行时间的模拟追踪图表。

为了更详细地了解应用程序，可以使用 Runnable 对模拟进行补充。

以"最早在 x ms 后发送数据 d，但最晚在任务 A 开始后 y ms 发送，z ms 后在任务 B 中接收数据 d"的形式添加数据通信，可以使分析扩展至包括数据流。

5.8.1.1 从其他工具导入数据

大多数情况下，不会在模拟环境中创建任务和中断等，而是从其他来源导入。软件本身的配置环境通常就能提供必要的数据。在汽车环境中，通常由 AUTOSAR Authoring Tool 担任这个角色，此工具可以创建包含所有可能配置信息的 AUTOSAR XML（ARXML）文件。然后，模拟工具读取该文件，从中提取模拟所需的所有（系统）配置参数。剩余的数据用于指定动态输入变量（BCET、WCET 和激活模式）。

这些动态参数也能由工具生成。例如，追踪工具可以提供所有静态和动态参数，以便在导入数据后可以直接激活模拟。

第三种方法是使用模拟工具读入追踪数据，对其进行解析，然后从中得到所有必要的参数。

5.8.2   用例

调度模拟既不需要可执行文件，也不需要现成的硬件。有了它，就可以在项目的早期阶段开发、分析、优化甚至保护软件时间配置或时间概念。在此方法中，任务和中断的 BCET 和 WCET 都可以理解为预算。这是什么意思？一般而言，"预算"表示一笔固定的资金，可以用于特定用途。而在软件时间方面，预算就是可以花费在任务、中断或 Runnable 上的 WCET。

那么，在调度模拟中，这些预算来自哪里？它们可能取自以前项目的测量值，也可能只是估计值或假设值。在项目早期阶段，不一定要非常精确地确定这些预算。

即使整个配置以及 BCET 和 WCET 均基于众多假设，也可以进行模拟，而且用户很快就能看到系统是否会按照假设运行。现在可以调整和优化与时间相关的任何配置，例如任务优先级、偏移、预算等，直到模拟的系统不再出现时间问题且满足所有时间要求。此时意味着以下陈述成立："如果我们根据模拟配置系统，并且如果所有组件（任务、ISR、Runnable）都不超预算，那么系统将表现出安全稳定的时间行为。"

因此，在项目的后续执行过程中，只需确保：

（1）所有组件实际上都不超预算（通常通过运行时间测量或追踪来确定）。

（2）在项目过程中产生的或显现出来的更多时间要求已被添加到模拟中。

（3）模拟结果与软件的当前状态保持一致。

如果考虑到这些方面，调度模拟就可以提供一种强大的时间分析方法，对于从一开始就实施并维持的软件时间控制起到决定性的作用。

调度模拟也是优化调度层级时间参数的理想选择。一方面，通过查看和分析模拟追踪图表来进行手动操作；另一方面，通过优化算法（详见 5.10 节"使用进化算法进行优化"）来实现。

5.8.3   调度模拟的限制

如果快速设置一个配置，或者从其他工具或追踪图表复制，然后再开始模拟，你通常会发现创建的追踪图表反映的情况不真实。类似于 5.3.3.5 节"运行模式和互斥代码"中所述的静态代码分析，调度模拟中也存在互斥的任务、中断和/或 Runnable。与静态代码分析中的注释类似，现在必须对模拟进行优化，使其能够提供可用的结果。

在各种项目中，调度模拟被广泛用于分析、理解和解决紧急的（时间）问题。虽然调度模拟对于上节所述用例很有价值，但它在查找时间问题的原因方面并非良策。

下面举出了一个典型的例子。如果有个病人因为胸痛来看医生，而医生从柜子里取出一个心脏模型来检查，然后思考是什么引起了疼痛，这根本没有任何帮助。医生必须检查真正的心脏，例如通过心电图（ECG）检查。心电图以一种可视化的方式帮助人们深入了解病人心脏的实际机能，对医生非常有帮助。

很明显，这与追踪类似。

5.8.4 调度模拟专家访谈

在"调度模拟"主题的最后，我们附上了与该领域专家的访谈内容。在此次访谈中，涉及了 Vector Informatik GmbH 的 TA Tool Suite[26]，而 Michael Deubzer 博士是 TA Tool Suite 产品管理团队的负责人。

Peter Gliwa：能简单地概括一下调度模拟的工作原理吗？

Michael Deubzer 博士：它的原理是根据软件、硬件和调度方法的运行时间行为模型，生成完整的系统实时行为图表。因此，重点不仅在于最坏情况下的时间，而且在于"正常"行为及其平均时间。

Peter Gliwa：有哪些核心用例？

Michael Deubzer 博士：调度模拟有两个主要用例：第一，软件架构设计；第二，软件集成。

首先讲讲软件架构设计。大多数项目不是从头开始建立的，一般都从某个平台衍生而来，这个平台包含了基本的软件以及任务和中断的基本框架。通过调度模拟，就可以优化这个基本框架以及基本软件组件之间的交互。在开发项目时，可以将应用软件添加到平台中，并对所有任务、中断和通信的交互进行分析和优化。

哪怕是软件的结构，也可以在一定范围内进行修改和优化，例如改进 Runnable 中的软件组件。同步机制通常也可以通过调度模拟来设计和改进。

调度模拟大大加快了软件架构设计过程，因为它不需要编译、刷入和测试软件来验证更改，只需在 PC 上进行模拟即可。

接下来谈谈软件集成，也就是如何以最佳方式放置软件。软件组件将"映射"到操作系统应用程序，Runnable 将"映射"到任务，任务将"映射"到处理器核心。这里也存在很多可以优化的地方，特别是当动态方面发挥作用时，例如与模式有关的可运行对象或数据流执行。

顺便说一下，对于"数据流"，借助调度模拟，可以通盘考虑整个事件链，从而确定数据寿命或缓冲区大小等。

Peter Gliwa：功能模拟在功能层级的开发中起到了核心作用。为什么调度模拟很少用于系统架构层级？

Michael Deubzer 博士：在孤立的（汽车）功能开发中，已经考虑过软件时间，例如采样率等方面。但是，对于整个 ECU 系统，经常会做出这样的假设："基础软件会修复它"或者"我们可以稍后检查是否符合时间需求"。在这种方法中，调度对数据流、事件链等的影响以及调试过程中相应出现的一系列令人讨厌的意外事件被理所当然地忽略了。

如果确定了时间问题，就会突然引起巨大的恐慌，在"救火"的过程中，他们会尝试建立一个模拟环境。通常，他们会采取先追踪了解问题，再通过调度模拟在更高层级上寻找解决方案的方法。

Peter Gliwa：您的客户使用调度模拟时采用的时间分辨率是多少？它是否止于 Runnable

层级？被调用的函数是否也被模拟？

Michael Deubzer 博士：这个问题很好，也很常见，但答案取决于系统的动态架构。

例如，如果在采用 AUTOSAR Classic 方法时，直接在任务中调用应用程序函数，且可能依赖于事件或应用程序模式的执行逻辑发生在任务层级，那么从运行时间、通信和同步行为方面模拟 Runnable 就足够了。

另外，如果在任务中调用"调度"函数，而任务又根据特定的逻辑调用其他函数，那么也应该映射此逻辑。

这是开始进行架构优化和改进这些函数的调用行为的唯一方法。

Peter Gliwa：时间分辨率范围的上限呢？是否会模拟整个网络？

Michael Deubzer 博士：在网络环境中，时间问题通常围绕着事件链的端到端运行时出现。例如，数据流从传感器开始，通过几个 ECU 和网络介质到达执行器。

然而，在很多项目中，我们发现此类事件链的分析和优化要么在 ECU 的范围内，要么在网络配置的范围内。根据开发人员的关注点，相应的软件时间工具也可用于 ECU 或网络。

然而，在车辆系统设计的早期阶段，并没有真正用到调度模拟。在这个阶段，相关的软件组件通常还没有完全确定下来，因此它们的运行时间行为还是未知的。在这种数据未知的情况下，通过静态计算来实现目标往往更有效。

Peter Gliwa：很多客户是否将调度模拟作为其自动化软件时间验证过程的一部分？哪些方法已被证明有效，可以推荐一下吗？

Michael Deubzer 博士：在 V-Model 中"V"的右侧，ECU 上的软件时间验证可以为调度模拟提供很好的补充。在模拟过程中，可以快速执行和分析各种执行场景，特别是对于现实中很少发生或很难再现的情况尤其如此。此外，还可以快速发现动态架构中可能存在的弱点。

但是，为了完整验证，有必要在实际控制单元上检查系统。通过分析，可以在真实的环境条件中准确地检查关键场景，并且可以详细检查在模拟过程中所做的任何简化。

Peter Gliwa：您在实践过程中有没有遇到可以与我们分享的"惊喜时刻"？

Michael Deubzer 博士：对于多核系统，总会遇到一些令人印象深刻的"惊喜时刻"。有一个例子是，某个 Runnable 的净运行时间在一个核上进行了优化，结果，另一个核上任务的响应时间也增加了。在优化过程中，资源共享导致的内核间的间接依赖关系常常被忽略。

Peter Gliwa：您有什么建议或实用的技巧可以提供给我们的读者？

Michael Deubzer 博士：在实践中已被证明非常有用的一个方法是创建并维护一个运行时间数据库，该数据库稍后可用于调度模拟。它能系统地记录 Runnable 的净运行时间，以及所使用的处理器、编译器和其他边界条件。这一点通过分析来完成，比如通过测量或追踪。以这种方式获得数据以后，未来便可以借助这些数据，通过调度模拟对项目进行检查和评估。例如，对于新一代 ECU，供应商会收到描述所需功能的规格表。供应商可以将大部分功能与其现有的软件组件进行关联。由于供应商的运行时数据库包含了关于所有必要软件组件的 Runnable 的大量数据，他们可以"虚拟组装"并在模拟环境中检查相应的 ECU。这就回答了便宜的处理器 X 是否足够使用，或者是否必须使用处理器 Y 才能避免运行时的瓶颈这类问题。早在 ECU 的硬件和软件出现第一个版本之前，就可以进行可靠的运行时间调查。

Peter Gliwa：我很赞同这条建议。任何一个拥有良好时间观念和控制能力的人，都不仅能做到节省硬件成本，更能预测到在项目的后期，您所提到的"令人讨厌的意外事件"将明显减少。

非常感谢！

　　Michael Deubzer 于 2011 年获得慕尼黑大学博士学位，研究方向是多核处理器实时系统的调度程序。在完成研究工作后，他与人合伙在雷根斯堡创办了初创公司 Timing Architects，该公司开发并面向全球发布了 TA Tool Suite。

　　TA Tool Suite 被广泛应用于汽车行业，可通过基于模型的仿真程序和追踪分析，使多核技术的事件行为更加可控。

　　成立七年后，员工人数达 40 人的 Timing Architects 与 Vector Informatik GmbH 合并，并继续在 AUTOSAR 战略框架内开发产品。他如今在 Vector 公司负责领导 TA Tool Suite 和其他 AUTOSAR ECU 软件集成优化工具的产品管理团队。

5.9　静态调度分析

　　静态代码分析是在代码层级执行，而静态调度分析则是在调度层级执行。它是一种按照"数学方法"确定最坏情况时间参数的机制，无须借助模拟、测量或追踪。当然，此处所说的时间参数是指调度层级的时间参数，尤其是响应时间。

　　静态调度分析也可以在通信层级进行。例如，可以通过这样的方式验证和优化 CAN 总线通信，以确保尽管总线负载明显高于广泛使用的 40%，但是所有报文仍能在各自的截止时间内完成传输。

　　下面的一则轶事表明，这在实践中是完全有可能的，并不是什么新鲜事。1999 年福特收购沃尔沃后，两家公司的开发人员在多次会议上进行了知识交流。沃尔沃不久前已经开始通过"可调度性分析"（静态调度分析的一个方面）验证其车辆的 CAN 通信。此举确保了即使在总线的使用率很高的情况下，也能在设计阶段保证所有报文始终准时送达。

　　当福特的一位网络专家询问沃尔沃如何进行压力测试来验证通信时，这位沃尔沃专家回答道："完全没必要。我们从一开始设计网络就采取了措施，确保不会丢失任何报文。"

　　但别人都认为他在撒谎，并把他赶了出去。显然，当时并不是所有的开发人员都熟悉静态调度分析。

5.9.1　基本功能和工作流

为了在原则上定义静态调度分析的概念，我们将研究响应时间（RT，调度层级上最重要的时间参数）的公式。式 (5.5) 被称为 响应时间分析 (RTA)：

$$
\mathrm{RT}_i = \underbrace{J_i}_{\text{任务 } i \text{ 的抖动}} + \underbrace{\mathrm{CET}_i}_{\text{任务 } i \text{ 的 CET}} + \underbrace{\sum_{j \in hp(i)} \mathrm{CET}_j \cdot \underbrace{\left\lceil \dfrac{\overset{\text{测量周期}}{J_j + \mathrm{RT}_i}}{\mathrm{PER}_{0,j}} \right\rceil}_{\text{抢占次数}}}_{\text{抢占导致的延迟}} \leqslant \mathrm{DL}_i \tag{5.5}
$$

此公式说明了在查看具体运行时间情况（图 4.1）的追踪图表时需要注意的几个参数。任务 T_i 的响应时间涉及绝对抖动 J_i、任务的净运行时间 CET_i 以及响应期间发生的延迟。延迟包括初始挂起时间（IPT）内的延迟，以及任务 T_i 启动后的所有中断（被抢占）。当然，只有优先级高于任务 T_i 的任务才能抢占从而引发延迟。这组任务通过 $hp(i)$ 描述。

任务 T_j 导致任务 T_i 中断的次数通过以下方式计算：用导致中断的任务 T_j 的绝对抖动 J_j 与响应时间 RT_i 之和，除以导致中断的任务 T_j 的周期 $\mathrm{PER}_{0,j}$。得出的商通常是一个小数，而相应的中断次数由下一个最大整数决定。该整数通过进一法取整函数 $\lceil x \rceil$（用于上取整）获得。下文举例对上取整函数进行了说明：$\lceil 4.2 \rceil = 5$, $\lceil 1.9 \rceil = 2$, $\lceil 6 \rceil = 6$。

有两个重要方面必须要考虑。首先，RTA 并未考虑任务 T_i 的任何实例，但考虑了出现WCRT（**W**orst **C**ase **R**esponse **T**ime，最坏情况响应时间）时的情况：$\mathrm{RT}_i = \mathrm{WCRT}_i$。第二，此公式仅涉及 WCET（**W**orst **C**ase **E**xecution **T**ime，最坏情况执行时间）：$\mathrm{CET}_i = \mathrm{WCET}_i$ 和 $\mathrm{CET}_j = \mathrm{WCET}_j$。

此外，还指定了截止时间 DL_i，它可以理解为允许的最大响应时间。

与微分方程类似，所求值 RT_i 出现在等号两侧，你不能单单为了这个值解方程。因此，虽然公式已经作出一些限制，对此方程式求解并求出 RT_i 是一个相当复杂的过程，导致其不适用于真实项目。它仅适用于所有任务均为周期性任务且偏移为零的系统。如果还需要考虑偏移，那么分析将更加复杂。此外，此公式还假设了操作系统的开销为零（即任务切换不需要时间），且任务不使用任何阻止机制（如中断锁或优先级上限协议）。

如本章开头所述，静态调度分析的目的通常是确定最坏情况下的时间参数值，即它们的最大值或最小值。开发静态调度分析算法的技巧是找到一种近似的方法，通过这种方法能够可靠地提供最坏情况或与之高度近似的情况。另外，算法的速度应尽可能快，以便尽量缩短分析执行时间。分析较为复杂系统时，即便使用先进的算法，也仍然可能需要几个小时。

当优化算法必须分析很多不同的配置时，分析时间将起到决定性的作用。5.10节"使用进化算法进行优化"将更详细地介绍这种方法。

静态调度分析的过程是怎样的？工作流程又是怎样的？

输入数据和输出数据与调度模拟基本相同，因此"调度模拟"一节中的图 5.20 和"静态调度分析"一节中的图 5.22 非常相似。

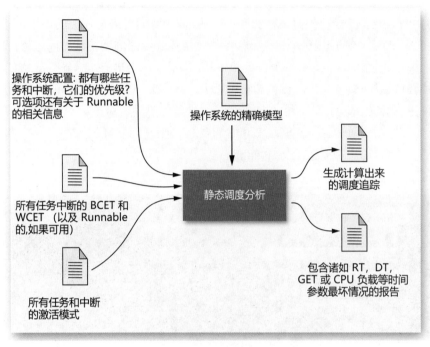

图 5.22   静态调度分析的输入和输出

模拟会一直执行到被停止，静态调度分析则不同，只要计算出结果即可。静态调度分析不会生成调度模拟过程中模拟的任何时间跨度的追踪图表，但可以生成在最坏情况场景中构建的追踪图表。这些追踪图表的时间跨度通常很短，显示了某个特定的最坏情况是如何发生的。静态调度分析不适合用于确定和优化那些典型的系统行为。

用户接收到的不是模拟分析数据，而是他们寻求的最坏情况下的时间参数。

5.9.2 用例

当必须在通信层级或调度层级保证最坏情况下的值时，静态调度分析是最佳选择。分析结果将使用形式化方法确定，因此与测试变量以及测量、追踪或模拟的持续时间无关。

在实践中进行通信层级的时间验证时，静态调度分析可以提供非常准确的结果，正如前文中沃尔沃的应用所示。

和调度模拟一样，静态调度分析既不需要可执行的软件，也不需要现成的硬件。这使得在项目早期阶段验证软件时间设计和配置成为可能。

但是静态调度分析不仅适用于进行软件时间设计（一种操作系统配置），它还能为调度层级的时间参数优化提供重要帮助，详见 5.10 节"使用进化算法进行优化"。

5.9.2.1　工具示例：INCHRON 的 chronVAL

图 5.23 显示了对某个单核软件实现案例中 WCRT 分析的评估，其中涉及了三个任务（T_20ms、T_10ms 和 T_5ms）和两个中断（CAN 和 ISR_Sensor）。在此例中，使用了 INCHRON 的 chronVAL[27] 工具。对于每个任务，截止时间对应于任务的周期，例如，对于任务 T_20ms，DL = 20ms。在输出中，任务按照由长到短的周期持续时间进行排序，因此任务 T_20ms 出现在顶部。对于每个任务和中断，都显示两个横条，一个代表 WCRT，另一个代表 BCRT。每个横条又分成蓝色和黄色部分。蓝色部分表示 CET，即执行相应任务本身导致的时间。黄色部分则表示中断或初始延迟导致的时间。对于第一种情况（图 5.23），可以使所有任务在任何情况下都满足截止时间要求。但是，对于任务 T_20ms，并没有留下太大的空间，因为它的 WCRT 为 19.98 ms。

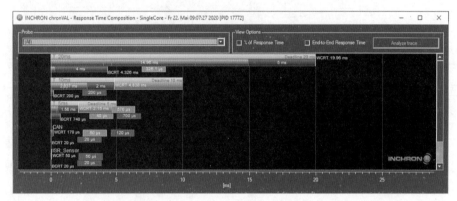

图 5.23　系统（具有三个任务和两个中断）的 WCRT 分析

如果任务将 T_5ms 的执行时间只增加 10 μs，任务 T_20ms 的 WCRT 将陡增至 24.65 ms，如图 5.24 所示。此时已不再满足截止时间要求（图中代表截止时间的部分此时已变为红色）。这表明，即使任务 T_5ms 的执行时间增加得极少，也会导致任务 T_20ms 进一步中断，进而导致时间增加。调度中不同时间段之间并非线性关系，因此，单个输入变量的微小变化也可能会对结果产生出乎意料的巨大影响。有人可能会认为这是一种"蝴蝶效应"[28]。

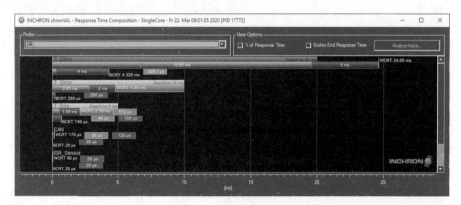

图 5.24　任务 T_5ms 的 CET 仅增加 1% 就导致严重违反任务 T_20ms 的截止时间要求

静态调度分析也可以在项目后期使用，以考虑到极端状况，即很少发生并且很难通过模拟或测试重现的情况。

5.9.3　静态调度分析的限制

正如静态调度分析的用例与调度模拟的用例部分重叠一样，这两种方法也存在一些相同的限制（另请参阅 5.8.3 节"调度模拟的限制"）。

例如，如果在软件中实现了具有互斥任务、中断和/或 Runnable 的不同应用模式，则还必须对这些模式进行模拟，以免分析中产生过高（不符合实际）的结果。模拟方面也得出了同样的结论。

与调度模拟一样，静态调度分析通常也被用作一种问题分析手段，用于找出时间问题的原因。如果要先了解问题并找出原因，追踪是一种更好的方法。无论通过软件检测还是通过基于硬件的追踪来实现，这都不是最重要的。

以下访谈表明，这种观点并非人人赞同。

5.9.4　静态调度分析专家访谈

Ralf Münzenberger 博士是 INCHRON AG[29] 的管理合伙人，该公司提供调度模拟和静态调度分析产品。在以下访谈中，Münzenberger 博士主要从静态调度分析的角度来回答一些问题。

Peter Gliwa：能简单地概括一下静态调度分析的工作原理吗？

Ralf Münzenberger 博士：它的起点是一个模型，我们称之为"时间模型"，它包含执行时间分析所需的所有建模元素，包括可执行单元（即任务）、中断服务例程和 Runnable（如果可用）的相关信息。具体来说，我们需要它们的调度参数，例如优先级、处理时间要求，以及对于何时触发中断和何时激活任务的想法。例如，激活是周期性的还是偶发性的。

根据这些信息，我们可以计算调度层级上可执行单元的时间参数，其中最重要的是响应时间。

Peter Gliwa：还有哪些其他可以计算的重要时间参数？

Ralf Münzenberger 博士：周期性可执行单元的时间差，它表明了与规定周期的偏差有多大，即抖动有多大。

此外，可以对数据交换期间的缓冲区占用水平进行数学分析，这对于事件链尤其重要。此外，还应该提到容量使用率和端到端延迟。对于后者，超越 ECU 的边界将会非常有趣，特别是如果可以证明事件链可能中断的话。每个问题都有一种合适的分析方法。

Peter Gliwa：那么这种分析对操作系统和调度程序的依赖性如何呢？

Ralf Münzenberger 博士：分析本身对它们来说基本上是一样的。我们以基于优先级的调度为例。优先级最高的中断或任务需要特定的计算时间，然后将"剩余时间"传递给优先级第二低的任务。这将导致一连串的计算。当然，还必须考虑中断在某些时间点是否已不再可能发生，比如，因为最近执行的任务已禁用中断。

哪些中断可能发生以及它们是怎样的取决于操作系统的调度策略。对调度分析做出相应调整后，便可以对 EDF 或 TDMA 等进行分析。

Peter Gliwa：EDF 即最早截止时间优先，是指任务的截止时间越晚，调度优先级越高；TDMA 即时分多址，是一种时间分片方法。

到目前为止，我们已经讨论过调度，但前面您提到了数据交换缓冲区占用水平和端到端延迟，这意味着数据流也将被模拟。我怎么才能理解它呢？写入和读取的时间是相对于受影响任务或中断的开始而定义的吗？

Ralf Münzenberger 博士：这里也有多种方法。其中一种是典型的 IPO 方法：输入、处理、输出。在任务、中断或可运行对象开始时，系统进行读取；在执行期间，系统进行处理；结束时，系统进行写入。此 IPO 方法被广泛用于 AUTOSAR CP 应用。在 ADAS 系统中……

Peter Gliwa：……也就是高级驾驶辅助系统或驾驶员辅助系统……

Ralf Münzenberger 博士：……以及自动驾驶领域的诸多系统中，客户经常会相对于其他事件的开始指定数据访问时间。例如"读取访问最早发生在线程 XYZ 启动 1.2 ms 后，最晚发生在此线程启动 1.9 ms 后"。

Peter Gliwa：对于静态调度分析的工作原理和使用方法，我们就讨论到这里。作为用户，我什么时候应该使用静态调度分析而不是调度模拟？

Ralf Münzenberger 博士：由于证明是基于数学方法，因此它会自动考虑所有理论上可能的情况，这被称为最坏情况分析。它使用户能够非常肯定地回答这样的问题："我的时间要求都得到满足了吗？"

静态调度分析通常用于与安全相关的系统，如制动控制系统或电动转向系统。它还可以用于有多个 ECU 的情况，以调查是否由于时钟不同步或调度对通信总线的影响而在通信中发生不良的移位。

如果混合了基于时间的调度和基于事件的调度，这就变得特别有趣。因此，为了考虑所有可能的情况，需采用静态调度分析。

Peter Gliwa：这个话题在学术界已经讨论了 50 多年，人们对它也进行了深入的研究。但这种分析方法为什么还没有在嵌入式软件开发人员的日常工作中广泛使用呢？

Ralf Münzenberger 博士：首先，存在培训不足的问题。这不属于计算机科学的组成部分，当然也不属于工程课程。

另一个原因是，对于很多开发人员，Microsoft Excel 仍是最常用的开发工具。

Peter Gliwa：（哈哈）

Ralf Münzenberger 博士：是的，对于很多事情以及调度分析来说是这样。我来举一个具体的例子。我们曾经接到一个客户的电话，这个客户的系统相当复杂。有一次，客户打开了一个 Excel 电子表格，用它来确定软件时间。这玩意儿满是宏，没人知道它是怎么工作的。但最终，它生成了一个数字，然后客户利用它来确定自己的架构。

Peter Gliwa：真让人着迷啊。更确切地说，太可怕了！

这意味着他们在 Visual Basic for Applications 中编写了一个调度分析程序吗？

Ralf Münzenberger 博士：是的，确实。有不同的程序，有的简单一点，有的比较复杂，而且执行得还不错。例如，有一些专门支持速率单调调度的任务，即没有中断等自发事件的周期性任务。这里的调度分析算法不是很复杂。但是几乎没有不会中断的嵌入式系统。

Peter Gliwa：静态调度分析仍然很少使用的另一个原因是什么？

Ralf Münzenberger 博士：一个常见的误解是，在项目的早期阶段，关于系统的信息太少。我们会听到一些反馈，比如"我甚至都不知道任务的执行时间"。

Peter Gliwa：静态调度分析的优点之一是我可以设置自己的系统，并对任务和中断的运行时间进行假设。如果对系统的分析表明满足了所有时间要求，我可以将运行时间解释为运行时间预算。如果在以后执行任务和中断期间不超过这些预算，我就知道系统在软件时间上是干净或安全的。

Ralf Münzenberger 博士：是的。当然，时间模型将随着项目的进展而调整。我们在无数的项目中以及在与客户联合发表的论文中都表明，最好是尽早处理好软件时间，因为这样可以节省大量的资金和时间。"前载"一词显然仍被用于否定意义。但事实是，我从来没有见过任何一个项目的软件时间被过早处理。

另一个问题是，如果软件时间问题没有得到系统的解决，那么只能在项目进展到很后期时才被发现。此外，人们常常将它们与函数错误混淆。人们会认为数据是错误的，但实际只是因为数据计算的时间不对或者数据不一致。这并不少见，把各种"螺丝"拧好后，系统才能重新工作。而后在另一个地方又会出现新的问题，这个事实只会在项目的更后期才会被注意到，然后又要重新开始搜索。

Peter Gliwa：我想再深入一点。坦白地说，我很惊讶您将静态调度分析应用到用例"项目后期的时间问题"中。我的理解是，在这种情况下，用户必须先了解正在发生什么，而追踪是实现这一点的首选工具。我总是说"我无法模拟一个我不理解的问题"。这是怎么结合在一起的？

Ralf Münzenberger 博士：我们有时会看到，几个因素的相互作用是因果关系。查看单个追踪图表可以发现特定的情况，但却发现不了其中的依赖关系。

问题是，我是否可以在本地将这隔离，或者这是否会影响系统的总体设计？调度分析在这里非常有用，特别是现在可以立即看到变化带来的影响。因此，我可以快速评估可能的解决方案。如果我只是拧一个螺丝，可能会解决当前的问题，但可能会导致另外三个运行时间违规。因此，假设的解决方案不会带来任何结果，因为我仍然要继续寻找。

Peter Gliwa：我理解您所说的第二部分，也完全同意您的看法。在寻找原因方面，我通常有不一样的经历。正如您所说的那样，人们往往没有意识到自己有时间方面问题。比如特定功能的行为与预期不同，或者计算无法提供所需的结果。一般需要数周的时间才能发现算法本身还好，但数据会突然发生变化，或者数据接收太早或太晚。如果我有一个追踪图表，其中显示了接收到的数据和算法的运行时间，除了任务和中断以外，我可以立即了解到正在发生什么。但是如果不进行追踪，这就像闭着眼睛大海捞针一样。

如果我对如何解决问题有一个想法，则可以使用静态调度分析来完美地评估或验证这个想法。所以，我完全同意您的观点。

Ralf Münzenberger 博士：我用一个具体的项目来举例说明。有关客户引入了一种新的时间控制总线，并连接了两个控制单元。突然，他发现系统反复生成存储器错误条目，提示报文已丢失。他有可用于 ECU 和总线的追踪图表，并且每个图表均显示软件时间符合规范。只有模型中非同步时钟的交互（顺便说一句，它创建得非常快）能够表明发生了什么。若只看这些追踪图表，他无法知晓是时钟漂移和抖动会导致了这些错误。

简而言之，先进行详细的测量/追踪，然后从整体上进行分析。

Peter Gliwa：很有意思。过去，我们曾多次使用追踪来明确相同的情况。显然，将相关信息显示在同一个追踪图表中非常重要。

Ralf Münzenberger 博士：在上述项目中，我们随后能够通过有针对性的时钟解谐来进行瞬态分析，即对过渡进行分析。这表明了问题发生的频率。他们由此可以执行 $\binom{n}{q}$ 验证，从而决定是否可以发布车辆。

实际上静态分析只能做一件事：专门检查错误情况并做出有关概率的陈述。在最佳情况下，追踪只能对大量的追踪数据执行此操作。

顺便说一句，原则上，ADAS 项目也是相同的原因。

Peter Gliwa：最后您还有什么建议或实用技巧吗？

Ralf Münzenberger 博士：每位项目经理都要考虑时间指标。

Peter Gliwa：谢谢您！

作为 INCHRON AG 的联合创始人兼总经理，Ralf Münzenberger（工程学博士）及其团队为嵌入式系统设计、分析、优化和测试领域的 180 多个项目提供了以软件时间和性能为重点的咨询服务。在埃尔朗根-纽伦堡大学攻读博士学位期间，他就主攻这些方向。他的兴趣集中于所有相关架构层级（逻辑架构、系统和软件架构）的集成设计方法以及工具链的自动化。

自 2003 年以来，INCHRON AG 提供了一系列的解决方案，尽管嵌入式系统的复杂度呈指数级增长，这些方案依然成功地满足了嵌入式系统开发的高质量和严格项目进度要求。INCHRON Tool-Suite 支持最坏情况分析和统计模拟，以及追踪分析和可视化。其主要应用领域包括稳健架构的设计、虚拟验证以及单核、多核和分布式系统测试阶段的时间要求验证。

5.10　使用进化算法进行优化

尽管本节中介绍的方法本身不是时间分析方法，但是时间分析工具经常使用此方法来自动优化系统。即使对于仅具有少量任务和中断的嵌入式系统，调度也可能非常复杂，以至于无法轻松计算时间参数（例如任务的响应时间 RT）。这使得优化变得困难重重，因而有时无法轻易找到能够最小化 RT 的系统配置。

进化算法适合用于解决此类问题，本节将介绍它们的操作模式。

首先，指定优化目标，例如最小化任务的响应时间。

图 5.25 展示了这个过程。

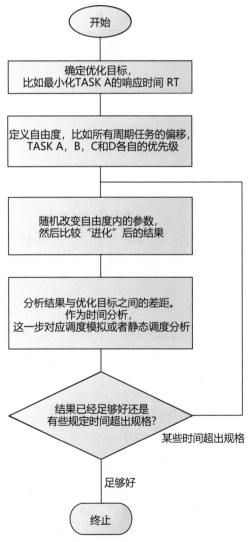

图 5.25　使用进化算法进行优化的流程图

下一步是定义自由度，即在优化过程中可能更改的参数。这些参数可能包括周期性任务的偏移或某些任务的优先级。

最后便是启动实际的优化。简单地说，就是先随机改变形成自由度的参数，然后进行分析，并考虑对优化目标的最终影响。追踪参数修改，以确保达到优化目标，然后重新开始整个过程。随机修改参数类似于进化中的突变。成功修改后的"基因组成"将逐渐占上风，经过几代之后，配置将不断完善，并且越来越接近优化目标。如果优化目标得以充分实现，或者超过了先前定义的时间，则会停止演化。

几乎可以肯定的是，目前找到的解决方案并非最佳解决方案，但最佳解决方案通常无法在有限的时间内确定。

一般情况下会找到若干种解决方案，它们都可以在不同程度上满足单个的优化目标。图 5.26 显示了一个蛛网图（能让人联想到蜘蛛网并因此而得名），它使用户可以直观地比较此"案例"中的三种不同解决方案以及初始状态。此外，"最小值"和"最大值"这两条线标记了各种解决方案实现的最小值和最大值。从中心开始的每个矢量代表一个优化目标。到中心的距离越小，目标实现情况越理想。

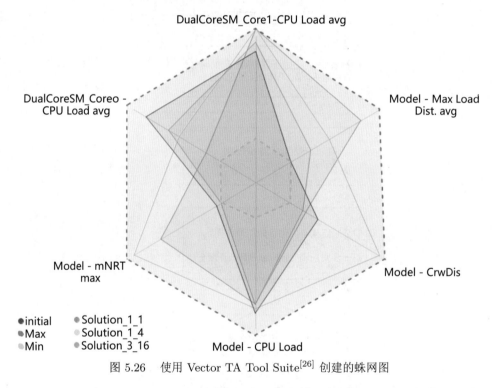

图 5.26   使用 Vector TA Tool Suite[26] 创建的蛛网图

显然，图 5.25 所示的循环运行得越频繁，即包含的世代越多，结果就越好。因此，优化的持续时间主要取决于分析的持续时间。在调度模拟中，用户通常会面临走钢丝的问题：如果单次模拟的持续时间太短，则可能无法捕获关键的极端情况。如果持续时间太长，则优化的持续时间可能会无止境。

对于静态调度分析，这个难题就不存在。单次分析的持续时间仅取决于工具提供者实现该工具的熟练程度。

在实践中，通常会为用户提供若干种解决方案，由他们自己决定更偏好哪种解决方案。对于次优解决方案，有一种情况很常见，即提供的优化结果稍差，但是却很少更改能形成可用自由度的可用参数。如果对已经在运行的系统进行了优化，则对配置的每次更改都将带来风险，并且，通常情况下，如果能够降低风险，选用次优解决方案就足够了。

5.11　时间分析方法在 V-Model 中的应用

前面的章节已经详细介绍了各种时间分析方法。本章结尾将这些内容放到 V-Model（图 5.27 ）中作为总结。这有助于弄清各种方法主要应用于开发过程的哪个时间点和哪个阶段，以及还可以在哪些地方使用。

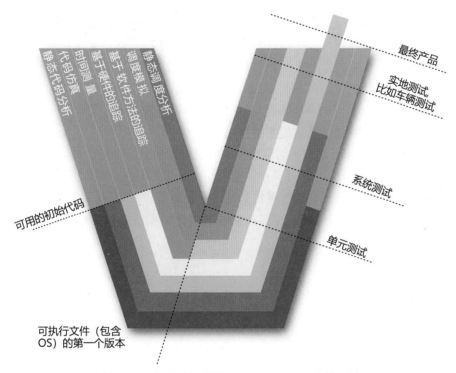

图 5.27　各种时间分析方法在 V-Model 中的应用

此图仅为示意图，因此并不是特别详细。从严格的学术意义上讲，V-Model 的左侧没有"可用的初始代码部分"。但是，在大多数实际项目中，实际情况会有所不同，代码节一般都取自上一代设计或其他项目。因此，代码层级的时间分析可能早于 V-Model 培训时一般建议的时间。

静态代码分析：从基于可执行文件的 WCET 调查的意义上说，静态代码分析需要已编译完成并链接的代码。但是，也可以开发这样的应用，即把要测试的函数链接到测试应用程序（例如，通过单元测试）。要创建可执行文件，必须有相应的编译器工具链。对于静态代码分析，分析工具必须支持所用的处理器。

代码仿真：代码仿真与静态代码分析的情况类似，只是它还可以在比函数层级更高的层级上测量。

运行时间测量：只要具备附带所需处理器和相应编译器工具链的评估版，就可以在 PIL（Processor In the Loop，处理器在环）测试中执行运行时间测量。此方法可以在后续开发过程中以及最终产品中使用，以便在常规运行中监视运行时间。

当然，进行这些考量时，已经排除了引脚测量这种测量方法。

基于硬件的追踪：与运行时间测量一样，基于硬件的追踪也需要具备处于运行状态的处理器。使用此方法时，会在代码层级和调度层级执行广泛的分析。如果情况允许，还可以将这些分析扩展到 HIL（Hardware In the Loop，硬件在环）环境，甚至扩展到最终的产品环境。

基于软件方法的追踪：严格地说，追踪可以与运行时间测量同时开始，但是调度通常是分析的关键方面。因此，这种方法的前提条件是有一个可用的系统并且此系统上已经在运行操作系统。虽然也可以在最终客户使用时收集追踪数据，但这并不是常规方式。

调度模拟：使用调度模拟进行分析的侧重点显然是 V-Model 的左侧。此项分析在很大程度上与处理器、编译器、硬件或软件的可用性无关。只需大致了解系统的情况，就足以在较高的层级进行模拟、分析和优化。可以将后续开发过程中增加的信息添加到模型中，从而使其随着时间的推移越来越详细。

在 V-Model 的右侧，可以使用调度模拟来考虑极端情况，即测试未涵盖的极少发生的临界情况。但是，与在 V-Model 左侧使用相比，此用例在重要性方面就逊色很多。

静态调度分析：静态调度分析与调度模拟的情况非常类似，只是分析的侧重点有所不同，因为它更明确地考虑了最坏情况。但是，静态调度分析无法提供对系统正常行为的分析。

第 6 章　软件时间问题案例

在本书前面的章节中，我们已经讨论了许多基础知识，并进行了拓展。在接下来的章节中，我们将重点探讨时间分析的实践方面，每一节都将提供实际项目中的一个时间问题案例。我们很快就可以清楚地了解到导致时间问题的各种不同的原因以及问题显现方式的差异。遗憾的是，目前还没有任何一份普遍有效且详尽的指南来帮助我们根据症状解决时间问题。只有知识和经验能够发挥作用，也许通过以下实例传递的知识可以用作此类资源。

6.1　中断都是哪来的？

在一个开发照明控制单元的汽车车身项目中，我们观察到了典型的项目进展过程。该新一代照明控制单元以上一代为基础，但在很多方面做出了改进，例如使用了基础软件的更新版本，此外，还增加了一些新功能。

在此案例中，只采取了非常基本的步骤来验证软件时间，利用后台任务中的计数器估算系统的总负载。

项目经理很清楚，随着尚未集成的功能逐步添加，系统将会过载。为了更好地了解运行时间行为并优化时间，我们的专家团队受委托对软件进行扩展，使其能够使用 T1 进行追踪。我们对现有软件进行了检测，从 ECU 下载的第一个追踪图表（图 6.1 ）让集成者感到惊讶。我们预计其中一个中断每 10 ms 会发生一次。但是，实际观测到的中断频率却高得多，如图 6.1 所示。图中显示了大约 7 ms 的追踪情况，根据项目经理的介绍，ISR 应该只出现一次或者根本不出现。但是，我们却发现了超过 200 个 ISR 实例。

最初，插入的追踪功能受到质疑，但是经过简短的分析，我们确定该中断被错误地配置为在某个引脚状态触发，而不是按照实际预期在发生某种边沿触发。ISR（因中断而执行的代码）的实现方式应确保多次执行不会引起函数问题，并且软件可以正常运行。但是，这种错误配置必定对 ISR 的运行时间要求造成巨大的影响。

解决方案非常简单，在 10 min 内就能实现。将中断配置为仅在上升沿触发后，后续的追踪图表就总是显示每 10 ms 发生一次中断（符合预期）。集成者做梦也不敢想象在如此短的时间内降低 10% 以上的 CPU 负载。

历史的深刻教训是，没有什么可以取代真实系统的视角。即使项目以前已经仔细调查了软件时间问题（例如通过调度模拟或静态调度分析），也可以将所讨论的中断模拟为每 10 ms 触发一次。这项分析的结果会给项目经理带来错误的安全感。

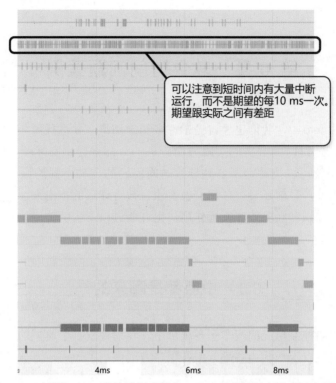

图 6.1   时长约 7 ms 的追踪图表部分，ISR 在此期间应最多只出现一次

在某些情况下，只需调查系统的第一个（调度）追踪图表，就可以发现以前无人察觉的问题和/或优化潜力。

6.2   OSEK ECC：并非最优选择

下面介绍的系列项目略富戏剧性。在项目的高级阶段，客户零星发现了一些函数问题和通信不稳定的问题，于是给我们打了电话。我们询问了关于系统是否可能过载的问题，回复如下："我们开发了 ErrorHook，其在执行后会立即触发重置。我们没有观测到任何重置，所以没有执行 ErrorHook。因此，没有任务溢出；系统也没有过载。"

"任务溢出"通常用于描述任务激活失败。当已达到某个任务的最大激活次数后，如果继续尝试激活，就会发生这种情况。

大多数系统并未在自身的配置中允许多次激活。这没什么问题，因为多次激活的实际用例很有限。在大多数情况下，允许多次激活的目的是缓解已经发生的过载，而不是消除过载的原因。因此，多次激活"特性"不应该成为 OSEK 标准的一部分。

但是，我们再回到这个量产项目上，它的配置已经排除了多次激活。如果任务正在此配置中运行，或者已经激活，则尝试重新激活会直接触发错误，并导致 ErrorHook 被调用。在此项目中观测到 ErrorHook 未执行绝对是正确的。但是，没有过载的结论却不正确。为什么会这样？

　　要想深入了解为什么会这样，首先必须调查 RTE 和操作系统配置。10.1.3 节 "RTE"
将详细介绍 RTE（**R**un-**T**ime **E**nvironment，运行时间环境）的相关内容。代码示例 6.1
中显示了大部分 AUTOSAR RTE 代码生成器默认如何处理周期性 Runnable 的示例。它
没有为配置中出现的每个周期生成单独的周期性任务，而是将所有 Runnable 加载到单个
任务中。此任务被配置为 ECC 任务（**E**xtended **C**onformance **C**lass，扩展任务，参阅 3.2
节 "OSEK/VDX"）。它包含了一个无限循环 (for(;;))，使自身成为一个永远不会终止的
任务。

代码示例 6.1　　经常生成的 RTE 任务示例

```
1  TASK(Task_B)
2  {
3    EventMaskType ev;
4    for(;;) // non-terminating ECC task
5    {
6      (void)WaitEvent(     Rte_Ev_Task_B_10ms |
7                           Rte_Ev_Task_B_5ms );
8
9      (void)GetEvent(Task_B, &ev);
10
11     (void)ClearEvent(ev & ( Rte_Ev_Task_B_10ms |
12                             Rte_Ev_Task_B_5ms ));
13
14     (void)Com_ReceiveSignal(TempS2_Rx, (&TempS2_Tx_local));
15     if ((ev & Rte_Ev_Task_B_10ms) != (EventMaskType)0)
16     {
17       CanNm_MainFunction(); // Runnable
18       CanSM_MainFunction(); // Runnable
19       my10ms_worker_runnable(); // Runnable
20     }
21
22     if ((ev & Rte_Ev_Task_B_5ms) != (EventMaskType)0)
23     {
24       CanTp_MainFunction(); // Runnable
25       CanXcp_MainFunction(); // Runnable
26       my5ms_worker_runnable(); // Runnable
27     }
28     (void)Com_SendSignal(Torque_Tx, (&Torque_Tx_local));
29   }
30 }
```

在每次开始循环运行时，函数调用 WaitEvent(...) 会使此任务进入 "等待" 状态，即任
务休眠。只有当被等待的两个事件（Rte_Ev_Task_B_10ms 和 Rte_Ev_Task_B_5ms）中至

少有一个被触发时，此任务执行才会继续。在循环体的后续执行过程中，Runnable 将根据设置的事件执行。根据名称，属于事件 `Rte_Ev_Task_B_5ms` 的所有 Runnable 每 5 ms 调用一次，属于事件 `Rte_Ev_Task_B_10ms` 的所有 Runnable 每 10 ms 调用一次。

到目前为止情况还好。但是，如果 Runnable 的执行时间比预期长呢？关于这个问题，原因可能各不相同。也许是因为某些 Runnable 的核心执行时间过长，或者该任务被其他更高优先级的任务或中断打断。

假设由于这些原因而需要 16 ms 才能完成一次循环。在此期间，5 ms 事件将多设置两次，10 ms 事件将多设置一次。但是，实际链接到这些事件的 Runnable 并不会执行，只会丢失。发生这种情况时，操作系统不会将其视为错误。设置已经设置的新事件不会导致执行 `ErrorHook`，这与重新激活已激活或正在运行的任务不同。

最后，该系列项目不具备执行时间为 16 ms 的循环体，只有执行时间为 26 ms 的循环体，并且有多个 ECC 任务涉及其中。图 6.2 显示了使用红色标记手动编辑的追踪图表。这些标记指示重新设置事件（关联 Runnable 不处于运行状态）的时间。如果在某个配置中，正在终止的任务每次执行时都会被激活，则红色标记将指示任务激活失败并调用 `ErrorHook`。

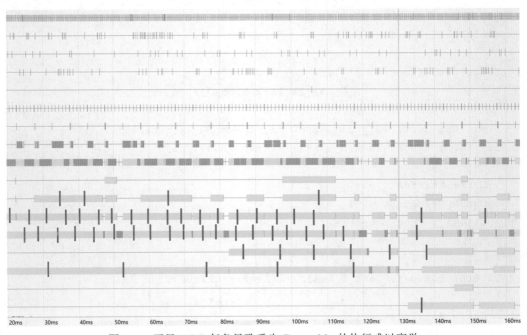

图 6.2　无尽 ECC 任务导致丢失 Runnable 的执行难以察觉

这一发现起初让客户惊讶！他们最初认为软件中没有"任务溢出"，现在却发现存在大量的运行时间问题。但是，图 6.2 中的追踪图表立刻就揭示了主要原因：每当运行服务发现时，负责通信的任务都具有非常高的 CET。在追踪图表一半的位置可以看到该任务，并且该任务有很多非常长的深绿色运行块。

现在可以在代码层级重建和优化此任务，从而解决函数问题，并使通信恢复稳定。不建议将无尽 ECC 任务转换为（正常终止的）BCC1 任务，因为该项目的进展已不允许再进行这样重大的更改。

我们引入了对时间参数的监测，以确保在项目剩下的阶段中可以立即检测到异常高的 CET 引起的瓶颈。现在，超出指定的 CET 或 CPU 负载会导致生成错误缓冲区条目以及追踪图表快照，这些快照可精确显示关键状况以及违反时间要求的情况。

6.3　重置 17 min 后发生偶发崩溃

如果向经验丰富的消防员询问他的工作性质，你会听到各种各样的状况，从被困在树上的猫到工厂里的大火——肯定有很多故事。

如果用一个比喻来形容，可以说本节所述的项目就像一场重大火灾。在示例项目中，汽车的批量生产开始受到威胁，最终这家汽车厂商的整个管理层（包括董事长）都参与了进来，为了解决问题，一个已发展到 18 人的工作组已经尝试了六个多月。

在我接到电话并听取情况介绍（幻灯片演示）后，我注意到他们的介绍就像例行公事一样。显然，这样的介绍之前已经有过很多次。幻灯片一共 20 张左右，第 5 张详细介绍了问题是如何显现的。在过去两年中，该问题共出现过 6 次。结果，操作系统就像"卡死"了一样，不再继续执行任务。但是，中断依然继续发生。

在他们的陈述中，有一条备注显示，6 次事件中有 5 次问题是在约 17 min 后发生的，而在约 34 min 后又发生了一次。这让我很震惊，甚至都不想等待幻灯片演示结束。都是 17 min 的倍数，这显然不可能是巧合。对于特定的控制单元及其软件，这个时间跨度有何特别之处？

检查时钟源和各种定时器的配置后，我发现了其中的联系。部分定时器的一次跳动需要 237 ns，位宽为 32 位。这意味着定时器值每 237 ns 递增或递减一次，经过 2^{32} 次计步后，发生了溢出或下溢。通过数学计算，可以得出：$2^{32} \cdot 237ns \approx 1018s \approx 17min$。我确信自己的猜测是正确的。

于是我给我的同事 Nicholas Merriam（Nick）博士打了电话，他是一名经验丰富的嵌入式软件专家，非常熟悉 PowerPC 架构。很快，递减器中断就被确定为原因。PowerPC 架构从未被设计成嵌入式处理器。当年，摩托罗拉为台式机和服务器开发了这套架构，后来希望借此在短期内获得嵌入式系统领域的市场份额。因此，一些 68000 外设和中断逻辑被开发出来，并且连接在一起。嵌入式系统领域的微控制器已经蓄势待发——这比英飞凌发布 TriCore 要早很多。最初几个月生产的 PowerPC 产品并没有投入使用，因为摩托罗拉当时无法控制片上闪存的生产工艺。但是，当它最终可用时，市场上 32 位产品的竞争并不激烈。

回到现实问题。PowerPC 本身的核心只有两个中断源：与上述中断控制器有关（并允许其他中断源）的外部中断和递减器中断。递减器是一个 32 位定时器，在复位后无须进行任何进一步配置即可直接递减，并在从 0x00000000 变为 0xFFFFFFFF 时触发中断。因此，此中断很可能是引起前述问题的原因之一。

如上所述，由于该问题在项目进行过程中只被观测到 6 次，因此我们考虑了如何更有规律地重现该问题。一般而言，在处理偶发问题时应始终考虑这一点。虽然不一定总是能找到解决方案，但在此案例中却很容易找到。在深入分析了几个小时之后，Nick 和我在午餐时提出了一个重要的想法：为定时器设置一个较小的值。这样可以确保每秒触发多次中断，而不是每 17 min 触发一次。这样就可以在复位后的几分钟内可靠地观测该问题。

进一步的分析表明，在发生错误时，操作系统的数据会变得不一致；最后，在仔细检查递减器中断的中断服务例程 (ISR) 后，我们发现它忘了保存堆栈上的一个寄存器。ISR 是在汇编程序中手动编写的，在以前的检查中未发现该错误。

正确保存 ISR 中的所有寄存器之后，问题便不再出现，即使由于对定时器的前述操作而使得 ISR 每秒被执行多次。

最终，客户成功避免了推迟 SOP（开始量产）日期，并意识到他们的一系列分析工具总会时不时地不起作用。有时（甚至是经常?）只有经验、创造能力以及向合适的人员咨询才有所帮助。

6.4　遗漏及重复的传感器数据

在各种时间问题中，本节描述的问题堪称典型问题之一。实际上，它的典型表现在两个方面：第一，数十年来，它在不同项目中反复出现；第二，它具有时间问题的典型特征。首先，它只是偶尔出现；其次，在大多数情况下，该问题被视为功能问题；第三，如果从设计之初就考虑了时间问题，那么时间问题就很容易避免。

有一个例子是汽车底盘部门的某个项目。该车厂在子系统测试工位观测到 CAN 报文时不时地会丢失。最初比较奇怪的是，每隔几分钟就会观测到信号丢失，非常有规律。更令人好奇的是，对于不同的 ECU，信号丢失的间隔时间不同。在一个单元上，这个问题大约每 14 min 发生一次，而在另一个单元上，大约是每 18 min 发生一次。

通过追踪很快就可以发现问题。按照以下方式对 CAN 接收的例程进行检测：每次接收到相关报文时，都在追踪图表中输入一个"用户事件"。这在追踪图表中显示为竖线，接收时间可能与调度（即任务、中断和 Runnable 的执行）相关。

从追踪图表中可以看出，相应报文每 10 ms 接收一次，但存在一定的抖动。这意味着有时不到 10 ms 就会接收报文，但有时也会超过 10 ms。报文中包含的数据由定期执行的 Runnable 用于计算。毫不意外，执行过程中也存在抖动。追踪图表显示，在发生错误时进行了计算，然后立即接收到报文，之后在大约 10 ms 后再次接收到报文，最终的计算结果将使用最新的值，而不会使用先前接收的数据。这些就是"丢失"的数据包。

在另一种错误中，观测到数据被使用了两次，这在追踪图表中显示得很清楚。数据被接收后执行了计算，而在接收下一个数据点之前，又使用已经处理过的数据再次运行了计算。图 6.3 同时显示了这两种错误情况。

因此，尽管接收和计算的周期都为 10 ms，但它们有时又无法像齿轮那样精准啮合，这怎么可能呢？

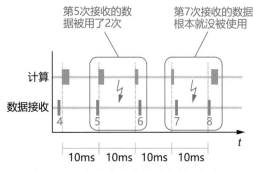

图 6.3　重复接收和数据丢失的可视化

接收到的报文先前是由总线上的另一参与者发送的。该参与者本身是一件控制设备，至少是自带逻辑的传感器。发送器和接收器都有自己的晶体，用于生成处理器时钟。因此，发送报文的 10 ms 周期与消息接收系统的 10 ms 周期具有不同的时间基准。晶体具有制造公差，因此它们的标称频率存在差异。这种偏差还取决于环境因素，例如温度。该项目中的两个相关周期肯定不是精确的 10 ms，可能其中一个是 10.000038 ms，另一个是 9.99999925 ms。随着时间的推移，两种时基会相对于彼此发生漂移。此外，发送和接收过程还存在抖动。而总线的仲裁能够确保在具有更高优先级的报文正占用总线时，优先级更低的报文将被延迟。

两种效应（漂移和抖动）的叠加，造成了图 6.3 中所示的数据丢失和重复。另外，图中所示的报文编号机制也已在项目中实现。报文中包含了 4 个位，用于实现报文计数器。每个报文发送之前，计数器都会递增 1，这样接收者就可以轻松检查数据是否丢失或被重复使用。追踪图表中每个用户事件的下方会显示计数器，如图 6.3 所示。

代码示例 6.2 显示了源代码，用于简单地模拟上述漂移和抖动。这段代码仅用于说明，但允许读者自己尝试模拟和实验。

代码示例 6.2　用于说明/模拟漂移的源代码

```
1  // simulate/show how two tasks with similar periods drift
2  #include <stdio.h>
3  #include <string.h>
4  #include <stdlib.h>
5  #include <unistd.h> // required for usleep
6
7  // one column is one character and represents one millisecond
8  #define NOF_COLS          (120)    // number of columns
9  #define NOF_ROWS          (2000)   // number of rows
10
11 #define PERIOD_1          (20.0f)  // period of calc in ms
12 #define PERIOD_2          (20.01f) // period of RX in ms
```

```
13 #define INITIAL_OFFSET   (8.7f)    // related to RX
14 #define JITTER_FACTOR    (2.5f)    // related to RX
15
16 int main(void)
17 {
18   char buf[NOF_ROWS * NOF_COLS];
19   int i;
20   double pos, jitter, t = 0;
21
22   memset(buf, ' ', sizeof(char) * NOF_COLS * NOF_ROWS);
23
24   while (t < NOF_COLS * NOF_ROWS) { // firstly calc
25     buf[(int)t] = '|'; // a "|" represents calc
26     t += PERIOD_1;
27   }
28
29   pos = t = INITIAL_OFFSET;
30   while (pos < NOF_COLS * NOF_ROWS) { // now RX
31     if (buf[(int)pos] == ' ') {
32       buf[(int)pos] = '-'; // a "-" represents RX
33     } else {
34       buf[(int)pos] = '+'; // "+" indicates calc and RX
35     }
36
37     jitter = JITTER_FACTOR * ((double)rand()/
38         (double)RAND_MAX - 0.5f);
39
40     t += PERIOD_2;
41     pos = t + jitter; // only RX jitters
42   }
43
44   for (i=0; i<NOF_ROWS; i++) { // now print to stdout
45     fwrite(&buf[i*NOF_COLS], sizeof(char), NOF_COLS, stdout);
46     usleep(1000); // slow down output a bit
47     printf("\n");
48   }
49
50   return 0;
51 }
```

在模拟中，有两个事件会定期发生，它们分别是"接收"（代码 RX）和"计算"（代码 calc）。计算每 20 ms 发生一次，接收每 20.01 ms 发生一次. 接收的抖动为 2.5 ms

(±1.25 ms)。输出在控制台中以文本形式生成，其中每个字符位置表示 1 ms。在每行末尾，插入了一个换行符。所有宏（"#define"）均可自定义。"接收"在显示时带有一条短横线（-），"计算"带有一条竖线（|）。如果两个事件大致同时发生，则会显示加号（+）。如果为每行的字符数 NOF_COLS 选择 PERIOD_1 的整数倍，则不同行中的计算时间一次比一次短，并且 PERIOD_2 中的漂移更容易识别（图 6.4）。本书的在线支持服务提供了一个视频，演示了如何执行此模拟。

图 6.4　接收和计算事件交错的模拟输出

如图 6.4 所示，两个周期性事件的偏移非常大，以至于尽管存在抖动，它们仍交替发生。不久之后，就不再是这样，而是变成图 6.5 所示的情况。此时，它们并非总是交替发生，期间还会发生数据丢失或重复。

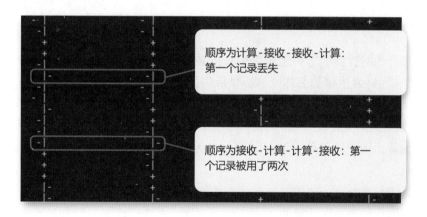

图 6.5　接收和计算事件重叠的模拟输出

计算"反超"接收的短周期以及出现问题的短周期都会循环重复。这种行为类似于声学中可以听到的节拍，例如，当某种乐器的两根弦彼此稍微失谐时。这里，我们同样面对的是两个相近频率的问题。这两个音调重叠，周期性地放大或彼此减弱。这可以被视为差拍，即音调以较低频率增大或减小音量。

如果在代码示例 6.2 中 return 之前的代码中添加代码示例 6.3 中所示的代码行，则可以简单地分析此模拟。所有出现了问题的时间点都会显示出来。其中显示，每 40 ms 就观测到一批重复接收或丢失的数据。

和差拍相似，频率的差异在这里也起了作用。利用模拟示例中的值，可以得到以下结果：如果 $T_1 = 20\text{ms}$ 和 $T_2 = 20.01\text{ms}$，则 $f_1 = 50\text{Hz}$ 和 $f_2 = 49.97501249\text{Hz}$。"节拍" f_S 的频率使用以下公式计算：$f_S = |f_1 - f_2| = 0.024987506\text{Hz}$，因此问题将平均每 $T_S = \dfrac{1}{f_S} = 40.02\text{s}$ 发生一次。

代码示例 6.3　　将模拟扩展为输出问题发生频率

```
1   char last = ' ';
2   for (i=0; i<NOF_ROWS * NOF_COLS; i++) {
3     if (buf[i] == '-') {
4       if (last == '-') {
5         printf("double - at %dms\n", i);
6       }
7       last = '-';
8     }
9
10    if (buf[i] == '|') {
11      if (last == '|') {
12        printf("double | at %dms\n", i);
13      }
14      last = '|';
15    }
16  }
```

系列项目开始时提到的节拍之所以有长得多的周期持续时间，是因为所用晶体具有高精度。常被用作时钟发生器的晶体能够提供所需的频率，误差极小，仅有约 30 ppm。"ppm"表示百万分率 (10^{-6})。对于上述模拟示例，T_2 的偏差仅有 0.0006 ms，而非 0.01 ms。如果 T_1 与标称周期完全对应，此节拍周期将导致 $T_S = 27.78\text{min}$。然而，在实际应用中，这个值也会发生偏差，因此即使是失谐程度最大的晶体，误差最早也要每 13.89 min 才会出现一次。

晶体越精确，观测到的错误组之间的距离就越大。

因此，这个问题及其原因就得到了详细的解释。那么，有什么可行的解决方案？有两种方法可解决此问题：

（1）同步。由于晶体无法同步，因此必须在软件中实现同步。以下列表（并不完整）显示了不同的同步方法。

- 如果发射器和接收器均使用 AUTOSAR，则可以通过"Synchronized Time-Base Manager"[24] 进行同步。这种方法在整个系统的架构中是相当重要的干预。因此，涉及其中的 ECU 操作系统都将同步，包括负责发送、接收和计算的循环执行的代码组件。

- 这样就可在每次接收数据时触发计算，而不是将计算附加到周期性任务中，进而将其耦合到接收 ECU 的晶体中。然而，这种方法可能只会转移问题。假设计算结果需要被接收 ECU 中的其他任务使用。如果这些任务也是周期性任务，则计算任务和处理任务之间会出现差拍问题。

  另外，建议使用"接收时间计算"方法来检查数据是否正确接收，以便检测数据丢失等问题。

- 如前所述，也可以将发射器与接收器同步，而不是使接收器与发射器同步。接收 ECU 可以在每次计算之前从接收器显式地请求数据。

  可以考虑结合使用这些方法，这样将很有帮助。接收 ECU 将周期性地请求数据，并在接收数据后立即触发计算。继续执行处理的任务为周期性任务，它会首先检查自上次请求以来是否只执行了一次计算。

（2）**超采样**。如果每个测量值发送两次，同时丢弃重复接收的测量值，则不会丢失任何数据。显然，这种方法增加了网络的负载，需要对算法进行相应的修改。

6.5 拉着手刹去比赛

在某些任务中，你可以在关键时刻力挽狂澜，而在其他任务中，你又只能为项目的成功略尽绵力。其余的时候，你只是目睹了他人在项目中力挽狂澜的过程。在执行本节简述的任务时就会发生这种情况。

在 2019 年 9 月一个阳光明媚的上午，我们接到一名客户的求助电话，该客户几个月来一直在使用我们的 T1 测量和追踪解决方案。客户称他的控制单元软件不稳定了，无法再下载追踪图表。他已经确定处理器的一般性过载是导致上述问题的原因。

我那天正好要开车去拜访这名客户。就在我即将开始测试时，一位开发人员带着新的软件版本来到测试现场。在这个版本中，程序缓存（P-Cache）首次被启用。我简直不敢相信，难道以前都没有使用过 P-Cache 吗？

客户使用的处理器是英飞凌的第二代 AURIX。这个相当大的项目从共享闪存执行了大量代码，因此访问它的速度也相应地变慢。启用 P-Cache 后，代码执行速度平均快了 4 倍，不仅可以正常获取追踪图表，软件的功能也恢复正常了。

在过去的几个月中，该项目就像"拉着手刹行驶"的汽车一样。

有了这次经历之后，有人提出是否可以采取其他类似措施，因为 D-Cache（数据缓存）也会以类似的方式加快数据访问速度。虽然启用的时候我不在场，但是我强调了一点：这与使用 P-Cache 不同，务必要保持谨慎（参阅 2.5.2 节"组相联缓存及缓存逐出"）。

如果你在这种情况下遵循下面这条非常简单的规则，就不会出错：

小贴士：由多个核访问的数据必须位于禁用了数据缓存的存储区中。虽然这可能并非总能提供最佳性能，但随着缓存使用量的增加，它可以确保你无须通过其他方式实现缓存一致性。

6.6 实际测量得到的 WCET 比静态代码分析得到的更大

在某个研究项目的框架内，掌握了不同时间分析方法的工具厂商和两所大学将联合开发工具之间的接口，并努力寻求统一方法。

我说服了两个汽车行业的客户，请他们分别为该研究项目提供了一个项目案例，作为时间分析的主题。这样一来，所有分析方法都可以对真实数据进行操作，从而使该研究项目更加注重实践。但遗憾的是，有很多研究项目通常只研究学术案例数据或项目案例。然后，当在现实中应用研究的方法或算法时，很多都以失败告终。

例如，其中一所参与研究的大学痛苦地发现，其用于静态代码分析的方法在汽车领域行不通。该方法仅基于对源代码的分析，而且要求源代码必须完全可用于分析。但是，几乎没有任何汽车项目的合作伙伴能够访问该项目的完整源代码。通常，汽车厂商会与不同的供应商合作，每个供应商都仅在目标代码层级交换代码，从而保护其 IP（知识产权）（参阅 9.2 节"开发期间的协作"，尤其是图 9.3）。

但是，在本节中，重点并不是该所大学的静态代码分析。更重要的是以下与基于可执行文件的静态代码分析有关的事件。

在该研究项目中，我们使用基于追踪和测量的时间分析方法，从而能够将自己的结果与其他工具的结果进行比较。当我们发现净运行时间（**CoreExecution Time**，CET，核心执行时间）的测量结果大于项目合作伙伴使用静态代码分析计算出的上限时，我们感到非常惊讶。换句话说，我们测得的值大于数学上可能的 WCET（**Worst-Case Execution Time**，最坏情况执行时间）。

起初，我们很难与所用静态代码分析的开发人员讨论这种情况，因为他们的唯一反应是我们明显存在测量错误。因此，我们再次检查了测量值和使用的时基，一方面是用于生成时间戳的定时器，另一方面是受到仔细检查的处理器的 PLL 配置。也许整个软件的运行速度与预期的速度不同？

为了轻松、可靠地检查第二个方面，我们确定了一个非常简单的程序。它提供了一个通过整数计数器循环调用的函数，例如：每毫秒激活一次的周期性任务代码。每次循环代码被调用时，此变量都递增 1（"variable++;"）。如果在连接了调试器的情况下停止处理器，将该变量设置为零，然后继续执行软件，并在 1 min 后再次停止，则计数器的值现在应为 60,000。一块普通的手表就可以作为这 1 min 的时间基准。如果你仔细一点，使用此测量设置时，测量误差将保持在 1% 以下。

在研究项目中进行这种控制测量时，误差可以忽略不计，"1ms 任务"的追踪图表也显示了几乎为 1 ms 的周期。因此，从采集、存储、传输、评估到可视化的整个追踪链都没有问题。

第一次询问后两周，在提交控制测量结果之后，研究合作伙伴的开发人员终于开始认真对待这件事，并很快意识到硬件设定模拟不当。他们忘记为执行程序代码的闪存指定等待状态。因此，以前所有静态代码分析的结果都太低、太乐观了。

该项目合作伙伴最后也没有拿这个问题太当回事。的确，整个项目只是一个研究项目。但是，这种错误配置也可能发生在与安全相关的项目中，例如在航空领域。可以肯定的是，这种情况时有发生，因此，时间问题在汽车、医疗设备、飞机和发电站等领域经常被忽视。

从这次的经历中，可以得出结论，只有通过对真实系统的观测或测量来验证这些方法的关键数据，才能确保模拟以及基于模型的分析可信。验证范围无须太广泛，但必须确保模型或模拟环境在其核心方面充分反映现实情况。

有一位客户在经历过长时间的故障排除和高昂的额外成本后，不得不承认自己的模型与软件的实际行为之间存在着巨大的差异，因此，他这样说："理论与实践之间的差异在实践中比在理论中更大。"

6.7　有时候网络管理报文来得太早了

"可以告诉我，你们实际是怎么发送网络管理报文的吗？我们收到你们的报文时，ECU上经常会出现诊断故障代码（DTC）条目"，一位开发人员在午餐时向邻桌问到，邻桌人员正在为另一个 ECU 开发软件。他耸耸肩，表示这可能是他们自己的软件存在问题。但是，对该案例进行仔细检查后发现，这个假设是错误的。

根据规范，上述网络管理报文应每 10 ms 发送一次。允许的偏差在 1 ms 以内。接收 ECU 检查了此时间需求，偶尔发现两个连续消息之间的时间差小于 3 ms。因此，这违反了时间需求，并在错误缓冲区中建立了 DTC 条目。

显然，这个问题得由发送控制单元负责，负责人员在查找原因时，一开始也是耸耸肩，表示毫无头绪。

后来，他们有针对性地使用了以前基于软件的集成测量和追踪解决方案，最终弄清了情况。报文的发送由网络管理系统的特定 Runnable 启动。一旦在运行时分析工具中将此 Runnable 的时间差（DT）配置为时间约束，监视机制就会触发并提供追踪图表，在此过程中，问题会显现出来（图 6.6）。每当从一种应用模式切换到另一种应用模式时，该报文的周期性发送就变得"失步"。每个应用模式都有其自己的一组任务，上一个应用模式的最后一次调用与下一个应用模式的第一次调用之间的时间差过小，差了 7 ms。

此问题的解决方法非常简单。在随后的应用模式中，只需要将周期性任务的偏移增加 7 ms 即可。

为确保将来的抖动保持在指定的范围内，可以将自动时间测试作为主要手段，再创建专门的"兴趣点"追踪图表作为辅助手段。可以有针对性地执行应用模式之间所有可能的切换，然后执行追踪，从而在下载的追踪图表中捕获这些切换。验证也实现了自动化，并且追踪图表也被保存下来，作为发布文档的一部分。

随着项目的进展，这个问题再未发生过，开发人员也可以在午餐时间继续讨论更愉快的话题。

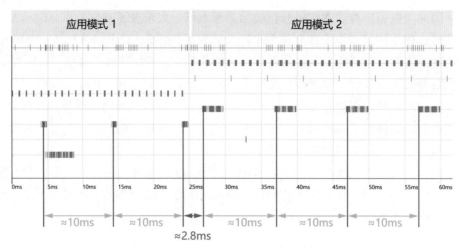

图 6.6   切换应用模式时违反时间需求

6.8   系列项目中无间断的时间分析

严格地说，本节中给出的示例与本章"软件时间问题案例"的主题不符，因为它并没有描述问题，而是讲述了一个成功案例。

2009 年，宝马公司邀请供应商为底盘 ECU 项目报价，并使用当时仍相对较新的标准"AUTOSAR Timing Extensions"（TIMEX[30]）制定了时间需求。10.3 节"AUTOSAR 时间扩展 TIMEX"将详细介绍 TIMEX。

除了对时间需求的形式化描述外，宝马公司还要求将这些需求直接导入测量和追踪技术中并自动进行验证。除了供应商开发的各部分软件的时间需求外，宝马公司还为自供软件的时间方面提供了形式化保证，其中大部分是 Runnable 的最小/最大 CET。

正是这第二方面导致非常形式化的方法受到最终获得合同的供应商的高度肯定。供应商的项目经理表示："最终，车厂可以定义其代码在运行时间方面的要求。"实际上，在项目过程中，自动化的运行时间测量值几次"变红"，因此，宝马公司需要对软件组件进行优化。

这非常有帮助，并为项目取得的巨大成功做出了贡献。尽管处理器使用率很高，但项目中没有遇到任何延迟，这要归功于嵌入式软件时间。

在 ECU 投入量产之前不久的 2012 图卢兹 ERTS（"嵌入式实时软件展览会"）展会上，宝马公司正式发布了通过时间需求的形式化规范成功实现的无缝工具链方法。对应的出版物[31] 现可下载，也可在本书随附的在线资源中找到。

6.9   时间分析使得车厂节省了 1200 万欧元

时间分析在计算机科学、电气工程或信息技术课程中似乎并未过多涉及。如果每个工程师都在自己充分了解的领域开启职业生涯，那么使用正确的时间分析方法将减少运气因素的影响。

在本节介绍的项目中，运气是一个主要因素。事实上，最后由于进行了时间分析，成功地为单个项目节省了一项最大的成本。

我有一位朋友是软件开发人员，我们曾合作解决过时间问题，他受雇于一家欧洲汽车厂商，受邀参加了车身部门的一个项目。该车厂在技术层面上与供应商保持着良好的合作关系，这最终为本节所述的项目带来了回报。

该项目也标志着这一代项目的完结。下一代项目当前已启动规划。到目前为止，这些项目都使用 16 位控制器，下一代将改用 32 位控制器。对于这最后一个项目，供应商原本计划加入一个小的功能升级，但却使系统负载达到了极限。该车厂软件开发人员现在的任务是，利用自己在软件时间环境中的经验协助供应商安全地完成项目。

为了进行详细分析，他将 GLIWA 引入了系统，使我们的运行时间测量和追踪技术 T1 迅速集成。附加功能带来的瓶颈也很快被消除。

开发人员不想只是单纯地快速完成任务，而是希望进行全面的了解。随着时间分析继续进行，开发人员发现了越来越多可以优化的地方。随后采取的措施非常成功，以至于越来越多的计算时间被释放，CPU 负载也越来越低。

最终，开发人员告知管理层，他认为用旧的 16 位硬件运行下一代产品功能的可行性非常高。开发人员随后进行了进一步调查，包括使用为下一代硬件规划的软件早期版本进行测试。

最终的结果是不再需要升级下一代硬件，并且可以使用现有的硬件来处理它的所有预期功能。该车厂因此能够节省开发新一代硬件的成本（包括转换成本）以及 32 位版本所带来的更高生产成本。

几个月后，该车厂的一位经理在一次会议上把我拉到一边，告诉我整个行动为他们公司节省了约 1200 万欧元。我相信，单凭这一点就足以让时间分析进入大学课程！

6.10　总　　结

本章"软件时间问题案例"是一份精彩的现场报告合辑。它们的共同点是都以软件时间为主题，并且都意识到通过使用该领域的适当技术，可以节省大量的开发时间和资金，并减少麻烦。

第 7 章　多核及多ECU环境下的软件时间

众所周知，如果将怀孕比作一项工作，即使把这项工作分配给 9 名妇女，也无法将孕期缩短成一个月。尽管如此，此类尝试还是会一次又一次地出现，比如，在多核项目中便是如此。

在嵌入式项目中，从单核切换到多核所需的工作量几乎总是被大大低估。但是，我们日常生活中使用的大多数处理器都是多核处理器。如今，智能手机、平板电脑、笔记本电脑或台式机均已不再使用单核处理器。有人会认为，多核软件的开发已成为行业规则，而不是例外，因此应该能够流畅地运行。

在大多数嵌入式项目中，多核导致严重时间问题的主要原因是并行执行的类型不相同。并行可以发生在指令层级、函数层级或应用程序层级。本章将介绍多核的基础知识，并描述不同的并行类型。此外，本章还将解释为什么没有哪一种工具可以将单核代码自动转换为多核代码。尽管市面上有这种"C to C 编译器"，并且学术界已研究数十年，但依然未能证明即使是中等复杂的单核项目也可以有效地迁移到多核。

下文中涉及的某些方面概括成了一张 DIN-A1 海报。该海报可以下载（PDF 格式[32]），也可以作为随附的在线书籍材料的一部分提供。

7.1　多核基础知识

自从软件问世以来，就不断要求提高处理器等硬件的性能。多年来，通过引入缓存和复杂的流水线等，嵌入式处理器的时钟速度得到了稳步的提高，同时在其他方面也愈发强大。但是，在某些时候，让处理器"变快"并非易事，仅处理器时钟速度的提升这一项就带来了各种各样的挑战。

一方面是功耗。处理器具有数百万个晶体管，每次开关操作都会产生一些电流。而晶体管的行为类似于必须进行充电的电容器。当处理器以最高速度运行时，$V \propto f$ 表明所需的电压与时钟频率成正比。如果将所有开关晶体管简化为单个电容 C，则功率如下：$P \propto V^2 \cdot f \cdot C$，因此 $P \propto f^3$。因此，所需功率将随频率的增加而提高 3 倍。

处理器消耗的功率会产生热量，因此必须要散热。即便是在最理想的情况下，这种方法也可能具有挑战性，并且成本高昂。如果遇到最坏的情况，则可能导致设备故障。例如，在过去，组合仪表（包括速度计在内的汽车仪表板）经常散热不充分，导致显示器的某些零部件在特定条件下熔化。

高频率下会遇到的另一个挑战是电磁兼容性（EMC）。高频率和高功率正是构建无线电台的必要因素。高度复杂的处理器在其电气环境中会发射相同的电磁波，这会导致许多问题。紧密接近的信号路径，甚至于其他电气系统内的信号路径都会受到干扰，因为它们的电路路径会像天线一样耦合这些信号。此类 EMC 问题特别难分析。有时，EMC 问题只是偶尔出现，并且只在相同产品中的个别中出现。

那么，如何才能满足对更高计算能力的需求呢？在功率适度增加的情况下，如果想提高计算能力，一种可能的方法是使用多个并行工作的计算核心。如果这些核心在同一处理器、同一块芯片上，则我们将其称为多核处理器。

7.1.1　Amdahl vs. Gustafson——谁是对的？

计算机专家 Gene Amdahl 发现，（软件）性能的提升潜力在很大程度上取决于这些软件中必须按顺序处理的部分所占的比例。这会影响所有软件，因此，即使在某些时候计算核心数量增加一倍，也将不再带来任何实际的速度优势。随着核心数量的增加，速度的提升将逐渐接近渐近水平线。

John L. Gustafson 的观点与 Amdahl 相反，他认为程序员会倾向于充分利用提供给他们的硬件。

如果开发人员获得的处理器核心数量是原来的 2 倍，他们将相应地扩展软件，从而耗尽额外增加的这部分核心的性能。因此，性能的提升与核心数量呈线性关系。

那么，谁的观点正确呢？Amdahl 还是 Gustafson？

嵌入式软件项目通常包含很多难以或无法并行处理的元素，要么是因为功能完全不允许，或者必须接纳以前单核项目中的大部分代码。控制算法、复杂状态机或在不同通信总线之间传输报文的网关，与可轻松分布在数百个（图形）计算核心上的渲染引擎不具有可比性。

也许和学术界的情况不同，嵌入式系统的任务已有明确定义。因为即便使用功能更强大的硬件，它也不会导致任务定义的变化。

由于以下两个原因，Amdahl 的嵌入式软件方法更为合适：大量难以并行处理的代码和明确定义的功能范围。

7.1.2　CPU 核心——同构（Homogeneous）、异构（Heterogeneous）还是锁步（Lock-step）？

多核处理器是包含多个计算核心的处理器。然而，经典单核处理器（如 NXP PowerPC 或英飞凌 TriCore TC1767）除了具有主要的计算核心外，还具有针对特定任务实现的较小核心。纵然如此，也没有人会认为这些处理器是"多核处理器"。因此，上述定义需要略作修改：多核处理器是拥有多个主计算核心的处理器。

如果处理器具有多个主计算核心，则会面临核心之间如何相互关联的问题。它们的架构是否相同？它们是否有明显的差异？图 7.1 显示了一些不同的多核方法。

同构多核：具有若干个相同架构的核心。例如：

- NXP 5xxx PowerPC；

- 拥有大量着色单元的显卡；
- 英飞凌 AURIX TC277：有两个 TC1.6P（性能）核心。

异构多核：具有若干个不同架构的（主）核心。例如：

- 瑞萨 R-Car H3（带 Cortex-A57、Cortex-A53、Cortex-R7）；
- 英飞凌 AURIX TC277：除了两个 TC1.6P 核心外，还有一个 TC1.6E（效率）核心和多个小核心。

锁步多核：从软件角度来看，软件将在两个相同的内核上并行执行。这样就可以检测到暂态错误（详见 7.1.3 节"锁步多核"）。例如：

- 德州仪器 TMS570；
- 英飞凌 AURIX TC277：其中一个 TC1.6P 核心和 TC1.6E（效率）核心就是"Checker Core"（英飞凌的锁步核心名称）。

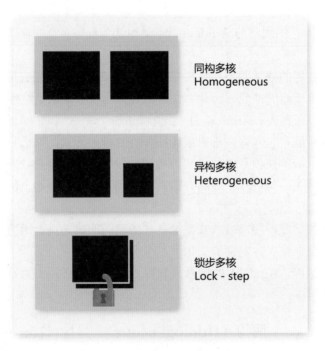

图 7.1　不同的多核方法

7.1.3　锁步多核

暂态错误是指非永久存在但偶尔会发生的错误。暂态一词的英文 Transient 源于拉丁语单词 Transire，意思是"经过"。暂态错误由宇宙辐射等引起。当放射线完全随机地照射到处理器上时，在极端情况下，可能会更改寄存器或存储器的内容，或直接导致处理器偏离其指定的行为。尽管硬件和软件均无故障，但仍可能出现这种错误，这种错误很少见，无法预测且不可重现。此外，也无法预见它们将产生什么影响。简而言之，它们是任何软件或系统开发人员的终极噩梦。

那么，有什么方法可以控制这种错误？

锁步概念值得一试。从软件角度来看，锁步多核仍是单核处理器。代码将由两个核心同时执行，其结果由硬件本身执行比较。这里的"同时"不能从字面上理解。第二个核心的执行将被延迟几个时钟周期，因此任何偶发的辐射都不会在两个核心处理同一命令时击中它们。

德州仪器的 TMS570[33] 是典型的锁步设计示例。它将两个 ARM Cortex R4F 核心作为锁步核心。至少可以用于检测暂态错误的各种措施包括：

- 执行期间的时间偏移（如前所述）。
- 用不同的单元分别为两个核心生成系统时钟。
- 将两个核心在芯片上镜像旋转 90°，以应对系统性的多硬件故障（例如由于生产误差引起的故障）。
- 增大核心在芯片上的间距（至少 100 μm）。
- 在每个核心周围加保护环（如果可行）。
- 部署在核心结果出现偏差时进行错误处理的单元。
- 在处理器中内置自检机制。

7.1.4　英飞凌 AURIX——同类、异类和锁步

在"多核处理器类型"主题的最后，我们来看看前面多次提到的英飞凌 AURIX。此款产品将各种架构的核心集成在同一个芯片上，如图 7.2 所示。

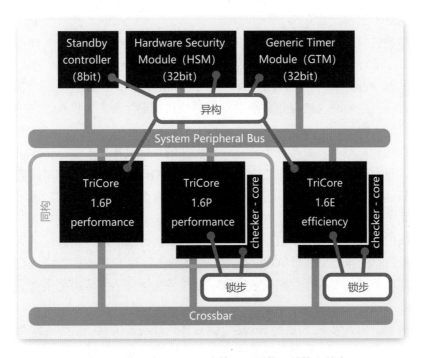

图 7.2　英飞凌 AURIX 多核——同构、异构和锁步

7.2　并发执行的多种类型

在"多核"一章的前言中，我们已经提到了三种不同类型的并行执行，即：
- 应用程序的并行执行；
- 函数的并行执行；
- 指令的并行执行。

这三种类型的并行执行将在下文中详细介绍。

7.2.1　应用程序的并行执行

为 Windows 或 Linux 开发 PC 软件时，开发人员很少会考虑 PC 将具有多少个处理器来执行该软件。用户希望软件可以在 Intel i3 双核和 AMD Threadripper 64 核处理器上运行（二者的性能存在明显的差异）。尽管大多数编程语言中都有支持多线程的构造（特别是较新的 C++ 标准在这方面进行了大规模扩展），但这并不能改变在运行时哪个线程在哪个核心上运行主要由操作系统决定这一事实。毕竟，由开发人员编写的某个应用程序只是同时处于活动状态或至少已启动的众多应用程序之一。用户需要在 Windows 任务管理器中查看进程列表或在 Linux 终端中调用 `top -n1` 查看正在运行的进程。即使用户没有主观启动多个应用程序，通常也有 100 多个进程处于运行状态。

应用程序在开发时相互隔离，每个应用程序都有其自己的虚拟地址空间，并假设它们在其他方面也基本上彼此独立。

这与典型的嵌入式系统完全不同。嵌入式系统在开发时会预先明确要使用哪种硬件以及将在该硬件上运行什么软件。在大多数情况下，甚至都不使用动态内存管理（例如 C 语言的 `malloc` 和 `free`，C++ 语言的 `new` 和 `delete`），因此，除堆栈外，甚至所有符号的存储地址都已预先知晓。结果是系统的可预测性和确定性都大大提高，这正是与安全相关的可靠系统所需要的。

这是否意味着典型嵌入式系统中没有应用程序的并行执行？不完全是，以下示例就能说明这一点。每个人都听说过汽车防抱死制动系统（ABS）和以传奇的"驼鹿测试"而闻名的 ESP（车身电子稳定系统），这两种功能都会影响车辆的制动系统，通常借助两个独立的控制单元来实现。

随着多核的引入，使用单个控制单元即可实现这两种功能。一种显而易见且合理的方法是在处理器的一个核心上运行 ABS，在另一个核心上运行 ESP（图 7.3）。以前通过 CAN 实现的通信现在可以使用共享存储器来实现。这种情况下，两个应用程序就是在多核处理器的不同核心上并行运行。

此示例演示了如何合理使用并行且尽可能独立执行的应用程序，但是此类项目是例外而非常态。在典型的嵌入式系统中，应用程序的并行执行很少发挥作用。

基于 POSIX 的嵌入式系统存在于典型嵌入式系统与典型 PC 软件之间的某个位置。在此类项目中，至少要定义硬件，但是对于软件而言，自由度比 PC 软件低。

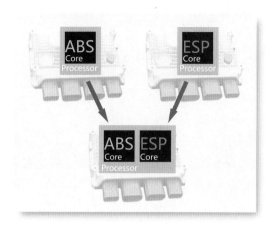

图 7.3　将两个单核控制器整合成一个多核控制器

7.2.2　函数的并行执行

如前所述，在很大程度上独立的并行执行的应用程序是 PC 软件、智能手机、平板电脑等的典型特点。相比之下，在高性能计算中很少看到函数的并行执行。但是，图形处理中的渲染是函数大规模并行执行的一个特例。

另外，在典型嵌入式系统中，使用了紧密关联的函数。这些函数通常是为了在单个处理器核心（单核）上执行而开发的，当切换到多核时，会遇到很多问题。所使用的紧密交错方式不允许简单地将代码拆开并分发到多个处理器核心上。以下示例能够很好地说明这一点。

7.2.2.1　从单核切换到多核——"冒泡排序"示例

冒泡排序算法是一种广为人知的简单算法，如代码示例 7.1 所示。在此例中，向函数传递了一个 unsigned int 类型数组的指针。该数组的值由函数按升序排序。

代码示例 7.1　简单的冒泡排序实现

```
1  void BubbleSort(unsigned int* s, unsigned int size)
2  {
3      unsigned int i,j,temp;
4      for(i=1; i<size; i++) {
5          for(j=0; j<(size-i); j++) {
6              if(s[j] > s[j+1])
7              {
8                  temp   = s[j];
9                  s[j]   = s[j+1];
10                 s[j+1] = temp;
11             }
```

```
12            }
13        }
14 }
```

对于具有 n 个元素的数组，内循环迭代次数 c 按下列公式计算：

$$c = \sum_{i=1}^{n} (n-i) = \frac{n^2 - n}{2} \tag{7.1}$$

此数字对于算法的 CET 具有决定性作用。

对于单核项目，`BubbleSort` 函数使用起来非常简单。首先是调用，再花些时间完成其任务，然后将数组排序，如图 7.4 所示。

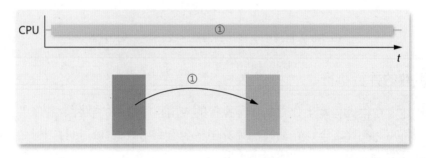

图 7.4　CPU 上的冒泡排序算法

但是，如果要在多核处理器的多个核心之间并行执行和分发，此函数的使用方式将发生什么变化？不难看出，像冒泡排序算法这样简单的函数无法轻易实现并行执行。在单核环境中够用的几条代码必须大幅扩展才能用于多核环境。

如果将数组划分为几个子区域，并且为每个 CPU 分配一个子区域进行排序，则可以获得该数组的多个已排序子区域。但是，这还不是解决办法，还必须重新组合子区域以形成排序的整体数组。如果有两个以上的核心，则必须分几步进行合并。图 7.5 以由三个 CPU 并行排序的三个大小相同的分段为例对此进行了说明。

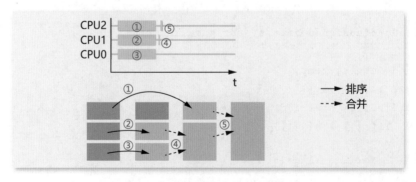

图 7.5　并行排序算法，均匀分布

可使用代码示例 7.2 中的函数 `MergeSortedArrays` 实现两个已排序数组的合并。与

BubbleSort 函数相比，循环迭代次数或复制操作次数 c 与数组中元素数量的平方并不成正比（冒泡排序算法就是这种情况），而是与此数值完全相同，因此呈现线性：$c = n$。

代码示例 7.2　合并已排序的数组

```
 1  void MergeSortedArrays( unsigned int* d,     /* destination */
 2                          unsigned int* s,     /* source */
 3                          unsigned int size1,
 4                          unsigned int size2 )
 5  {
 6      unsigned int p;
 7      unsigned int i1 = 0;
 8      unsigned int i2 = size1;
 9      for (p=0; p<size1+size2; p++) {
10          if (s[i1] < s[i2]) {
11              d[p] = s[i1++];
12              if (i1 == size1) {
13                  /* reached end of section 1,
14                     so simply copy the rest */
15                  while (i2 < size1+size2) {
16                      d[++p] = s[i2++];
17                  }
18                  break;
19              }
20          } else {
21              d[p] = s[i2++];
22              if (i2 == size1+size2) {
23                  /* reached end of section 2,
24                     so simply copy the rest */
25                  while (i1 < size1) {
26                      d[++p] = s[i1++];
27                  }
28                  break;
29              }
30          }
31      }
32  }
```

在查看代码时，你很快会意识到，不应将子区域设置为相同大小，因为这样可以确保既能合并两个稍小的子区域，又可以对较大的子区域进行排序。超过一定大小时，BubbleSort 函数与要排序的元素数量的平方关系变得非常重要，以至于合并的线性关系几乎不再起作用。图 7.6 清楚地显示了这一点，数组的第一个子集包含数组中的一半元素，另两个子集各包含 1/4 的元素。

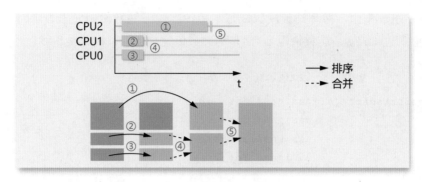

图 7.6   并行排序算法，不均匀分布

在图 7.4、图 7.5 和图 7.6 中，均假定数组有 $n = 1200$ 个元素。代表代码执行的横条长度等于每个操作的循环迭代次数。在单核示例（图 7.4）中调用 BubbleSort 时，共有 $c = \dfrac{n^2 - n}{2} = 719,400$ 次迭代循环。对于图 7.5 中所示的均匀分布方法，它是三次 $c = 79,800$，对于图 7.6 中所示的非对称方法，则是一次 $c = 179,700$ 和两次 $c = 44,850$。使用这些值时，子区域的合并几乎不再起作用，并在图中仅显示为窄条。

我们有意选择了非常简单的函数并行执行示例，但是可以将从中获得的知识转移到更复杂的算法中，例如识别视频流中的对象。当移植到多核时，这种最初非常简单的数字排序算法会突然变得复杂得多。此外，我们甚至没有考虑 CPU 需要彼此同步的问题。毕竟，我们需要确保仅在将相应子区域完成排序后才开始合并。我们也未能解决最好应将数组分配给哪个存储器（共享存储器还是本地 CPU 存储器）的问题。

显然，即使是简单函数的并行执行也可能很快就变得非常复杂，另外，针对此问题，几乎没有简单的解决办法。另一个方面也逐渐明晰：为单核开发的代码向多核环境的自动化转换从一开始就注定要失败。在引言中已经强调过，作出了这一承诺的所谓"C to C 编译器"未能在日常的项目工作中给出证明。

那么，我们现在可以得出什么结论呢？我们是否从一开始就应该放弃嵌入式软件中函数的并行执行？完全不用。如果在设计阶段将函数设计为并行执行，则使用多核处理器将具有巨大的潜力。但是，如果某个函数仅在 C 代码层级可用，则为时已晚。

这种考虑可能指出了多核化的未来趋势。在较高的抽象级别，都是基于模型对功能进行开发或使用。然后，在生成代码时，代码生成器就能精确地知道目标系统，即知道选择了哪个处理器以及它拥有多少个内核、正在使用哪个操作系统以及系统上运行的其他软件组件等。然后，它会生成针对此环境优化的代码。开发人员无须处理这些细节。对于本节中使用的排序示例，这意味着在假定的图形编程界面中，开发人员只需将其数组输入"排序函数块"即可。其他一切事项（例如，排序发生在多少个核心上、为哪个核心分配了多少份额、如何使核心彼此同步、使用了哪些存储器、使用了哪些排序算法等）都交由代码生成器处理。

这样的开发环境在 2020 年看来仍是未来的梦想。但是，如果基于模型的开发工具提供者从这方面入手，认真钻研嵌入式软件领域，那么肯定能够推出决定性的独特卖点。

7.2.2.2　双重并行 vs. 流水线并行

一般情况下，实现特定功能时，要对多个步骤逐个依次处理。在以下示例中，功能包括两个这样的步骤：第一步是筛选 A，第二步是计算 B。这两个步骤一起执行的时间超过 1ms（图 7.7）。

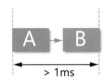

图 7.7　将功能分割成两部分：A 和 B

此功能需要每毫秒执行一次。显而易见，在单个 CPU 上这是不可能实现的，因为单是执行 A 和 B 的组合就已经花费了超过 1 ms 的时间。因此，我们假设有一个双核处理器可用于代码执行。基本上有两种方法可以将 A 区块和 B 区块分配给双核处理器的两个核心。

第一种是双重并行，如图 7.8 所示。 A/B 组合在两个核心上交替执行。

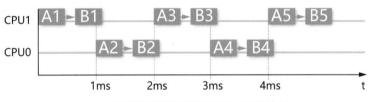

图 7.8　通过倍增实现并行执行（双重并行）

此情况与通过序列化实现并行处理（流水线并行）的方法不同，如图 7.9 所示。在此方法中，A 部分在 CPU1 上执行，B 部分在 CPU0 上执行。

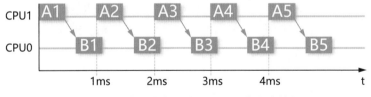

图 7.9　通过序列化实现并行处理（流水线并行）

哪种方法更好？倍增还是序列化？双重并行还是流水线并行？这个问题不能一概而论，要视情况而定。以下考虑因素有助于做出合理的选择。

通过倍增实现并行执行的优点：

- A 部分和 B 部分之间的数据交换在相应 CPU 上本地执行。因此，无须进行跨核心通信。此类"跨核心"通信应尽量减少。
- CPU0 上的调度更具决定性，可预测性更高。A/B 组合每 2 ms 执行一次。而对于通过序列化实现的并行执行，完成 A 部分后才会触发 B 部分的执行。根据 A 部分的运行时，可能会更早也可能会更晚触发。

通过序列化实现并行执行的优点：

- 由于仅在 CPU1 上执行 A 部分、仅在 CPU0 上执行 B 部分，通常可以更高效地使用程序缓存。一般而言，如果在一个 CPU 上执行差异较小的代码，则可以更好地利用缓存。

- 在异构多核处理器中，可以按照某种特定方式分发代码，从而使代码的某些部分专门在特定核心上执行。以英飞凌 AURIX 为例，其性能核心（核心代号中带有"P"）执行浮点运算的速度远快于针对效率优化的核心（核心代号中带有"E"）。假设上例中的 A 部分频繁使用浮点运算，而 B 部分则完全不会或很少执行浮点运算，则将为 A 部分分配 1.6P 核心，为 B 部分分配 1.6E 核心。

- 假设必须先接收由 A 部分筛选的数据。如果始终在同一计算内核上完成此接收，则可以提供另一个优势。如果与外界的所有通信都由该核心处理，则通信堆栈将只在此核心上运行。对于缓存和其他存储器的使用，此方法具有很大的优化潜力。

7.2.3　指令的并行执行

关于硬件层级命令的并行执行，本书已在 2.6 节"流水线（Pipeline）"中进行了说明。关于"并行执行"主题，应该再次指出，流水线完全按照其名称描述的方式工作：并行处理多个命令。CPU 会自行执行此操作，而无须任何其他输入。但是，不良跳转指令可能会影响效率增强效果，如 2.6 节"流水线（Pipeline）"所示。

以下列表针对"流水线友好"软件提供了一些建议：

（1）避免函数调用。导致不必要的函数调用的一个典型案例就是引入包装函数，即适配层，该适配层能使软件组件的接口与其他接口适配。将旧代码集成到新环境中并且新环境需要相似但不同的接口时，通常使用此方法。如果现在将旧代码的函数嵌入到空函数中以满足新接口的需求，则相当于毫无必要地向每个函数添加额外的函数调用。如果多次执行此操作，将带来非常不利的影响，即在包装函数之外再构建包装函数。

相反，应该使用其他机制将一个接口映射到另一个接口。这种情况下，可以使用以下选项，而不仅仅是包装函数，从而提高整体流水线效率。

- 宏（"#define ..."）
- inline 函数

（2）避免中断。与刚才讨论的函数调用类似，避免中断实际上是避免不必要的中断。一般而言，在嵌入式系统中避免中断基本不可能，也毫无意义。但是，中断通常用于发出信号，通知接收稍后要处理的数据。除了中断之外，还可以在处理开始时直接查询（轮询）是否有新数据可用。3.1.2 节"轮询——无中断地实现"通过代码示例对此方法进行了演示（3.2 节"使用轮询实现相同的应用程序"）。

令人惊讶的是，可以用轮询替换这么多中断而无须任何代价。此外，这还降低了数据不一致的危险，并确保更有效地使用缓存。

8.1.5 节"通过优化偏移实现周期性任务的负载均衡"将介绍如何最大程度地减少调度所需的中断次数。

7.3　数据一致性，Spinlocks

2.9 节"数据一致性"介绍中断时已经涉及过数据一致性方面的内容。多核环境的情况与此类似，因此将再次使用 2.9 节中介绍的示例。

但和前文中不同（图 2.12），两个中断现在将在多核处理器上的两个不同核心上执行，如图 7.10 所示。

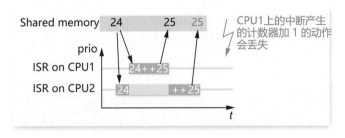

图 7.10　使用多核时的数据不一致示例

在这些情况下，中断锁将不起作用，因为它们只适用于触发中断锁的 CPU 内部的数据访问。因此，如何防止多个 CPU 同时访问共享存储器的情况以及由此导致的数据不一致问题呢？

其中一个解决办法是使用 spinlock。使用 spinlock 后，当一个 CPU 占用了某个资源（对所有其他 CPU 都可见），在其占用期间，其他 CPU 都不能使用该资源。在此示例中，共享存储区域中的计数变量 counterISR 代表了要保护的资源。

代码示例 7.3 显示了AUTOSAR 中用于使用 spinlock 的接口。

代码示例 7.3　　AUTOSAR 中定义的 Spinlock

```
1 StatusType GetSpinlock        ( SpinlockIdType SpinlockId      );
2 StatusType ReleaseSpinlock  ( SpinlockIdType SpinlockId      );
3 StatusType TryToGetSpinlock ( SpinlockIdType SpinlockId,
4                               TryToGetSpinlockType* Success );
```

GetSpinlock 服务占用了某个资源（一个 spinlock），ReleaseSpinlock 服务则将该资源重新释放。

代码示例 7.4 给出了一个简单的用例。

代码示例 7.4　使用 spinlock 保护资源

```
1 GetSpinlock(spinlock);
2 /* This is where the access to the
3    protected resource occurs */
4 ReleaseSpinlock(spinlock);
```

如果在调用 GetSpinlock 时，资源已被占用，则此函数将等待该资源被释放。这种等待将通过函数 GetSpinlock 内部的循环实现，spinlock 也因此而得名（"spin"表示"转圈"，而"lock"表示在此期间排除了其他代码的执行）。等待资源期间属于非生产时间，应该避免或者至少最小化此时间。

服务 TryToGetSpinlock 将稍后再讨论。首先，有一些问题情境可以说明使用 spinlock 时可能遇到的挑战。

在第一个示例中，即使中断不访问资源，CPU1 上的中断也会导致 CPU0 上的任务 A 明显延迟，如图 7.11 所示。在 CPU1 上的任务 B 占用该资源后不久，CPU0 上的任务 A 也尝试使用该资源。但是，任务 B 并没有立即开始使用该资源，而是被中断打断，并且必须等待才能继续处理。而在同时，CPU0 则在"浪费时间"，没有执行任何有效的代码。

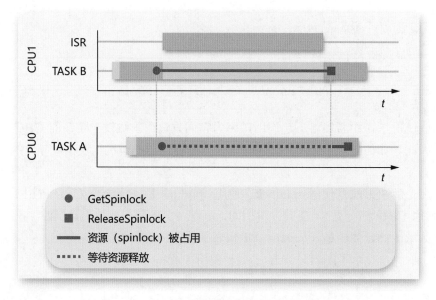

图 7.11　与受保护资源无关的中断导致的延迟

可以快速实现的一种解决方案是利用中断锁和释放机制阻止资源访问，如代码示例 7.5 所示。

代码示例 7.5　资源访问期间禁止中断

```
1 DisableAllInterrupts();
2 GetSpinlock(spinlock);
3 /* the protected access takes place here */
4 ReleaseSpinlock(spinlock);
5 EnableAllInterrupts();
```

但遗憾的是，这会导致我们才出油锅又入火坑，因为现在又会遇到图 7.12 所示的情况，任务 B 在尝试访问另一个核心上的任务 A 最近获取的资源。一旦任务 B 禁用中断，以避免上述问题，该中断就会被触发，并且必须等待处理。尽管它仍然与该资源无关，但还是必须等待任务 A 及其资源访问完成。任务 A 释放资源后，任务 B 启动，该中断必须继续等待任务 B 完成对资源的访问并重新启用中断。

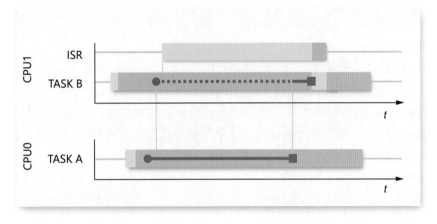

图 7.12　　与受保护资源无关的中断延迟

因此，在不禁用中断的情况下会出现问题，而当禁用中断时，情况似乎也不会好很多。那么该怎么做呢？

此时，TryToGetSpinlock 服务便开始发挥作用。这是一项非阻止服务，因此无论 spinlock 的状态如何，它都能立即回复。它使用通过引用传递的参数让调用函数知道资源是否分配成功。

代码示例 7.6 显示的 spinlock 用法比前两个示例更加巧妙。应使用此代码取代 GetSpinlock 和 ReleaseSpinlock 的组合，以解决所述的问题。

禁用第 2 行中的中断后，尝试使用第 3 行中的 TryToGetSpinlock 占用资源。如果成功，便能以受保护的方式使用该资源，确保其对资源的使用不被中断延迟，因此图 7.11 所示的情况得以排除。如果资源由于已经被其他代码阻止而无法使用，则 CPU 会在循环中等待该资源被释放。在此循环中，会短暂启用中断，确保在等待 spinlock 的同时允许发生中断，这样可以防止图 7.12 所示的情况。

代码示例 7.6　　TryToGetSpinlock 的最佳使用实践

```
1  TryToGetSpinlockType success;
2  DisableOSInterrupts( );
3  (void)TryToGetSpinlock( spinlock, &success );
4  while( TRYTOGETSPINLOCK_NOSUCCESS == success )
5  {
6      EnableOSInterrupts( );
7      /* Interrupts that occur will be handled here */
8      DisableOSInterrupts( );
9      (void)TryToGetSpinlock( spinlock, &success );
```

```
10  }
11  /* Access to the protected resource
12     occurs here */
13  ReleaseSpinlock( );
14  EnableOSInterrupts( );
```

此代码是否可以进一步优化？

在等待期间，循环将频繁调用 TryToGetSpinlock 服务。由于 spinlock 的状态必须确保其可供处理器的所有核心使用，相应的内部操作系统变量将位于共享存储器中。因此，TryToGetSpinlock 的频繁调用将导致多次访问共享存储器总线。在该总线上发生访问冲突并产生相应延迟的可能性将大幅提高。这很可能会拖慢当前正在访问该资源的核心速度（显然会延迟资源的释放）。

为解决这个问题，可以在循环主体中插入一个无操作指令（如"nop"），其唯一作用就是降低 TryToGetSpinlock 的调用频率。这种措施也不是完全没有缺点，因为在大多数情况下，它会在等待资源释放时导致额外的延迟。

当然，最后一种方法（插入"nop"指令）非常极端，因此并不常用。在此处提到这种方法的原因是它能够很好地突出嵌入式软件的几个不同方面，并且有助于理解微处理器在嵌入式软件时间环境中的工作方式。

7.3.1　确保数据一致性的理想解决方案

在 2.9 节"数据一致性"中介绍中断时已经提到过，确保数据一致性的最佳方式就是用户不需要做额外保护的那种。我们在此示例中专门应用了这种方法，可以将其视为一种替代实现方式。代码示例 7.7 显示了一种简单的方法，这种方法既适用于中断内数据不一致（图 2.12）的情况，也适用于多核处理器的两个 CPU 竞争（图 7.10）的情况。每个中断仅使用其自己的计数器，并且每当需要执行次数的总和时，都会在查询时计算总和。即使此查询被其中一个中断打断，用户仍然可以获得正确的值。

为了便于说明，在此示例中，假定了不拦截计数器和没有总数的任何溢出。在实际的项目中，如果存在溢出可能导致的危险，则必须予以考虑。

代码示例 7.7　无须额外保护的理想解决方案

```
1  unsigned int counterISR_low_prio = 0;
2  unsigned int counterISR_high_prio = 0;
3
4  void ISR_low_prio (void) __attribute__ ((signal,used));
5  void ISR_low_prio (void)
6  {
7      _enable(); // globally enable interrupts
8      counterISR_low_prio++;
9      DoSomething();
```

```
10 }
11
12 void ISR_high_prio (void) __attribute__ ((signal,used));
13 void ISR_high_prio (void)
14 {
15     _enable(); // globally enable interrupts
16     counterISR_high_prio++;
17     DoSomethingElse();
18 }
19
20 unsigned int GetCounterSum(void)
21 {
22     return counterISR_low_prio + counterISR_high_prio;
23 }
```

7.3.2　确保数据一致性的成本

我们将通过回顾的方式来介绍保证数据一致性所需的成本。20 世纪末，大多数嵌入式软件都由人工编写，并且在必须确保数据一致性的地方存在全局中断锁。这是通过直接使用汇编语言代码（例如 `__asm(di)` 和 `__asm(ei)`）或使用特殊指令（如 `__disable()` 和 `__enable()`）实现的。此类 C 语言扩展是特定于编译器和处理器的函数，编译器会将每个扩展分别转译为一条机器指令。保证数据一致性的成本非常低，每个扩展仅需要一条机器指令。这里所说的成本可以理解成运行时间。在很多项目中，每秒会禁用和启用中断上千次。如果响应的开销较低，则可以接受。

随着用于管理中断的操作系统接口（如 OSEK 提供的接口）不断引入，这些成本也增加了一倍以上。当时并没有使用单一机器指令来实现禁用和启用，而是为禁用和启用都增加了一次函数调用。虽然这种方式很烦琐，但在大多数情况下仍然可以接受。

几年后，随着安全操作系统的大规模引入，在禁用中断时，必须执行额外的检查，以确定刚刚执行的上下文是否被授权禁用中断。因此，运行时间开销又大幅增加。

毕竟有越来越多的项目在使用多核处理器，并且，如前所述，仅阻止中断已不足以确保数据一致性。此时就需要使用 spinlock，当同时访问受保护的资源时，会有两个甚至更多的 CPU 受到影响，有时只能等待。

图 7.13 显示了不同的保护机制及其成本。

如果将旧单核项目中的代码移植到多核平台上（一种实现"每秒数千个简单中断锁"方法的平台），通常情况下，只需执行简单的"搜索并替换"就可以用成本非常高的 spinlock 替换简单且成本非常低的中断锁。这样做的结果通常是多核处理器出现极其严重的过载，开发人员也将愁眉不展。

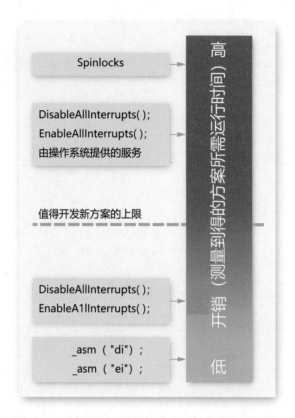

图 7.13　确保数据一致性的成本（以运行时间衡量）

7.4　存储地址克隆

英飞凌在开发 TriCore AURIX 架构时引入了一项功能，该功能为多核软件的实现提供了优化潜力，同时大大简化了单核软件向多核的移植。

基本上，这是一种有效访问 CPU 本地存储器的机制。每个 AURIX CPU 都有一个名为 PSPR 的本地程序存储器和一个名为 DSPR 的本地数据存储器。PSPR 代表 "**P**rogram **S**cratch **P**ad **R**AM"，即程序便笺存储器；DSPR 代表 "**D**ata **S**cratch **P**ad **R**AM"，即数据便笺存储器（见图 2.1）。由于 PSPR 发挥作用的方式与 DSPR 类似，在这里，我们仅探讨 DSPR。

图 7.14 显示了可从哪些地址访问 CPU 的 DSPR 存储器。英飞凌喜欢在地址的高 16 位和低 16 位之间使用下画线符号 "＿"，以提高可读性。

为了清楚起见，图 7.14 仅显示了三个 CPU。对于 AURIX 六核处理器，CPU3 的 DSPR 位于全局地址 0x4000_0000；CPU4 的 DSPR 位于地址 0x3000_0000；CPU6 的 DSPR 位于地址 0x1000_0000。这六个 CPU 的编号有些混乱，因为先是 CPU0 到 CPU4，然后就是 CPU6。8.3.3 节 "AURIX 的线性内核 ID" 将介绍如何高效地处理 AURIX 六核处理器上的核心 ID。无论编号如何，每个 CPU 都有自己的 DSPR，它在全局线性地址空间中占用了特定的范围。

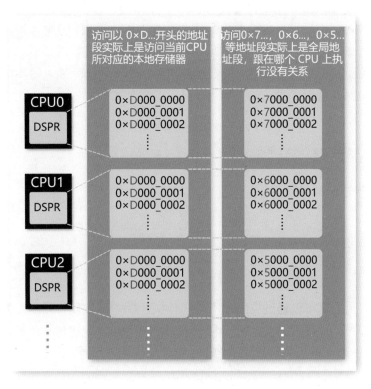

图 7.14　使用存储地址克隆时的访问逻辑

到目前为止，这在很大程度上与其他多核处理器的结构相对应。特殊之处在于，也可以另外通过从 0xD000_0000 开始的地址范围访问每个 DPSR。当访问该区域时，将始终在执行访问的 CPU 上使用 DSPR。例如，如果 CPU1 访问地址 0xD000_00C4，则将使用 CPU1 的 DSPR。在全局线性地址空间中，此次访问相当于访问地址 0x6000_00C4。

这种结构可以提供什么好处？当用户查看要在多个内核上使用的代码时，会非常明显地感受到它的好处。实时操作系统是此类代码的一个典型例子。每个操作系统都有各种内部变量，例如用于标识当前正在运行的任务的变量。对于单核操作系统，此变量的定义和使用可能类似于代码示例 7.8。

代码示例 7.8　单核处理器操作系统的代码段

```
1  unsigned int runningTask;
2
3  void someOSfunction(void)
4  {
5      ...
6      runningTask = ... ;
7      ...
8  }
```

我们假设多核处理器上的操作系统在每个 CPU 上独立运行。因此，必须在每个 CPU 上独立使用变量 runningTask。程序代码本身可以或应该由所有 CPU 使用。代码示例 7.9 显示了通用多核代码中的常见实现方式。在这种情况下，"通用"意味着可以将代码转译到不同的多核处理器，甚至是不支持内存地址克隆的处理器。变量 runningTask 此时已成为一个数组，并且处理器的每个 CPU 都在该数组中拥有自己的元素。每次访问时，正在执行的核心必须确保其使用"自己的"数组成员。

代码示例 7.9　　多核处理器操作系统的代码段

```
1  unsigned int runningTask[NOF_CORES];
2
3  void someOSfunction(void)
4  {
5      ...
6      runningTask[GetCoreId()] = ... ;
7      ...
8  }
```

在 AURIX 上，这可以通过克隆使用 CPU 本地 DSPR 实现。只需要告诉编译器此变量是克隆变量即可。代码示例 7.10 显示了这是如何实现的。值得注意的是，除了存储器限定符 __clone 以外，该代码与代码示例 7.8 中的单核代码相同。

代码示例 7.10　　在 AURIX 上使用存储器克隆时的代码片段

```
1  __clone unsigned int runningTask;
2
3  void someOSfunction(void)
4  {
5      ...
6      runningTask = ... ;
7      ...
8  }
```

在此例中，使用了 TASKING 编译器。除了存储器限定符以外，还可以使用 #pragma 或编译器开关。后者允许将未更改的单核代码用于多核 AURIX，从而简化了移植。

除了简化代码处理外，访问克隆存储器的效率也更高。此外，还无须查询核心 ID，从而进一步节省了运行时和代码存储空间。

7.5　总　　结

本章首先介绍了各种可用的、不同类型的多核解决方案，这些类型包括异构、同构和锁步。有时无法将微处理器归入某一个类别，因为多种类型通常组合在一块芯片里。

在硬件架构之后，我们还介绍了不同类型的并行执行：

- 应用程序的并行执行；
- 函数的并行执行；
- 指令的并行执行。

尽管应用程序的并行执行和指令层级的并行执行非常容易实现，但函数的并行执行常常给开发人员带来巨大的挑战。如果要使该层级的现有代码具备多核能力，重新开发通常是最好的方法。

也许未来函数的并行执行会变得越来越重要。当功能模型工具的代码生成器能够利用并行执行为特定系统生成有效代码时，就将是这种情况。在实现这一目标之前，系统架构师必须与函数开发人员以及具有相应知识的集成人员共同构建高效的系统。

本章再次涉及数据一致性主题，这一次与多核环境相关。在本章中，还详细介绍了 Spin-lock，并提供了关于如何高效使用 Spinlock 的说明。

最后，本章还介绍了存储地址克隆的概念。这既可以高效实现由多个 CPU 执行的代码，又可以简化单核代码移植到多核设备的过程。

第 8 章　软件运行时间优化

运行时间优化应严格遵循"自上而下"的原则。这意味着首先要在调度层级进行分析和优化，然后才在代码层级进行优化。如果直接从代码层级开始，则有可能将大量时间花在代码优化上，虽然这可以改善运行时间，但它完全不是关键。

在某种程度上，存储器使用的优化与提到的层级存在正交关系。已针对运行时间优化过的存储器会在可用存储器上分发符号，确保最大程度地减小总 CPU 负载。当然，仍必须确保排除编译时和运行时的存储器溢出，并考虑到可能的安全性需求。

8.1　调度层级的运行时间优化

遗憾的是，只有很少的措施可以通过检查清单方法在调度层级实现运行时间优化。在调度层级进行优化的最大潜力在于项目特定的参数，包括应用程序在多核处理器不同核心之间的基本分布、操作系统的配置以及任务函数和 Runnable 的分发等。换言之，整个项目特定的运行时间设计肯定会对调度效率产生最大的影响。运行时间的设计应在项目早期进行。

在此阶段中，调度模拟和静态调度分析都能提供非常大的帮助。第 5 章对这两种方法进行了详细说明，它们可用于权衡比较不同的运行时间设计方法或执行优化。在优化期间，可以定义优化目标和自由度。5.10 节"使用进化算法进行优化"对此进行了详细介绍。

以下各节旨在协助进行能够实现高效调度的运行时间设计，因此应该尽可能考虑这些方面。这里的"应该"意味着对很多项目而言，如果有充分的理由，可以有意识地不实现其中某个方面。

有些方面也可以在项目后期用于优化运行时间行为。

8.1.1　防止跨核心通信

在多核处理器的不同核心之间分配功能时，应尽量减少跨越核的通信。

应该将尽可能多的中断（甚至所有中断）交由一个核心集中处理，而将计算密集型代码节部署到另一核心。这种分配方式有助于在运行计算密集型代码节的核心上高效使用缓存和流水线。以这种方式在多核处理器的不同核心之间拆分功能有助于优化流水线和缓存的整体使用效率。

8.1.2　避免使用 ECC 任务

此方面仅与 OSEK/AUTOSAR CP 项目相关。6.2 节"OSEK ECC：并非最优选择"已经指出，大部分 RTE 代码生成器都默认使用 ECC 任务配置。本节还介绍了此方法的诸多缺点。每当需要调度周期性执行的 Runnable 时，每个周期一个 BCC1 周期性任务的配置比用一个永远不会停止的 ECC 任务处理所有周期要好得多。

8.1.3　合理使用异构多核处理器

在异构多核处理器中，采用前述拆分方式时，应将软件的计算密集型代码节分配给最强大的核心。例如，英飞凌 AURIX 就提供了 1.6P 和 1.6E 核心。"P"代表性能，而"E"则代表效率。相同的代码在运行时间上可能会有很大的差异，具体取决于代码是在 1.6P 还是在 1.6E CPU 上运行。经验表明，推测会对这种决策造成阻碍。决定应该在哪个核心上执行哪个代码的最有效方法是进行运行时间测量，以证实决策是否正确。对于与安全相关的项目，静态代码分析还能可靠地确定理论上的最坏情况运行时间而不是平均运行时间。

8.1.4　避免需要确保数据一致性的机制

2.9 节"数据一致性"介绍了数据一致性的一般内容，7.3 节"数据一致性，spinlocks"介绍了多核情况下的数据一致性。7.3.2 节"确保数据一致性的成本"探讨了以下事实：随着系统变得越来越复杂，确保数据一致性的成本不断提高，因此，最好消除对显式数据一致性机制的需求。

数据一致性机制的棘手之处在于，用户通常不知道它们被大量使用。各种通信机制均通过模型来实现。这些机制都很干净，符合良好的开发规范。直到后来，当代码生成器将模型转译为 C 代码时，用户才会对系统进行分析，每当出现数据不一致的风险时，便会实施适当的数据一致性机制。这些机制基本上每次都会消耗额外的 RAM、闪存和运行时间。

理想情况下，配置系统（尤其是操作系统）时甚至可以摆脱数据一致性机制，因此也不会有任何其他代码生成。以下优化措施支持此方法：

- 原则上，应使用相同的优先级或优先级组来尽可能避免抢占式中断。
- 原则上，应使用协作式多任务处理来避免抢占式中断（参阅 3.3 节"多任务：协作与抢占"）。
- 如果无法避免抢占式中断，可以将抢占式任务或（抢占式）中断划分为包含强制性抢占部分的节段和可以以非抢占方式实现且包含所有其他部分的节段，有时这么做会很有用。第二部分可作为非抢占式任务实现，也可以作为在后台任务中运行并由标志位或其他类似机制触发的代码实现。

其余的抢占部分应在尽量少的共享数据上运行，从而限制需要数据一致性机制的数据量。

8.1.5　通过优化偏移实现周期性任务的负载均衡

当配置了多个周期性任务时，有关各任务彼此之间时间关系的问题就出现了。这可以通过偏移（offsets）来设置，偏移是指与调度开始时的基准或假想的基准之间的时间差。

图 8.1 显示了一种运行情况,其中包含三个任务,每个任务的偏移均配置为 0。当 Task_1ms 第二次激活时,Task_4ms 仍在运行,但已被中断。

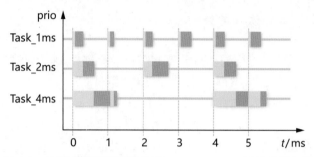

图 8.1　所有任务的偏移均为零:$t = 0 \sim 1\text{ms}$ 时具有高负载

图 8.2 显示了相同的运行情况(相同的周期、优先级和 CET),唯一的区别是 Task_2ms 和 Task_4ms 这两个任务的偏移未设置为零。因此,Task_4ms 将不再发生中断,计算负载在时间轴上的分配也将更加均匀。此外,任务 Task_2ms 和 Task_4ms 的所有 IPT(Initial Pending Times,初始挂起时间,也就是初始等待时间)均比以前短。

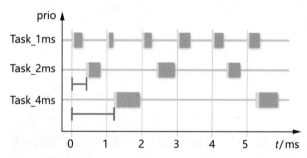

图 8.2　仅 Task_1ms 的偏移为零。结果:最佳负载分配

因此,为获得最佳负载分配,是否建议为所有任务(最小周期的任务除外)增加偏移量?要回答这个问题,就需要先简单说明大多数操作系统是如何激活周期性任务的。操作系统使用"调度中断"激活周期性任务,在每次任务激活时"准时"触发。大多数情况下采用定时器中断,这种中断被配置为在下一个任务需要被激活时触发,与闹钟类似。如果在该时间应执行多次任务激活,则将在相同的 ISR(中断服务例程)中处理。换句话说,导致同时激活任务的偏移有助于减少调度中断次数。

尽可能沿时间轴均匀分配计算负载的目标与通过同时激活任务来减少调度中断次数的优化方法在一定程度上互相矛盾。那么什么才是最佳解决方案?对于大多数系统,可以使用以下简单流程。

小贴士:"最快"周期性任务的偏移为零,所有其他周期性任务的偏移是最快任务周期的整数倍。这样可以确保所需的调度中断次数最少。同时,此方法还为充分的负载均衡留有足够的空间。

图 8.3 显示了这种配置。在可见的时间片内，所有任务激活都需要 6 次调度中断，这对应于 Task_1ms 实例的数量。之前图 8.2 中所示的配置需要 11 次调度中断，几乎达到了 2 倍。尽管如此，图 8.3 中所示的负载分配仍然可以接受。

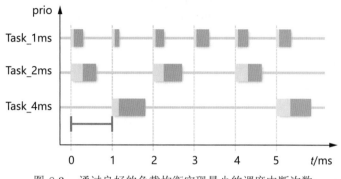

图 8.3　通过良好的负载均衡实现最少的调度中断次数

对于本节中仅具有三个任务的示例，无论采用没有任何偏移的配置还是具有 Task_4ms 偏移的优化配置，计算负载的分配差异并不是很大。但是当添加更多任务时，这种情况会迅速改变。此外，图 3.8 "基于协作式多任务处理的 BMW Active Steering" 中还显示了一个使用优化偏移的量产项目的追踪图表。具有较长周期时间的任务每次都与 "快速的" 1ms 任务一起激活。

8.1.6　拆分任务

另一种非常简单的负载分配方法就是拆分任务。假设有一个应用程序通过后台任务为自身的大量功能提供服务。同时，更大的部分位于周期为 5 ms 的周期性任务中，这导致运行时间也相应较长。因此，在相当长的周期性任务执行时间内，来自后台任务的代码都不会执行，这可能会引起问题。

解决此问题的一个简单方法是将该周期性任务分成两个具有 5 ms 周期和不同偏移的周期性任务。这样就可以 "设计" 两个任务之间的间隔，以便更频繁地使用后台任务。对于图 8.3 所示的情况，这意味着要将 Task_4ms 拆分成具有 1 ms 偏移的 TaskA_4ms 和具有 3 ms 偏移的 TaskB_4ms。

这样的任务拆分对于项目是否有意义在很大程度上取决于项目本身。额外的任务也会消耗更多的资源。前面的示例仅是一个方便的用例，还有无数的其他示例。最重要的是要意识到，在进行运行时间设计或运行时间优化期间，可以在调度层级拆分任务，然后针对当前项目评估此方法是否有效。

8.1.7　将功能迁移到执行频率较低的任务

一方面，这种优化方法比较烦琐；但另一方面，它在实践中可能具有很大的针对性。关键是要明确是否可以不那么频繁地执行所有周期性执行的代码段。

例如，如果确定某个 Runnable 可以每 10 ms 执行一次，而不是每毫秒执行一次，则可以将该 Runnable 的运行时间需求降低 90% 而不会影响功能。

控制算法通常以 10 ms 为周期运行，因为在很多情况下，这就是大部分应用程序的通信周期。相应的任务也许可以拆分成两部分，例如，其中一个部分继续每 10 ms 进行通信，而另一个部分则在新创建的 15 ms 任务中计算控制算法。当然，在采取这种措施之前，有必要详细检查通信代码和控制算法之间的时间相关性。

本节开头曾提到过，此处所述的方法是指周期性代码段。但是，它也可以应用于非周期性的零散代码。例如，如果中断在其 ISR 中处理一系列任务，则可以明确必须在中断的上下文中执行哪些元素，以及可以在后台任务中删除和处理哪些元素。

此外，必须要明确的是，是否可以不那么频繁地执行代码而不影响功能。

8.2　针对存储器使用的运行时间优化

存储器使用的优化不能简单地分配给调度或代码层级，因为在某些方面，它会同时影响这两个层级。在这种情况下，核心问题是符号 (symbol) 的使用频率，它与调度（例如，配置的周期性任务的周期）和代码（例如，循环迭代次数）都相关。

8.2.1　快速存储器的最优利用

在第 2 章 "处理器基础知识" 中，我们已经提过，微处理器有多种不同的存储器和寻址模式，有些访问速度快，有些则比较慢。因此就出现了这样的问题：应该将符号放置在何处才能实现软件的最高性能？快速存储器的容量一般非常有限，因此没有足够的空间容纳所有符号。快速寻址模式也是如此：访问的地址范围有限，通常不足以将所有符号都作为 near 进行寻址。

请注意，我们这里所说的符号是指代码符号（主要是函数）和数据符号（主要是变量）。如果未定义，则大部分编译器都会将代码分配到 .text 区段，而数据则以分配到 .bss、.data 或 .noinit 区段。常量数据起着特殊的作用，因为从某种意义上说，它属于数据，而在另一种意义上，它又位于闪存（flash ROM）中。此类符号默认将分配到 .rodata 区段。1.3.8 节 "链接脚本" 中详细讨论了此主题，并详细介绍了如何使用区段为符号分配不同的存储和寻址模式。

那么，当需要为数千符号指定位置并最小化 CPU 负载时，应采用什么策略？图 8.4 回答了这个问题。经常访问的小符号特别适合放置在快速存储器中。如果将大符号分配到容量通常非常有限的快速存储器，则这些存储器中放置的符号总数较少，高效访问次数也因此较少。

下文将更详细地探讨和量化这些符号的访问时间。图 8.5 显示了英飞凌第一代 AURIX 手册中的一个表格。该表格显示了在完成对各种存储器的访问之前，CPU 必须等待多少个时钟周期（停顿周期）。

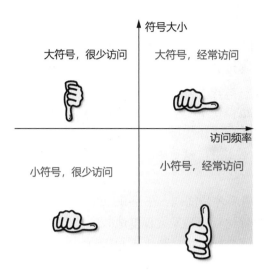

图 8.4　哪些符号属于快速存储器

TC27 × D - Step

On - Chip System Buses and Bus Bridges

Table 2 - 16　CPU access latency in CPU clock cycles for TC27×

CPU Access Mode	CPU clock cycles
Data read access to own DSPR	0
Data write access to own DSPR	0
Data read access to own or other PSPR	5
Data write access to own or other PSPR	0
Data read access to other DSPR	5
Data write access to other DSPR	0
Instruction fetch from own PSPR	0
Instruction fetch from other PSPR (critical word)	5
Instruction fetch from other PSPR (any remaining words)	0
Instruction fetch from other DSPR (critical word)	5
Instruction fetch from other DSPR (any remaining words)	0
Initial Pflash Access (critical word)	5 + configured PFlash Wait States[1]
Initial Pflash Access (remaining words)	0
PMU PFlash Buffer Hit (critical word)	4
PMU PFlash Buffer Hit (remaining words)	0
Initial Dflash Access	5 + configured DFlash Wait States[2]
TC1.6E / P Data read from System Peripheral Bus (SPB)	4 ($f_{CPU} = f_{SPB}$) 7 ($f_{CPU} = 2*f_{SPB}$)
TC1.6E / P Data write to System Peripheral Bus (SPB)	0

1) FCON.WSPFLASH + FCON.WSECPF(see PMU chapter for the detailed description of these parameters).
2) FCON.WSDFLASH + FCON.WSECDF (see PMU chapter for the detailed description of these parameters).

图 8.5　带存储器访问所需的时钟周期（摘自AURIX 手册）

该手册的文字内容涵盖了一个重要方面，其中的所有数据均假定访问期间不发生冲突。但是，当两个核心试图同时访问同一存储区时，就会发生访问冲突。AURIX 的存储逻辑可以进行广泛配置，还可以通过分配优先级来确定如何处理此类冲突。如果高优先级核心读取整个存储区，例如数组，这会对另一个核心造成极大的延迟。

这也是在多核环境中很少使用严格静态 WCET 代码分析的原因之一。对于相应 CPU 进行的每一次访问，在分析时必须假设所有理论上可能发生的冲突实际上都会发生。这是一个非常悲观的假设，以至于分析结果不具备实际用途。关于静态代码分析，详见 5.3 节"静态代码分析"。

但是，我们回过头来看看停顿周期。在停顿期间，CPU 无法执行任何其他有意义的活动。因此，存储器使用的优化目标是最大程度地减少整个系统的停顿周期数。

为了能够进行优化，必须知道符号的大小和访问频率，或者函数的调用频率。

所有符号的大小都很容易确定，用户只需要查看 map 文件，即由链接器创建的文件，它提供了有关各符号地址及大小的信息。

确定访问和调用的频率会更加困难。获得这些数据的最简单方法就是测量或追踪。对于追踪而言，基于硬件的追踪是一个不错的选择（参阅 5.6 节"基于硬件的追踪"）。对于运行时间测量，可以使用一种有可能做到在运行时间检测函数或数据访问的方法（参阅图 5.19）。因此，无须修改源代码，也无须在两次测量之间重新进行编译。另外，也可以测量根本没有源代码（可能是因为它们以目标代码的形式交付）的符号。

在特殊情况下，由编译器本身对函数进行检测可能很有用。但是，这种方法也会带来一些问题。源代码不可用的函数应排除在外。代码和测量的开销都相当大，而且，在很多甚至大部分情况下，它们都会导致软件无法执行。最终需要对软件进行修改，这意味着要测量的函数与最初要分析的函数不再对应。很多编译器优化，例如 leaf-call 优化（参阅 8.3.6 节"编译器优化"）都不再有效，特别是在有小函数时，静态测量的效果非常明显。

8.2.2　数据对齐

对齐描述的是存储器中的符号相对于映射到存储器上的虚构网格的偏移。有一个例子可以说明这一点。

有一个 32 位处理器发出从存储器加载 32 位字的指令。但是，处理器要求数据地址是 4 的整数倍。为什么是 4 呢？答案非常简单，存储地址可以理解成字节的位置信息（也有一些例外），一个字节有 8 位，因此，$4 \times 8 = 32$。这种情况类似于铺在内存中的 4 字节（或 32 位）网格，所有位置有效的数据必须都在这些网格中。图 8.6 的左侧就是这种情况，因为数据地址是 0x14D0，而且都在浅蓝色 32 位网格中。所有采用 32 位对齐的地址都以0、4、8或C结尾。

该处理器还提供了允许访问 16 位数据的指令。每当访问存储器中不在 32 位网格内但在 16 位网格内的 32 位数据（字）时，处理器都会进行两次单独的 16 位访问，并将结果汇编成所需的 32 位字。这虽然有效，但是访问速度要慢得多。图 8.6 中间的图例就显示了这种情况：数据装入棕色 16 位网格，地址为 0x14D2。所有采用 16 位对齐的地址均以0、2、4、6、8、A、C和E结尾。

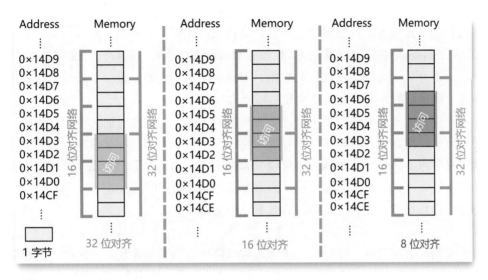

图 8.6　32 位数据符号的 32 位、16 位和 8 位对齐

如果数据位于不在 32 位网格或 16 位网格中的地址，则无法执行 32 位访问。如果仍必须读取此类数据，则程序员必须执行单独的访问（例如，两个 8 位和一个 16 位访问），并手动汇编结果。与采用 32 位对齐的访问相比，这种方式的开销非常大。图 8.6 的右侧图例显示了未对齐的 32 位字。

很多 32 位架构的运行方式实际都与这里的示例处理器相似。16 位处理器的情况类似：它们通常以 16 位对齐的方式更高效地处理数据。8 位处理器则更简单。仅特殊的 16 位指令可能会受这些处理器的对齐限制。

那么我们如何才能影响存储器中的这种数据对齐方式？通常可以通过分配给链接器脚本中相应输出部分的属性来实现这一点。如果存在运行时间问题的项目拥有足够的可用存储空间，则针对不同输出部分引入对齐方式是一种可以快速实施的措施。这会导致存储器中出现未使用的间隙，但是某些存储器访问可以更快地实现。应该通过追踪或运行时间测量来检查（和任何优化措施一样）这种影响。

在这种情况下，对齐方式在数据结构体 (struct) 中也起到了重要（甚至可能更为关键的）作用。将数据打包到数据结构体中的方式不仅会影响存储需求，而且会影响访问速度。如果可能，在创建结构体时，应对各个元素进行分组，确保 16 位数据采用相对于结构开头的 16 位对齐方式，而 32 位数据则采用 32 位对齐方式，依此类推。

8.2.3　代码对齐和缓存优化

机器指令必须以与指令长度相对应的对齐方式储存到存储器中。大多数 32 位处理器除具有 32 位指令外，还具有一组高效的 16 位指令。如上一节所述，32 位指令必须以 32

位对齐方式储存在存储器中，而 16 位指令必须以 16 位对齐方式储存在存储器中。

优化超出此范围的函数对齐有用吗？2.5 节"缓存"中关于缓存的内容已对此进行过详细介绍。缓存作为非常快的中间存储器，以缓存行的形式进行组织，而缓存行又以类似于虚构网格的方式分布在存储器中。但是，这种网格比前一节所述的网格更稀疏。英飞凌 AURIX 和 Freescale Power 架构的 e200 核心都具有 L1 缓存，缓存行为 32 字节（256 位）。

全面的缓存优化可能需要很高的成本。很难确定每个函数必须位于存储器中的哪个位置才能充分利用缓存，并且这可能因软件版本而异。

如果存储空间不是问题，则可以进行快速修复，并为与缓存行的大小相对应的代码节指定对齐方式。用这种方式构建的软件版本将需要比以前更多的存储空间，因为此时程序存储器中将有很多未使用的间隙。这可以带来回报，特别是对于一个缓存行即可完全容纳的小函数，它将不再占用两个缓存行，因而可以更高效地利用缓存。

但是，仍然很难预先估计此措施的效果，因此随后必须通过追踪或运行时间测量进行检查。

对于代码和数据对齐，运行时间优化通常以牺牲存储需求为代价。因此，用户必须在"最短运行时"（速度优化）和"最低存储需求"（大小优化）这两个优化目标之间做出选择。

8.3　代码层级的运行时间优化

如前所述，在考虑了调度层级之后，才应该在代码层级进行运行时间优化。否则，可能会花费大量精力来优化仅在运行时间不重要的时段执行的代码。相反，这并不意味着绝对有必要确定为所有函数调用代码的时间。一般而言，代码优化的相应候选项（函数）可以分为两类：

（1）从很少甚至唯一一个地方调用但运行时间需求较高的函数。

（2）非常频繁地从很多不同的地方调用的函数。

第一类的函数示例是在单个大函数中进行的复杂计算。第二类通常包含相对较小的函数，例如数学函数（sin、cos、exp、sqrt 等）或用于适配数据类型的函数（类型转换）。这种类型转换有时会在用户或代码生成器未进行函数调用的情况下隐式执行。代码示例 8.1 显示了包含隐式类型转换的函数。代码示例 8.2 显示了 TASKING 编译器为英飞凌 AURIX 生成的汇编代码。示例中显示，类型转换通过调用函数 __d_itod 实现，编译器供应商提供的函数库中包含此函数。

代码示例 8.1　隐式类型转换的示例

```
1 int i = 42;
2 volatile double f;
3
4 void main(void)
5 {
```

```
6     f = i;
7   }
```

代码示例 8.2　隐式类型转换产生的函数调用

```
1  main:
2    ld.w   d4,i
3    call   __d_itod
4    st.d   f,e2
5    ret
```

如果没有系统性地执行运行时间分析，则第二类函数将很可能面临根本考虑不到的风险。这里所说的"系统性"是指在最佳情况下确定所有功能的调用频率。这与软件中的调用次数不同，后者可以通过代码分析以静态方式轻松确定。而调用频率则无法通过软件中的调用次数轻松确定。比如，如果函数调用发生在循环内，则必须知道调用函数的调用频率以及循环迭代的次数。

如 8.2 节"运行时间优化后的存储器使用率"所述，确定调用频率的最简单方式就是使用运行时间测量或追踪。

除了函数 F 的调用频率 f_F 以外，其净运行时间 CET_F 也是代码层级优化的另一个决定性参数。如果分配足够均匀，则将平均值用于这两个参数，从而计算该函数使用的平均 CPU 负载 U_F。

$$U_F = f_F \cdot \mathrm{CET}_F \tag{8.1}$$

例如,通过流程追踪,确定了某些雷达软件中的正弦函数 sin 的平均调用频率 $f_F = 23200\mathrm{Hz}$ 和平均净执行时间 $\mathrm{CET}_F = 570\mathrm{ns}$。这导致该函数占用 CPU 可用时间的 1.32%。

尤其是在 CPU 完全过载的情况下，它已被证明可用于系统地测量所有函数以及创建包含负责的开发人员以及其函数导致的 CPU 负载 U_F 的列表（图 8.7）。

它还可以用于将另一个方面也添加到列表中，以反映优化措施的预期成效。部分函数将仅作为目标代码存在，并且不容易替换，所以优化起来比较困难且成本高昂。另一部分可能在过去已经接受过详细的优化，因此进一步的优化不会带来很大的改善。而对于其他部分，它明显能提供很大的优化潜力，其中一个原因是检查代码时一眼就能发现可以应用内联。这组函数可被视为"低处的果实"，即能够轻松实现显著改善。

所有这些方面都可以组合成"预期成功率"，再乘以 CPU 负载，就可以得出特定函数优化的价值。在图 8.7 所示的表格中，此指标被称为"优先级"，它是"预期成功率"和"CPU 负载"的归一化积，值介于 0~100。

无论是遵循这一建议还是开发自己的代码优化方法，最重要的都是确定简单而可靠的标准，从而无须花费太多精力来控制代码优化过程。由于嵌入式系统很快会产生成千上万的函数，因此依靠猜测制定代码优化策略的人无法高效地工作。

代码优化计划							
项目：			负责人：			文件名：	
软件版本：			电话/邮件：			版本：	
函数	Ø 调用频率 f [Hz]	Ø CET [ns]	Ø 负载	预期成功	优先级	注释	
mtl_u32_Add_u32_u32	67575	756	5,109%	40%	100%	改善饱和度	
Com_PackSignal	50223	488	2,451%	80%	96%	只有两个地方调用：inline?	
mtl_s32_Add_u32_s32	55288	521	2,881%	40%	56%	改善饱和度	
mtl_s32_Add_s32_s32	41432	677	2,805%	40%	55%	改善饱和度	
sin	23200	570	1,322%	80%	52%	重新开发（不要用库）	
sqrt	15523	530	0,823%	90%	36%	重新开发（不要用库）	
mp_GetBuffIndex_u8	73854	992	7,326%	10%	36%	已被优化过	
__d_itod	22765	440	1,002%	40%	20%	源代码不可用	
cos	2302	562	0,129%	80%	5%	重新开发（不要用库）	
man_getFieldID_u8	50100	123	0,740%	10%	10%	已被优化过	

图 8.7　代码优化方案（按优先级排序的待优化函数）

8.3.1　优化频繁调用的小函数

在本节中，我们将探究第二类函数，即由于经常被调用而产生庞大计算量的小函数。

一旦确定了某个值得优化的函数，关于如何优化的问题也随之而来。如果源代码可用，则应对其进行分析。最好的办法是同时查看源代码和由编译器生成的汇编代码。经验丰富的代码优化人员通常会利用分屏显示，即用一半的屏幕显示源代码，用另一半显示相应的汇编代码。将源代码行分配给汇编代码有时并非易事，尤其是当编译器通过巧妙地使用流水线来重新排序机器指令（以改善运行时间）时。因此，源代码的序列指令可能会在机器代码中广泛出现。

尽管如此，在大多数情况下，仍然有必要查看汇编代码。例如，你可以立即发现是否正在执行函数调用。此外，还应该检查被调用的函数，了解它们是否可以转换为内联函数。

了解所用的编译器能提供哪些优化将非常有帮助（详见 8.3.6 节“编译器优化”）。对于处理器提供的特殊机器指令也是如此，通常情况下，用户可以使用编译器内部函数来调用它们，具体将在 8.3.5 节“处理器特定的通用指令”中进行详细介绍。

对于数学函数，问题在于结果的准确度。编译器为正弦、余弦、根函数和其他函数提供的库函数在整个值范围内具有可能的最高准确度，但在所需的运行时间方面却效率极低。由于准确性有所降低，通常可以大幅降低运行时间需求。在下一节中，将通过示例更详细地介绍根函数 sqrt。

8.3.2　优化根函数sqrt

根函数 sqrt 在 5.5 节“运行时间测量”中所述的运行时间测量方面起到了重要作用。此示例中，测量的函数版本随 3.6.1-1750 版本的 AVR 8 位工具链（基于 GNU C 编译器版本 5.4.0）提供。在测量期间，该函数的净运行时间为 114 和 646 个时钟周期。这考虑了由检测产生的开销。用于测量的定时器使用的预分频器值为 1，因此一个定时器跳动精确对应于一个时钟周期。以时钟周期而不是秒来指定运行时间的优点在于，规范将独立于系统时钟，因而不受所用晶体的影响。

数学函数的优化是一个已被广泛研究的主题。研究的结果是，对于绝大部分数学函数，还有一些准确性较低但执行速度要快得多的替代实现方式。查找此类实现方式的最简单方法是上网搜索。通过搜索，可以在编译器厂商 IAR[34] 的应用说明中找到 代码示例 8.3 中所示平方根函数的实现方式，也可以从其他来源获取实现方式。

代码示例 8.3　　以牺牲准确性为代价高效实现 sqrt

```
1  unsigned short sqrtFast(unsigned short x)
2  {
3      unsigned short a,b;
4      b      = x;
5      a = x = 0x3f;
6      x      = b/x;
7      a = x = (x+a)>>1;
8      x      = b/x;
9      a = x = (x+a)>>1;
10     x      = b/x;
11     x      = (x+a)>>1;
12     return x;
13 }
```

通过一些加法、二进制移位运算和除法，就可以估算出一个数字的平方根。计算结果的准确性不如编译器库的 sqrt 提供的值。图 8.8 显示，对于较小的输入值，会产生非常大的误差；图 8.9 显示，对于较大的输入值，结果过大。更快的速度是以牺牲准确性为代价的。开发人员需要确定缺乏准确性是否会导致函数问题。还必须考虑到，该计算过程包含了以输入参数 x 作为除数的除法运算。如果 x 在运行时间的值为零，则提供了相应机制的处理器将触发异常或陷阱。对于这些类型的处理器，必须实现代码，使其能够正确处理 $x = 0$ 异常。

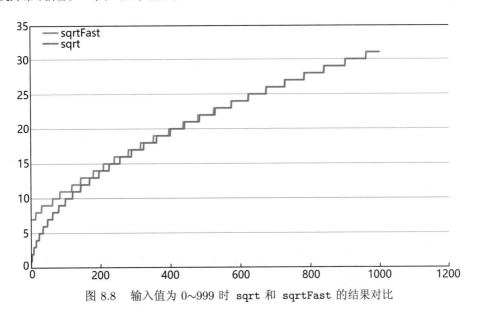

图 8.8　　输入值为 0~999 时 sqrt 和 sqrtFast 的结果对比

一旦考虑了所有这些限制因素，并且发现它们是可接受的，则使用优化的例程可以降低 CPU 使用率。

表 8.1 显示了运行时间节省情况，可作为 ATmega 处理器的示例。5.5 节中所述的运行时间测量是此项比较的基础。

表 8.1　sqrt 与 sqrtFast 核心执行时间的对比（单位为时钟周期）

CET 对比		
（ATmega 处理器的 CPU 循环中生成的所有数据）		
函数	CET_{min}	CET_{max}	CET_{ϕ}
sqrt	114	646	569
sqrtFast	464	476	472（快约 17%）

由于现在可以在源代码中计算平方根，因此还应考虑是否可以将其作为内联函数实现，这样可以减少一次函数调用及其返回。除了减少函数调用所需的机器指令之外，此方法还有助于提高缓存使用效率。

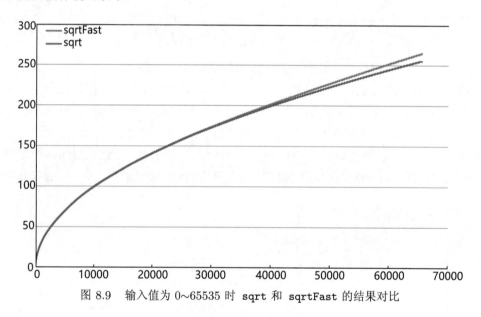

图 8.9　输入值为 0~65535 时 sqrt 和 sqrtFast 的结果对比

前文已经举例详细讨论了单一函数的优化。总之，可以说在每一个优化过程中，必须始终考虑两个基本方面。

首先，必须确保优化变型的运行时间实际上更小。很多所谓的优化都会减少源代码行，但结果却产生了效率低下的机器代码。因此，测量或代码仿真的作用是无可替代的。

其次，必须检查优化后的代码是否仍然可以提供原始功能，以及它是否完全准确或存在可接受的偏差。在某些情况下，分析此类偏差的工作量很大，以至于必须要放弃代码优化过程。

8.3.3　AURIX 的线性内核 ID

在本节中，我们将检查并优化一个非常简单的函数。除了优化的结果外，本节还将重点介绍优化的过程。此过程中涉及的分析结合了不同方法的优缺点，该分析和实际生成的最终代码的永久视图是在代码层级进行优化的典型步骤。优化过程中通常还会进行运行时间测量，作为对这些步骤的补充，但是此处探讨的示例非常简单，因此在这种情况下可以省略这一步。

英飞凌第二代 AURIX 处理器最多可搭载 6 个 CPU。可以利用地址为 **FE1C** 的特殊功能寄存器查询运行时的 内核 ID。但是，ID 并不连续。对于 CPU 0~4，此寄存器会返回值 0~4，但是 CPU 5 的核心为 ID 6。英飞凌第二代 AURIX 的核心编号采用 0、1、2、3、4、**6**，而不是按顺序的 0、1、2、3、4、**5**。

对于大部分应用程序，软件必须提供连续的 CPU 编号。通常情况下，线性 ID 将用作索引来访问数组，如果编号不连续，则会造成阻碍。因此需要进行转换，如果输入值 0~4，则返回输入的值；如果输入值 6，则返回 5。由于在很多应用程序中每秒需要进行数千次这样的转换，因此高效的转换具有不容忽视的优化潜力。

代码示例 8.4 显示了该函数的一个简单执行方式。此代码支持TASKING 和 HighTec GCC 编译器。

代码示例 8.4　AURIX 6 核处理器的连续核心 ID

```
1  #if defined __GNUC__
2  #    include <machine/intrinsics.h>
3  #endif
4
5  inline unsigned char GetLinearCoreId(void)
6  {
7  #if defined __TASKING__
8      unsigned char id = __mfcr(0xFE1C);
9  #elif defined __GNUC__
10     unsigned char id = __MFCR(0xFE1C);
11 #else
12 #    error "compiler not supported"
13 #endif
14     if (id > 5) {
15         return 5;
16     } else {
17         return id;
18     }
19 }
20
21 int main(void){
22     return (int)GetLinearCoreId();
```

```
23 }
```

只需执行 main 函数即可调用该函数。因此可以快速检查生成的汇编代码。代码示例 8.5 显示了在未启动优化的情况下由 HighTec GCC 编译器生成的汇编代码。该编译器通过命令行 tricore-gcc.exe -o main.s -S main.c 被调用。

代码示例 8.5　　HighTec GCC 编译器生成的汇编代码

```
 1 GetLinearCoreId:
 2     mov.aa    %a14, %SP
 3     sub.a     %SP, 8
 4     mfcr      %d15, LO:0xFE1C
 5     st.w      [%a14] -4, %d15
 6     ld.w      %d15, [%a14] -4
 7     st.b      [%a14] -5, %d15
 8     ld.bu     %d15, [%a14] -5
 9     jlt.u     %d15, 6, .L2
10     mov       %d15, 5
11     j         .L3
12 .L2:
13     ld.bu     %d15, [%a14] -5
14 .L3:
15     mov       %d2, %d15
16     ret
17
18 main:
19     mov.aa    %a14, %SP
20     call      GetLinearCoreId
21     mov       %d15, %d2
22     mov       %d2, %d15
23     ret
```

首先，值得注意的是，尽管有 inline 语句，编译器还是将函数 GetLinearCoreId 作为常规函数执行。这本身就是一个重要发现。根据编译器开关和优化级别，代码可能不会始终按预期进行编译。这一见解强调了通过检查生成的汇编代码来检查结果的必要性。

在下一步中，代码将重新进行编译，但这一次会启用优化，注意编译器调用中的 -O3 选项：

```
tricore-gcc.exe -O3 -o main.s -S main.c
```

生成的汇编代码如代码示例 8.6 所示。

代码示例 8.6　　启动优化后的汇编代码

```
 1 main:
 2     mfcr  %d2, LO:0xFE1C
```

```
3    and   %d2, %d2, 255
4    min.u %d2, %d2, 5
5    ret
```

与未优化时需要很多汇编指令相比，优化后的版本仅需 4 条指令。它利用了 TriCore 架构提供的机器指令 min（最小值），该指令非常罕见。该指令将数据寄存器的内容与文字（固定数值）进行比较，并将两个值中较小的一个存储在相应的数据寄存器中。因此，利用单个机器指令，可以实现原本需要多个指令的功能。在前一个版本中，由于为函数 GetLinearCoreId 的返回值指定了数据类型 unsigned char，产生的代码遮掩了高 24 位。

严格来说，遮掩高 24 位（即设置为零）并非必要之举。查看 AURIX 处理器手册，可以发现地址为 0FE1C 的特殊功能寄存器是一个 32 位寄存器，仅低 3 位指示了核心 ID。高 29 位均予以保留。虽然可能性很小，但英飞凌可以在AURIX 的未来衍生版本中将 3～7 位（从 LSB 看，从零开始）用于完全不同的用途。如果已实现掩码，则必须将高 29 位显式设置为零。但是，这并没有必要，因为机器指令 min 能够确保函数 GetLinearCoreId 不会返回大于 5 的值。即使有关寄存器包含一个负数，这依然有效。当负数作为 unsigned int 值进行二进制解析时，机器指令 min.u 就是这种情况（.u 代表"无符号"），因此每个负数都会被解析为大于 5 的数字，而不会解析为小于 0 的数字。

对于不需要掩码的实现方式，可进一步优化和执行代码，如代码示例 8.7 所示。实现方式现在将作为宏实现，以便完全独立于任何编译器选项。编译器此时无法再为此代码产生函数调用。此外，它还使用数据类型 unsigned int，这是处理器的常规寄存器大小。因此，在使用宏时，如果目标仍是 32 位类型，则无须遮掩高 24 位。

代码示例 8.7　　AURIX 6 核处理器连续核心 ID 的高效代码

```
1  #if defined __TASKING__
2  #    define GetLinearCoreId( )      __min( __mfcr(0xFE1C), 5 )
3  #elif defined __GNUC__
4  #    define GetLinearCoreId( ) ({ unsigned int coreId_; \
5          __asm( "mfcr %0, 0xFE1C\n\tmin.u %0, %0, 5" : \
6          "=d"(coreId_) ); coreId_; })
7  #else
8  #    error "compiler not supported"
9  #endif
10
11 int main(void){
12     return (int)GetLinearCoreId();
13 }
```

根据所用的编译器，可使用"编译器内部函数"（TASKING）或内联汇编程序（High Tec GCC）。下一节将介绍编译器内部函数。

顺便说一句，英飞凌已针对线性核心 ID 需求做出响应，并在更新的衍生版本中通过提供单独的特殊功能寄存器 CUS_ID（客户 ID）来提供它们。利用 mfcr 0xFE50，用户可以直接读取这些衍生版本的顺序核心 ID，其结果与函数 GetLinearCoreId 相同，仅需使用一条机器指令。

此示例不仅显示了 AURIX 提供了一种特殊的机器指令（可以非常有效地执行开头所述的任务），还深入探讨了在代码层级实现运行时间优化的方法和思路。

8.3.4　计算至达到饱和

在很多计算中，都要求结果达到饱和而不溢出，即假定了结果能代表的最大值。同样地，对于下溢，应假定结果能代表最小值。

代码示例 8.8 显示了一个函数，该函数实现了两个无符号 16 位数值的饱和加法。如果结果超过值 0xFFFF，即无法使用 16 位表示结果，即结果达到饱和，并返回 0xFFFF。很多控制算法都依赖于饱和机制的实现，因为如果没有饱和机制，则在变量范围界限处进行的计算可能会导致结果出现巨大变化，有时甚至带来严重的后果，例如在定位功能强大的机械臂时。主要的替代选项是以通常不会发生上溢和下溢的方式选择值的范围。我们有充分的理由（例如代码效率）使用较小的数据范围，并在必要时让计算结果达到饱和。

代码示例 8.8　两个 16 位数值的"典型"饱和加法

```
1 unsigned short sadd16(unsigned short a, unsigned short b)
2 {
3     return (a > 0xFFFF - b) ? 0xFFFF : a + b;
4 }
```

代码示例 8.9 显示了 AURIX 编译器生成的汇编代码，这段代码通过使用减法、加法、条件跳转和其他指令来实现此函数，共生成了 6 个结果。

代码示例 8.9　为代码示例 8.8 生成的汇编代码

```
1 sadd16:
2     mov.u    d15,#65535
3     sub      d0,d15,d5
4     jlt      d0,d4,.L3
5     add      d15,d4,d5
6 .L3:
7     extr.u   d2,d15,#0,#16
8     ret
```

AURIX 为饱和机制提供了专门的机器代码指令，其中一条指令就利用了代码示例 8.10 中所示实现方式的优点。

代码示例 8.10　使用 sath 实现两个 16 位数值的"典型"饱和加法

```
1 unsigned short sadd16(unsigned short a, unsigned short b)
2 {
```

```
3      return __sathu(a + b);
4 }
```

生成的汇编代码（代码示例 8.11 ）现在仅需要 3 个机器代码指令就能实现相同的功能。首先是两个 16 位输入变量相加，生成一个 32 位结果。此结果随后被机器代码指令 sat.hu "修整" 成 16 位，该指令负责实现饱和机制。

代码示例 8.11　从代码示例 8.10 生成的汇编代码

```
1 sadd16:
2      add      d4,d5
3      sat.hu   d2,d4
4      ret
```

值得注意的是，尽管进行了最高层级的优化，但编译器仍未自行找到最佳的实现方式。只有程序员知道处理器特定的指令，才有可能实现这种高水平的优化。

8.3.5　处理器特定的通用指令

一个微处理器的大部分指令能够在其他微处理器上以相同或相似的形式存在。这种类型的指令包括读取和写入存储器、复制寄存器内容、加法、减法、跳转指令、子例程调用等。

但是，很多处理器提供的指令并不太常见，其中就包括前面章节中使用的英飞凌 Tri-Core 架构指令 min 和 sat.hu。

当需要在 C 代码中插入特定的机器代码指令时，可以使用内联汇编、编译器内部函数或编译器内部宏。前面的章节已经介绍过这方面的内容。代码示例 8.4 中的代码使用TASKING 编译器中的编译器内部函数 __mfcr 或HighTec GCC 编译器中的内部编译器宏 __MFCR。MFCR 表示 move from core register，即从核心寄存器移动，它允许读取特殊功能寄存器的内容。编译器内部函数和编译器内部宏大部分都会带有两个（有时只有一个）下画线，具体取决于编译器。

代码示例 8.7 演示了如何使用内联汇编（ __asm(...) ）。其中包含的汇编代码被复制到编译器生成的汇编代码中。可以指定具体使用的寄存器，也可以使用占位符，以便让编译器确定要使用的寄存器。各编译器具有特定的语法。

由于几乎所有编译器都是在支持大量处理器架构的基础上构建的，因此特殊指令不一定总是能得到最佳支持。这意味着在特殊指令可以更好地将源代码转换为汇编代码的地方，编译器不一定会使用此指令。在这种情况下，必须明确指示编译器使用特殊指令。8.3.4 节通过一个饱和加法示例来说明这一点。为了能够利用处理器指令集提供的潜能，必须熟悉相应处理器的指令集。另外，必须具备必要的知识，以便为特定用例选择最佳机器指令并从中获益。了解指令集需要勤奋地学习相应处理器的指令集手册，除此之外别无他法。熟练使用此类特殊指令还需要经验和想象力。

除了用于特殊数学运算的机器指令外，还有一系列在 C 语法中无等效项的指令。例如，禁用和启用中断就是其中之一，对于英飞凌 TriCore，可以在TASKING 编译器中使用 `__enable()` 和 `__disable()` 实现。

对于代码层级的运行时间优化，了解所用处理器的指令集与阅读编译器手册的"内部函数"部分一样重要。这同样适用于编译器手册中描述编译器优化的章节。下一节将介绍该主题。

8.3.6   编译器优化

从源代码到机器代码的编译过程远非一帆风顺。其中存在无数的映射可能性，即可执行文件可以完美、正确地关联到给定的源代码。编译器优化的目标是找到最高效的映射。这里需要解释一下"高效"的含义。通常，高效是指"存储需求小"或"运行时间需求小"。在编译器手册中，这些优化目标分别被描述为"针对大小进行优化"或"针对速度进行优化"。

这两个目标不一定总是相互矛盾。代码示例 8.11 显示了 16 位饱和加法的优化版本，此优化版本比初始版本更小、更快。

"Leaf-Call 优化"的优化示例表明可以同时降低存储需求和运行时间需求。其中，函数末尾的函数调用被跳转命令代替。编译器只会生成一个 `jump` 指令，并不会生成 `call` 和 `return` 的组合。跳转目标函数将以 `return` 结尾，并将作为调用函数的 `return` 。或者，被调用的函数也以优化后的函数调用结尾，即另一个 `jump` 指令，依此类推。优化的潜力非常大，尤其是在具有一系列函数时。代码示例 8.12 显示了一个简单的示例；代码示例 8.13 显示了通过ctc.exe -O2 -o main.src main.c调用它时TASKING 编译器为AURIX 生成的汇编代码。

如果在命令行中作为优化参数传递到编译器的是-O3而不是-O2，则仅保留 main 函数的两个机器指令，即 `mov d2,#0` 和 `ret`。编译器会发现函数"不执行任何操作"，并会消除所有无须替换的调用。关于优化参数的更多信息，我们将仅作简单的介绍。

代码示例 8.12   用于演示 leaf-call 优化的程序

```
1  void Function_D(void)
2  {
3      // Do something here...
4  }
5
6  void Function_C(void)
7  {
8      // Do something here...
9      Function_D();
10 }
11
12 void Function_B(void)
13 {
```

```
14        // Do something here...
15        Function_C();
16   }
17
18   void Function_A(void)
19   {
20        // Do something here...
21        Function_B();
22   }
23
24   int main(void)
25   {
26        Function_A();
27        return 0;
28   }
```

代码示例 8.13　代码示例 8.12 的汇编代码

```
1    Function_D:
2        ret
3
4    Function_C:
5        j          Function_D
6
7    Function_B:
8        j          Function_C
9
10   Function_A:
11       j          Function_B
12
13   main:
14       call       Function_A
15       mov        d2,#0
16       ret
```

回到"存储器效率"和"运行时间效率"的优化目标。在很多情况下，开发人员必须在较小但较慢的版本或较快但较大的版本之间做出选择。"循环展开"选项便是一个典型的例子。为了减少跳转指令的数量，可以展开迭代次数有限的循环。循环体出现在汇编代码中的次数与源代码要求执行循环的次数相同。

那么如何才能让编译器使用非此即彼的优化，以及如何指定优化目标？有不同的方法来执行此操作，具体如下所述。

- 每个编译器都提供了现成的优化组合，因此用户仅需指定粗略的目标（"针对大小优化"还是"针对速度优化"）或优化程度即可。以下开关通常用于控制优化程度：

-O0用于禁用所有优化措施，-O1至-O3用于依次执行更积极的优化。如果未选择任何优化选项，则编译器将使用-O0，这意味着不进行任何优化。

从命令行调用编译器时，优化选项将传递给编译器。如果所用的构建环境支持此功能，则可以根据需要针对每个源代码文件调整优化设置。默认设置通常集中进行配置，例如 Makefile，然后对所有源代码文件均有效。

- 对于编译器提供的每种优化，都有一个单独的编译器开关，当从命令行调用该开关时，可以将其传递给编译器。手册中对可用的优化进行了介绍，在进行代码层级的运行时间优化之前，应对它们进行研究。

- 可以直接在函数层级甚至在函数内的源代码中启用或禁用各个优化选项。这可以通过不同的机制来实现。例如 TASKING 编译器提供 #pragma 语句，如下例所示：

```
1 #pragma optimize u // optimization "Unroll small loops"
2 for (int i=0; i<5; i++) {
3     (...)
4 }
5 #pragma endoptimize
```

第二个例子中，HighTec GCC 编译器允许用户在源代码中针对特定函数启用单独的优化，具体如下所示：

```
1 /* optimize for speed */
2 int __attribute__ ((optimize("Ofast"))) main(void)
3 {
4     return 42;
5 }
```

调试启用了优化功能时编译的软件比调试未启用优化功能时编译的软件要困难得多。随着优化次数的增加，机器代码指令和相应源代码之间的关系变得越来越复杂。

例如，通过"代码重新排序"，汇编程序可以重新排列机器代码指令的顺序，以便保留功能，但需要通过充分利用流水线来加快代码执行速度。但在调试时，对运行时间有益的地方会变成障碍。当使用调试器逐步执行代码时，即使代码中不包含任何跳转指令、函数调用甚至循环，源代码中正在处理的指令的标记也会来回多次跳转，使得该程序的流程几乎让人无法理解。

因此，如果要在调试器或追踪器中检查代码功能是否正确，通常至少要使某些优化无效。一些编译器甚至提供了特殊的优化选项，以方便调试。在 HighTec GCC 编译器中，可使用-Og选项禁用对调试造成障碍的优化。

最后，再次强调应该详细阅读编译器手册，这对于在代码层级成功实现运行时间优化非常重要。每次采用优化措施之后，必须通过测量、追踪或适当的代码仿真来检查对生成的汇编代码的影响。

到目前为止介绍的一些优化方法将在本节中通过一个实例来进行说明。该方法与实际项目优化中使用的方法非常接近。

假定通过运行时间测量或追踪确定函数 memcpy 需要在应用程序中消耗大量的计算时间。现在将分析和优化此函数。它是标准 C 函数库的一部分，非常有名。它将存储器内容从一个区域复制到另一个区域，其简单实现方式的源代码可以在代码示例 8.14 中查看。

代码示例 8.14　逐字节实现的简单 memcpy 实现

```
1  void* memcpy(void* pDest, void const* pSrc, unsigned short n)
2  {
3      /* char pointers allows copying with byte granularity */
4      char* pD = pDest;
5      char const* pS = pSrc;
6
7      while(n--)
8      {
9          *pD++ = *pS++;
10     }
11     return pDest;
12 }
```

参数 pDest 是指向目标存储区域起点的指针，pSrc 是指向源存储区域的指针，n 则指定了要复制的字节数。对于源区域或目标区域，没有内存对齐方面的要求。这意味着它们也可以具有字节对齐方式，如图 8.6 的右侧所示。

此优化将逐步执行。首先，创建一个测试函数，先复制一个字节（$n = 1$），然后再复制 1024 个字节（$n = 1024$），即一个千字节（严格地说，如果正确使用 IEC 前缀[4]，则是一个 KB 的字节）。所需的执行时间采用代码检测进行测量。处理器使用的是英飞凌 TC275，即第一代AURIX。它的工作频率是 200 MHz。

表 8.2 汇总了每个步骤的优化措施并显示了测量结果。最右侧一列显示了在复制 1024 个字节的情况下复制单个字节所需的时间。

下文将详细介绍每个实现步骤及其影响。

第 1 步：未经优化的初始版本。首先，编译代码，不进行任何优化。这意味着编译器使用-O0选项编译代码，并且不进行任何手动优化。

源代码 src 位于 PFLASH0 的第 10 分段（地址范围0xa...）中，该区段默认不启用数据缓存（参见 TC27x[35] 手册的 "Contents of the Segments（区段内容）" 一节）。memcpy 函数也被分配到此存储器分段，此分段的程序缓存已被禁用。

复制过程的目标数据dest 位于相对较慢的 LMU RAM 中，即多核处理器的所有 CPU 共享的 RAM。另外，LMU RAM 内的目标数据位于第 11 分段（地址范围为0xb...），数据缓存也默认禁用。

为了解第一代 AURIX 的不同存储器并将不同存储器的访问时间可视化，可以查看图 8.5 所示的手册摘录内容。

无论是源数据还是目标数据均不采用 32 位对齐。

表 8.2   文中所述各步骤中 `memcpy` 的核心执行时间

1	uncached pflash0	uncached pflash0	uncached lmuram	-O0	–	1 Byte	299	123,650	**120.8**
2	cached pflash0	uncached pflash0	uncached lmuram	-O0	–	1 Byte	330	123,552	**120.7**
3	cached pflash0	cached pflash0	uncached lmuram	-O0	–	1 Byte	282	44,128	**43.1**
4	cached pflash0	cached pflash0	cached lmuram	-O0	–	1 Byte	275	44,044	**43.0**
5	cached pflash0	cached pflash0	dspr0	-O0	–	1 Byte	280	43,496	**42.5**
6	cached pflash0	cached pflash0	dspr0	-O3	–	1 Byte	214	17,592	**17.2**
7	cached pflash0	cached pflash0	dspr0	-O3	word	1 Byte	227	17,537	**17.1**
7a	cached pflash0	cached pflash0	dspr0	-O3	word	4 Byte	359	5,830	**5.7**
8	cached pflash0	cached pflash0	dspr0	-O3	Duff	1 Byte	263	14,899	**14.5**
9	uncached pflash0	cached pflash0	dspr0	-O3	Duff	4 Byte	385	24,603	**24.0**

第 2 步：利用程序缓存。与第 1 步中软件版本的唯一差异是函数 `memcpy` 已移动到第 8 分段（地址范围 `0x8...`），其中的程序缓存已启用。

意外的是，复制 1024 个字节时，运行时间行为并无变化。但是从缓存执行应该会快得多，那么这怎么可能呢？原因可能是数据访问速度太慢，以至于代码的执行速度并不是限制因素。如果此假设正确，将数据移动到更快的存储器或已启用数据缓存的分段应该能够改善这种情况。因此，在中止优化过程之前，第 3、4 和 5 步将重点关注数据的位置。

第 3 步：为源数据使用数据缓存。与函数本身一样，现在将源数据移动到第 8 分段，该分段的数据缓存也已启用。但是，运行时间会急剧下降，复制过程的完成速度提高了约 2.8 倍。

第 4 步：为目标数据使用数据缓存。如果额外将目标数据移动到启用了数据缓存的分段（此例中为第 9 分段），净复制时间几乎没有变化。

第 5 步：为目标数据使用核心本地 RAM。将目标数据移动到 CPU 的 DSPR（Data ScratchPad RAM，数据便笺存储器）。此 RAM 的速度与不存在缓存未命中的缓存一样快。因此，CPU 可以无任何停顿周期地完成访问。

诚然，如果严格遵循图 8.4 所示的策略，实际不会将相当大的 1024 字节数组移动到 DSPR 快速存储器。

有趣的是，此更改对代码运行时间的改善非常小，这是一个非常重要的发现。在此例中，转移到更宝贵的 DPSR 实际上并没有什么作用。结果再次表明，假设有助于开发新的运行时间优化方法，但是，如果没有已通过运行时间测量或追踪证明的改善来支持其影响，那么这些假设将一文不值。

第 6 步：启用编译器优化。坦率地说，在没有任何编译器优化的情况下编译项目中的软件，在某种程度上是不现实的。但是，为了说明效果，到目前为止，此示例都被配置为不使用它们进行编译。

在启用了优化的情况下，编译器现在将使用机器指令，确保能够通过寄存器间接访问存储器，并通过访问后读取的字节数来增大地址寄存器。这种寻址方式称为"后递增寻址"，已在 2.3.1 节中进行过介绍。它还能最大程度地减小循环体，并使用 `loop` 机器代码指令。

在采用最高优化级别-O3的情况下，这种更紧凑的代码甚至能将速度提升大约 2.5 倍。

第 7a 步：手动优化：复制字。如 8.2.2 节"数据对齐"一节所述，32 位架构很难高效地处理字节（8 位）对齐。因此，逐字节地复制大量数据对AURIX来说并不合适。在大多数情况下，源和目标在 32 位软件中也将采用 32 位对齐。而且，要复制的数据量最有可能是 32 位字的整数倍。

利用这些假设，便可以手动优化代码。代码示例 8.15 显示了首先检查所述假设的变型。如果满足这些假设，将逐字地高效复制代码，即一次四字节。

代码示例 8.15　手动优化：逐字复制（如果可行）

```
1  void* memcpy(void* pDest, void const* pSrc, unsigned short n)
2  {
3      unsigned int wordCount = n >> 2u;
4
5      /* Check pDest and pSrc for word alignment. At the same
6         time, check whether n is a multiple of 4 */
7      if(0u==(((unsigned int)pDest|(unsigned int)pSrc|n)&3u))
8      {
9          /* Now use word (1 word = 4 bytes) pointers */
10         unsigned int* pD = (unsigned int*)pDest;
11         unsigned int const* pS = (unsigned int const*)pSrc;
12
13         while(0u != wordCount--)
14         {
15             *pD++ = *pS++; /* Copy 4 bytes at a time */
16         }
17     }
18     else
19     {
20         /* use old implementation of memcpy */
21     }
22     return pDest;
```

```
23  }
```

if(...) 查询中的表达式非常紧凑。此表达式用于检查所有参数的低 2 位是否为零。如果是，则两个地址（pDest 和 pSrc）均采用 32 位对齐，而 n 则指定了要复制的数据量（相当于 32 位字（4 个字节）的整数倍）。

毫不意外，该措施没有带来任何改善。数据没有正确的对齐方式，因此在下一步中计划对数据进行 32 位对齐。

第 7b 步：复制字对齐的数据。只要源数据和目标数据提供 32 位对齐，性能就会大幅提升。现在，复制过程的执行速度可以提高大约 3 倍。

第 8 步：手动优化："达夫设备"。在最后一个优化步骤中，将使用软件开发人员的"魔盒"。20 世纪 80 年代，当汤姆·达夫 (Tom Duff) 为电影行业优化动画软件时，他开发了一种手动展开循环的 C 语言构造，这种构造还能移植到各种用例[36] 中。达夫设备以他的姓氏命名，是一系列交织成 switch-case 构造并被一个较少执行的外部循环环绕的循环体。

代码示例 8.16显示了一个代码段，替换了代码示例 8.15 中的注释 /* use old implementationof memcpy */（第 20 行）。因此，仅当源或目标数据没有 32 位对齐或者要复制的字节数不是 4 的整数倍时，才使用达夫设备。

代码示例 8.16　手动优化：达夫设备

```
1       /* use Duff's device for non-aligned data */
2       char* pD = pDest;
3       char const* pS = pSrc;
4
5       /* Calculate how many number of iterations are left
6          which are a multiple of four. This is after the
7          first entrance to the switch-case which performs
8          the byte copying which are not a multiple of 4..i.e
9          the trailing bytes. RSH 2 = Divide by 4.
10         Essentially we are loop-unrolling at a depth of
11         4 here.. */
12      unsigned int byteAllignedCount = ( n + 3u ) >> 2u;
13
14  /* surpress warning "no 'break' before case label" */
15  #pragma warning 553
16      switch ( n % 4u )
17      {
18      case 0u:
19          do
20          {
21              *pD++ = *pS++;
22              case 3u: *pD++ = *pS++;
23              case 2u: *pD++ = *pS++;
```

```
24              case 1u: *pD++ = *pS++;
25          }
26          /* Pre-decrement byteAllignedCount.
27             This while loop condition is always tested  */
28          while ( 0u < --byteAllignedCount );
29      }
30 #pragma warning restore
```

第 15 行中的 `#pragma` 禁用了一个警告，该警告指示代码块 `case` 没有以 `break` 结尾，这表示在正常使用 `switch-case` 时出现编程错误。达夫设备是一种安全性良好的构造，如果有 `break` 指令，它将不再工作，因此暂时禁用警告是合理的。

必须将第 8 步的结果与第 7 步的结果进行比较，因为两者都使用不采用 32 位数据对齐方式的输入数据。结果显示，达夫设备的性能要高 15 倍。

完成第 8 步后，整个优化过程结束。与第 1 步中的初始版本相比，如果对齐方式和数据量不采用 32 位对齐，则运行时间能提升约 88%；如果对齐方式合适，则运行时间将提升约 95%。

第 9 步：**重新聚焦程序缓存**。第 9 步与表格前面部分断开，表示此步骤不再是优化措施的一部分。

当使用第 2 步启用待检查函数的程序缓存时，其对运行时间的影响并不明显，这非常令人惊讶。假定数据访问是限制因素。再次停用程序缓存后，优化后的变型表现如何？

在第 9 步中，使用优化后的代码变型，函数又回到未启用程序缓存时的分段。现在，缓存的优势显而易见，因为运行时间增加了 4 倍以上。为了进行比较，从这里开始，必须使用第 7b 步的结果，对于第 9 步，也要确保数据采用 32 位对齐。

8.4 运行时间优化总结与指南

为了总结本章的内容，本节列出了一些可用于解决运行时间问题的流程图。它特别适用于之后的项目阶段，在这些阶段，硬件随时可用，软件的主要部分也已经在运行。

由于版面的原因，该流程图分成两张图片（参阅图 8.10 和图 8.11 ）。

如第 6 章所述，运行时间问题有很大的差异。因此，这个相当简单的流程图只能提供大致的指导。

图中的表示方法不兼容 UML，但以实际使用为导向。例如，可以并行执行针对存储器使用的运行时间优化措施和调度层级优化措施，这有助于在情况紧急时节省时间。因此，该流程图也被相应地拆分。

还有一个位置也可以并行执行优化活动。一旦完成所有符号访问频率的测量，就可以将结果用作代码层级优化的基础，而常用的小符号可以移动到快速存储器中。如果时间紧迫，那么这两个活动可以同时进行。

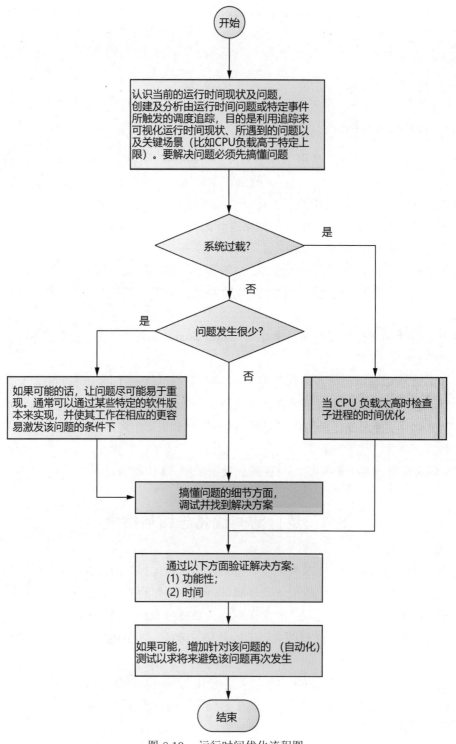

图 8.10　运行时间优化流程图

对于代码层级的优化，强烈建议用户制定一份代码优化计划。这在 8.3 节有过介绍，并在图 8.7 中进行了说明。

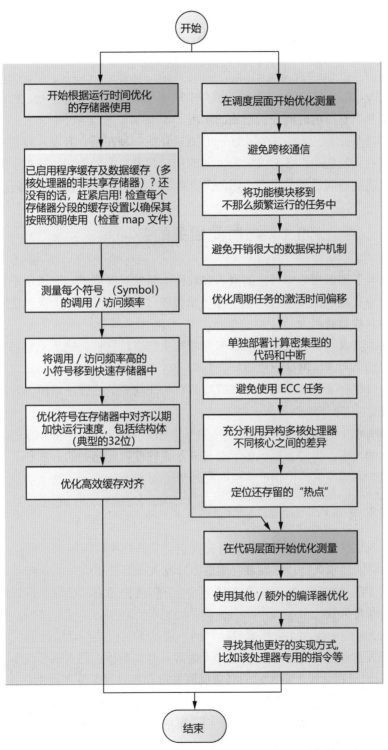

图 8.11　在处理器整体负载过高的情况下用于运行时间优化的子流程

第 9 章 开发过程中的方法技巧

1.2.1 节"V-Model 与时间分析的关联"中简单地总结了如何在开发过程中锚定时间主题，并提供了几个有用的时间分析措施的示例。

本章我们将从此方法入手展开论述，并概括介绍一种在所有开发阶段都考虑时间方面的开发过程。在此过程中，各开发阶段之间的接口起着重要的作用，这对于确保各个阶段避免孤立地解决这些问题至关重要，因为孤立可能导致信息被创建或维护两次。

9.1 与时间相关的各种需求

如果你查看了需求规范中规定的嵌入式软件项目的时间需求，则通常不必阅读太多内容。通常，规范仅限于定义项目过程中各种交付软件的 CPU 负载上限。这同样适用于所用通信总线的总线负载。

尽管软件本身具有各种时间需求，但并非每次都会将它们明确地识别和记录下来，并在设计过程中加以考虑、测试或监测。

本节旨在提供有关如何在项目早期阶段解决时间问题的建议，以便为后续项目阶段打下坚实的基础。

最初，与时间相关的需求应分为两类。第一类涵盖了真正的时间需求，即那些考虑了嵌入式系统时间的需求；第二类则涵盖了对与嵌入式软件时间相关的方法和工具的需求。第二类实际不包含时间需求，但仍经常被归类为"时间需求"。

9.1.1 时间需求

为了更深入地探讨该主题，我们将首先提供一些具体的时间需求示例。

（1）启动时间。不久前，你经常看到很多开发人员打开 PC 后去倒咖啡，他们认为早上必须要启动 PC。由于固态硬盘的引入，如今 PC 的快速启动已经非常普遍，现在必须要为早上享用咖啡再找一个借口。

PC 的启动对应于嵌入式系统的启动时间，这是重启后某些功能达到可用状态所经过的时间。对于大部分嵌入式系统，启动时间通常只有几毫秒。而大部分汽车 ECU 必须能够在 100ms 后出现在总线上，即它们必须能够发送和接收网络管理报文。

但是，也有一些反例，即有些嵌入式系统的启动速度并不快。从科切尔或米滕瓦尔德前往慕尼黑的地区列车在图钦镇编组成一列火车继续行驶。对于乘客而言，编组过程可以看成是一次颠簸。几分钟后，列车终于开始行驶，因为编组过程完成之后重新启动了软件。这种情况下，显然，开发过程中忽略了时间问题。

（2）端到端时间需求。"端"是指事件链的两端。一端可以是传感器（例如刹车踏板），另一端可以是执行器（例如控制刹车灯的电力电子器件）。在此例中，端到端时间需求是踩下刹车踏板后最多 200 ms 内，刹车灯亮起。

（3）允许的最大净运行时间。（CET）。5.8 节"调度模拟"和 5.9 节"静态调度分析"介绍了如何使用这些方法优化和验证调度。此操作的前提条件是知晓任务和中断的最大净运行时间。因此，在应用这些方法时，必须最大程度地提供关于最大净运行时间方面的时间需求。

但是，即使没有充分利用调度模拟或静态调度分析，关于最大净运行时间的规范仍然有用。可以将它们理解为关于允许的最大 CPU 使用率的更细致要求。的确，在早期阶段，关于分配给各个任务和中断多少运行时间的想法可能还比较模糊。但是模糊的想法总比没有想法好。规范应允许在项目过程中调整所需的最大净运行时间值，以使其反映当前状况。9.1.2 节"对于方法和工具的需求"中更详细地介绍了这个概念。

（4）周期性。大多数嵌入式系统，特别是那些有一个或多个控制算法的嵌入式系统，都包含必须以一定时间间隔定期执行的代码。如果实际时间间隔（时间差（DT））与所需的值相差太大，则控制算法将无法正常运行。控制器可能会变得不稳定并开始振荡，这对连接的任何机械系统都可能造成灾难性后果。

在周期性执行的代码部分的软件设计中，除了所需时间差的问题外，还必须回答以下问题：与该期望值的最大偏差是多少？在 6.7 节"有时候网络管理报文来得太早了"所述的实例中，客户在规范中以示例的方式制定了对网络管理报文周期性的要求："报文必须每10 ms 在总线上出现一次；允许的偏差为 ±1 ms"。

在此案例中，后来并未对此要求进行验证，但实际上却违反了要求，这是另一回事。

（5）执行顺序。乍一看，有关代码节顺序的要求似乎不是时间参数。毕竟，缺少以秒（或者毫秒或微秒）为单位的时间规范。但是，顺序对于系统架构师或操作系统配置人员而言是非常重要的信息。如果系统架构师知道 Runnable 之间存在的依赖关系，则他们可以在核心之间或 CPU 任务之间迁移多核系统的 Runnable，以提高系统利用率。

尽管 Runnable 的处理顺序只是这项工作的一个方面（绑定是另一个重要的方面），但如果没有顺序要求，这种类型的优化是不可能实现的。

（6）允许的最大响应时间（截止时间）。前文已经在介绍允许的最大净运行时间（WCET）时提到了调度模拟和静态调度分析。这些方法的主要输出变量是任务和中断的响应时间。响应时间描述了从发出执行（启动）需求到执行完成（终止或结束）的时间跨度。

只要可以通过仔细检查某些功能来确定时间需求，就应在规范中相应地规定时间需求。在某些情况中，可以根据事件链的各个部分推导出截止时间。

（7）允许的最大数据龄期。对数据龄期的要求是：与定义的任务和中断的响应时间是正交关系。

事件链的各个部分也可以表示为数据的龄期。

此外，6.4 节"遗漏及重复的传感器数据"所述的实例也可以描述为需要确定数据项龄期的要求。

（8）允许的最大 CPU 负载。最后，我们应该再次提及前文提到过的 CPU 负载。学术界的软件时间专家通常认为这是一个棘手的问题。对于 AUTOSAR TIMEX，它甚至无法形式化。但是，由于过去已经有很多开发人员和管理人员习惯于将此参数纳入其规范中并在项目开发过程中进行引用，因此，它有资格出现在未来的规范中。4.3 节"CPU 负载"已介绍过 CPU 负载是一项合理需求的其他原因。

9.1.1.1　通过访谈确定时间需求

那么，如何确定嵌入式系统的时间需求呢？一种方法是按顺序采访涉及的函数开发人员、网络专家和集成人员。目的是了解受访者的实际需求，即使他或她最初可能不知道这些需求的存在。Chris Rupp[37] 对此已经有过详细的阐述。

向每个功能开发人员询问他们开发的函数存在哪些时间需求。根据开发的抽象级别，这些问题与物理层级、模型层级、软件组件层级、Runnable 层级（如果项目基于 AUTOSAR）、C 函数层级甚至更低层级的功能相关。

集成人员通常在嵌入式软件时间方面具有丰富的经验，并且通常可以提出功能开发人员没有想到的需求。

图 9.1 和图 9.2 所示的调查问卷为你编制调查问卷提供了建议或参考。对于每一项时间需求，都需要填写调查问卷。收集的时间需求必须包含在需求规范中。

本书随附的在线资源以 Word 文档的形式提供了调查问卷。

9.1.1.2　时间需求的格式

对于 AUTOSAR 项目，可以使用 AUTOSAR Timing Extensions（TIMEX），以形式化的方式将时间需求纳入需求规范，详见 10.3 节"AUTOSAR 时间扩展 TIMEX"。6.8 节"系列项目中无间断的时间分析"重点介绍了一个成功按照此路线开发的量产项目。然而，还应注意的是，至少在 2020 年夏季以前，使用 TIMEX 将时间需求形式化的操作还非常少见。相关工具提供的支持太少了。当时还没有人按照 TIMEX 标准在AUTOSAR XML 中编写时间需求。AUTOSAR XML 语法只能生成，而无法手动创建。此外，TIMEX 的语义也非常复杂。总体而言，它们非常灵活、全面且合乎逻辑，但是需要事先进行大量培训才能放心地使用。

对于非 AUTOSAR 项目，可以将通过访谈了解的时间需求形成书面记录，这可以作为 TIMEX 的替代方法或过渡到 TIMEX 之前的临时解决办法。每位开发人员都需要理解函数、Runnable 或任务的最大容许 CET 的含义。控制算法的抖动上限也很容易理解。为选定的时间参数指定允许的最大值或最小值具有多个优点。

（1）所选时间参数允许的最小值和最大值很容易理解。

（2）可以使用自定义格式、时间工具使用的格式或标准化格式，以形式化的方式指定它们。其中一个潜在选项是 ASAM ARTI，详见 10.4.2 节。

（3）所选时间参数允许的最小值和最大值可以通过时间工具直接处理。

时间需求问卷

日期：　　　　　　　　　　　　_____

项目名称 / 编号：　　　　　　_____

填写人（名字）：　　　　　　_____

时间需求简短描述：

_____

_____

_____

该需求于何相关？

描述：　　　　　　　　　_____

请勾选：

　　□ 代码 / 功能
　　　　□ 物理层
　　　　□ 模型层
　　　　□ 软件组件
　　　　□ Runnable
　　　　□ C 函数
　　　　□ 代码层
　　　　□ 其他：　　　_____
　　□ 数据
　　□ 其他：　　　　　_____

图 9.1　时间需求调查问卷的第 1 页

可以使用各种时间分析工具来检查时间需求，其中包括调度模拟、静态调度分析、时间测量或追踪。所有这些方法（详见第 5 章）都将时间参数作为可与时间需求进行比较的输出提供，从而回答以下问题：由时间分析工具确定的时间参数是否在规定的范围内？这类检查既简单又实用。

　　根据项目阶段，在构建过程或自动化测试期间，将其作为全自动化系统实现。经验一次又一次地表明，安装此类自动化测试系统的项目在后期很少会突然出现时间问题，详见9.6 节"时 间 验 证"；但是应该注意的是，自动化时间测试能够节省非常多的时间。设定完成后，它们几乎不需要维护。测试的执行由脚本完成，因此开发人员甚至不需要花费精力。

那些时间参数相关?

请勾选:

- □ CET　(Core Execution Time，核心执行时间)
- □ DT　　(Delta Time，时间差)
- □ RT　　(Response Time，响应时间)
- □ GET　(Gross Execution Time，总执行时间)
- □ ST　　(Slack Time，间隔空闲时间)
- □ NST　(Net Slack Time，净间隔空闲时间)
- □ IPT　　(Initial Pending Time，初始挂起时间)
- □ JIT　　Jitter，抖动)
- □ PRE　(Preemption Time，抢占时间)
- □ 执行顺序 (例如 Runnable 执行顺序)
- □ 数据龄期 (数据读写或收发的时间差)
- □ 初始化时间: 从 ＿＿＿＿＿＿＿　到 ＿＿＿＿＿＿＿＿＿＿＿＿＿＿＿
- □ 不适用
- □ 其他: ＿＿＿＿＿＿＿＿＿＿＿＿＿＿＿＿＿＿＿＿＿＿＿＿＿＿＿

数值类型?

请勾选:

- □ 允许的最小值
- □ 允许的最大值
- □ 平均值
- □ 不适用
- □ 其他: ＿＿＿＿＿＿＿＿＿＿＿＿＿＿＿＿＿＿＿＿＿＿＿＿

数值 (列如单位 µs 或 µs)?

限制或期望值: ＿＿＿＿＿＿＿＿＿＿＿＿＿＿＿

　　　　　　或

执行顺序: ＿＿＿＿＿＿＿＿＿＿＿＿＿＿＿＿＿＿＿＿＿

图 9.2　时间需求调查问卷的第 2 页

一旦自动化时间测试提前发现哪怕一个时间问题，它们就是值得的。

9.1.2　对于方法和工具的需求

9.1.1 节涉及了具体的（通常是非常特定于项目的）时间需求，现在我们将探讨与时间方法和工具相关的需求。

首先，必须考虑时间分析应该在哪个项目阶段中发挥作用以及在什么程度上发挥作用。后面的章节以及第 5 章"软件时间分析方法"提供了这方面的建议。与安全相关的项目也有时间分析方面的具体要求，详见 11.2 节"安全标准、时间及时间验证"。

对这些工具和方法的一个相当明显的要求是捕获并验证先前指定的具体时间需求。那么，哪些工具可用于收集和验证呢？可以通过时间测量、追踪、代码仿真和/或静态代码分析来确定和监测 CET。对于调度层级的时间参数（例如响应时间、时间差 DT 或 CPU 负载），可以使用时间测量、追踪、调度模拟和/或静态调度分析。甚至在硬件和软件可用之前，就可以尽早使用基于仿真和模型的方法，并且可以在较短的评估周期内快速评估不同的配置。通过测量和追踪，可以深入了解不受模型或仿真可能存在的任何错误或缺点影响的真实系统。了解表现有别于预期或模型的真实系统十分重要。

本书的一个重要方面是为选择工具和方法时做出最佳决策提供基础。对于如何选择，没有简单的规则，因为需求往往因开发人员和项目而异。当然，当前使用的工具格局和现有的内部开发流程也将在此决策中发挥重要作用。

一旦完成了关于使用哪种分析方法的考虑，就面临着关于哪个项目合作伙伴以哪种形式涉及其中的问题。这定义了规范中需要包含哪些需求、方法和工具。下文将以一个具体的例子进行说明。

航空领域的飞行控制器制造商从供应商处购买了其软件的基本部分，包括基础软件。供应商还承担了软件集成工作。该制造商还开发了大部分的应用程序软件。不受硬件影响的时间测量方法将用于软件时间优化和时间验证。制造商在规范中对此作出了规定。但是，还有一条要求被遗忘了，那就是还必须向制造商提供测量技术来帮助开发制造商自行开发的软件部分。根据要求中的定义，供应商使用测量技术，将结果记录在案并提供给制造商。使用的测量技术是供应商开发的工具，该技术可以并且只能在供应商内部使用。现在，制造商发现自己处于糟糕的境地，因为没有任何测量技术可用于开发其代码部分。安装自己的解决方案也非常困难，因为所需的测量技术类型需要集成到基础软件中。

一般情况下不会对供应商使用的时间分析工具作出规定。但是，有时规定这样的工具很有用，并且可以通过纳入需求规范来实现。对于要使用的编译器，就是这种情况。如果规范中未规定任何具体工具，则必须以足够的准确度将所需的功能形式化成单独的要求。

最后，当用户定义规范以及需要考虑与软件相关的工具和方法中最重要的方面有哪些时，从日常经验中得出的以下问题集能够提供帮助。应该注意的是，对于不同的项目，并非所有问题都需要答案。

- 它是安全关键项目吗？如果是，那么是否考虑了软件时间方面相关安全标准的要求？

关于安全方面的内容，详见第 11 章"功能安全，ISO 26262"。

- 预期的时间分析方法能否充分捕获和测试/验证所有具体的时间需求？
- 是否还有某种分析方法可用于高效的时间调试（在调度层级实现真实系统的可视化）？
- 如果没有硬件，是否可以进行调度分析和优化？
- 哪些项目合作伙伴应该能使用哪些工具？
- 哪些项目合作伙伴应该能获取时间分析的结果？
- 哪些测试应在何时何处进行，以及进行到哪种程度？对于"何处"，应考虑以下选项：
  - 使用 MIL（Model In the Loop，模型在环）；
  - 使用 SIL（Software In the Loop，软件在环）；
  - 在实验室中；
  - 使用 PIL（Processor In the Loop，处理器在环）；
  - 使用 HIL（Hardware In the Loop，硬件在环）；
  - 在测试站的子系统上；
  - 在目标环境中（工厂中、车辆上、飞机上等）。
- 是否明确定义了如何确定 CPU 负载？仅当定义/配置相同时，才能生成可比较的结果（参阅 4.3 节"CPU 负载"）。

9.1.3　通用需求模板

6.8 节"系列项目中无间断的时间分析"中所述的量产项目不只是一个成功的前瞻性"时间项目"。在创建项目的需求文档后，会概括许多有关时间分析的需求，并将这些需求汇集到一个池中，以供将来项目的需求文档使用。多年以来，时间需求文本模板池经过不断地维护、完善和补充，如今已变得越来越丰富，并且由软件时间专家们通过讨论达成了共识。

每当新项目启动时，都可以利用此需求池来制定规范。制定规范时节省的时间非常可观，并且提供了很大的优势。更为重要的是，在收集需求时，要确保规范的制定者至少考虑了对成功开发安全 ECU 至关重要的时间方面。

由于这些方法具有显著的优势，它们正日益获得认可和传播。另外，还可以观察到，在使用这些时间需求文本模板的项目中，时间问题的数量远少于那些从头开始解决时间问题甚至在制定规范时就完全忽略时间问题的项目。

但是，经验表明，与时间需求文本模板池一样，它们也需要维护和沟通。这里的维护意味着针对不断变化的开发流程和开发环境以及工具格局的转变而持续进行更新。但是，更重要的是对负责编写需求规范的人员进行培训。首先，他们必须意识到存在一个需求文档文本模板池。如果他们也有扎实的软件时间基础知识，那么一切都已妥善完成。

9.2　开发期间的协作

这里的"项目合作伙伴"是指客户与供应商之间的关系。就软件时间而言，项目合作伙伴展开合作时没有考虑太多。核心问题已经根据上一节中所述的需求加以明确。但是，如果尽早讨论和指定有关合作的其他主题，则可以节省很多时间。

其中一个重要方面是交换与时间相关的信息，同时避免披露需要保密的知识产权（IP）。图 9.3 显示了当合作伙伴双方为项目贡献软件并且双方都希望保护其知识产权时，客户与供应商之间的典型协作场景。为了确保这一点，需要在目标代码层级而不是源代码层级交换代码。

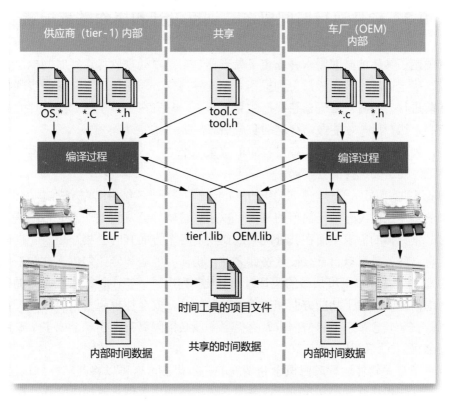

图 9.3　具有知识产权保护的联合开发项目

时间分析所需的所有与 IP 不相关的信息都应位于所有项目合作伙伴都可以访问的共享区域中。这些信息包括时间分析工具的项目文件等，无论是调度模拟、静态调度分析、追踪还是任何其他适当的方法。

当涉及检测（基于软件的追踪、基于软件的飞行时间测量以及软/硬件混合追踪方法就是这种情况）时，时间工具源代码的通用部分也属于共同领域。这包括那些包含配置的模块，例如，基于软件的追踪中使用的追踪内存大小（如果追踪存储器在处理器的 RAM 中）。

每个项目合作伙伴还可以自由地对其受保护的部分进行检测，以及建立详细的测量或追踪图表，这些测量或追踪图表将不会对每个人开放，因而与公共区域无关。应该注意的是，通常必须为每个检测点分配一个识别号 (ID)。为了避免 ID 重复，在项目开始时务必要为每个项目合作伙伴分配一个 ID 范围。如果有两个伙伴，建议为其中一个分配较低的范围，为另一个分配较高的范围。例如，如果该工具支持由 8 位 ID 识别的用户定义事件，则可以为供应商分配 ID 0x00～0x7F，为 OEM 分配 ID 0x80～0xFF。现在，无须进一步的协议，每个合作伙伴都可以在项目过程中创建用户定义事件，同时避免造成任何冲突。如果有多个合作伙伴，则必须创建多个区域。

以这种方式进行的合作使所有合作伙伴都可以灵活、详细而轻松地对整个系统以及自己的代码进行时间分析。

9.3　软件运行时间概念、调度设计和操作系统配置

一旦确定了具体的时间需求并选定了处理器，就可以处理软件运行时间概念。然后从概念出发，确定调度设计，最后得到操作系统配置结果。理想情况下，这些步骤将在选择处理器之前进行，并将对处理器选择产生重大影响。只有在大致了解哪些软件元素将在哪些处理核心上运行后，才能做出合理的负载估算。

但是，处理器的性能只是选择过程中的决策标准之一，因此，通常在处理软件时间概念之前就已经知道要选择的处理器。

本章末尾的实例显示了一个令人愉快的例外情况和一个非常结构化的方法，如 9.9 节所述。

不幸的是，当前没有任何简单的规则可以用来将软件分发到处理器的不同核心。每个项目都有非常具体的需求，而在其分配中起作用的各个方面有时会相互矛盾。也许在某个时候，会有一些工具可以自行分发。在此之前，仍需要经验和专业知识，这些正是本书试图传达的知识。8.1 节"调度层级的运行时间优化"列出了一些在设计系统时为提高系统性能可以考虑的方面。除了功能方面和软件运行时间外，安全性也起着重要作用，它回答了以下问题：安全概念带来了哪些需求？存储器区域必须隔离吗？在一个或多个专用核心上放置与安全相关的代码是否有意义？

一旦有了有关软件运行时间概念和调度的初步想法，就可以将其转移到调度模拟中。如此一来，这些想法就变得切实可行，并且可以在添加更多信息时加以完善。模拟还非常有助于进一步发展和完善这些想法。我们可以在模拟过程中快速确定有效的方法、无效的方法以及特定方法对调度产生的影响。

然后我们可以使用静态调度分析来验证概念是否确实满足各自情况下的需求。

9.4　软件运行时间调试

"Bug"已成为软件错误的代名词。因此"调试器"（Debugger）是指用于消除软件 Bug 的工具。在大部分情况下，功能方面都是关注重点。通过在出现明显错误的时间点停止软件，可以检查变量的内容，此外，在单步模式下，还可以追踪软件的流程。

但是，对于软件运行时间问题的调试，这种方法只能提供有限的帮助。许多嵌入式系统嵌入得非常深，并且依赖于其环境，因此无法逐步停止并执行软件。即使是这种情况，传统的调试也不是解决大多数软件运行时间问题的首选方法。它侧重于代码层级，但大多数时间问题都出现在调度层级。传统的调试无法解决第 6 章"软件时间问题案例"中所述的任何时间问题。

深入了解真实系统的调度层级的最好办法是追踪。调度追踪图表是通过检测还是硬件生成并不重要。重要的是，可以将所有相关 CPU 上中断和任务的执行、线程和进程的执行以及相关数据的交换可视化。

9.5 运行时间优化

将运行时间优化视为开发过程中的固定步骤并非常见情况。在大多数项目中，仅在出现时间问题时才会启动调试和随后的运行时间优化。

但是，在项目规划期间有必要考虑优化的能力。在最佳情况下，你会发现可以运行时间优化的方面一切都正常，因此不需要优化。如果不是这样，请参阅第 8 章"软件运行时间优化"，该章它详细探讨了该主题并介绍了所有可能的优化方法。

9.6 时 间 验 证

时间验证的成功与否取决于自动化时间测试的可用性。如果可以使用自动化测试，并且每晚进行一次自动测试，那么突然出现时间问题的可能性非常低。

越来越多的项目正在进一步朝这方面发展。这些项目在每次提交或推送代码时（即提交更改以实施版本控制时）都会执行时间测试。目前已针对功能测试建立了这种被称为"持续集成"的方法。

自动化测试可以在不同的环境中实现。单元测试通常在 x86 架构上（即在 PC 本地或测试服务器上）执行。5.4.2 节"用例"详细地讨论了如何相对轻松地扩展单元测试，确保除了功能测试之外，它们还可以基本捕获和监测被测函数的 CET。自动化测试支持在代码层级进行分析，而且不会显著延长单元测试的持续时间。

使时间测试与功能测试并行执行的想法也可以应用到更高的层级。系统测试在 HIL 和子系统测试站上执行，而且分析可以同步进行。除了 CET，也可以获取和监测调度层级的时间参数，特别是 CPU 负载、RT（响应时间）和 NST（净间隔空闲时间），并且这种获取和监测很有用。

HIL 提供的时间测试可以分为后文中所述的类别。如果可能，在执行自动化测试时，应该为每个类别分配自己的测试阶段。

9.6.1　测试阶段"分析"

简单地说，分析是指确定时间参数的过程。可以直接使用时间测量来进行，也可以间接使用追踪来进行，详见 5.2.2 节"分析、时间测量和（再次）追踪"。

功能测试针对的是特定的功能和运行状态。在大多数情况下，为每个测试记录单独的分析数据集并将其与功能测试结果一起存储将很有用。某些测试肯定会包含特定于该测试的时间参数。例如，如果单独检查测试部分中的所有诊断作业，则至少应测量诊断处理程序的 CET 和每个单独作业从请求到执行的总持续时间。

9.6.2　测试阶段"POI（兴趣点）追踪"

通常，嵌入式系统在大部分时间都处于正常状态。在这种状态下，控制器可以执行作业、路由报文、等待输入等。

但是，有一些事件导致系统偏离此正常状态，这通常会或多或少地对调度产生重大影响。从时间分析的角度来看，此类事件为"POI"（兴趣点），因为还必须确保在偏离正常状态期间，调度和运行时间保持正常。

此类事件包括错误处理、执行诊断作业、执行附加功能或变换到另一种运行状态。如6.7 节"有时候网络管理报文来得太早了"中所述，此种变换是导致时间问题的原因。该问题得到解决后，再次使用兴趣点追踪来确保将来不会再次发生此问题。

单元测试的目标之一是有针对性地测试异常条件，即包括涵盖正常运行的测试变量以外的测试。

此理念也构成了"兴趣点追踪"的基础。POI 是在自动化测试中专门实现的，追踪图表也会随之创建，以显示 POI 追踪期间的 POI 调度。如果发生异常或意外情况，则可以通过检查追踪图表或通过（自动）检查先前制定的时间需求来立即发现。如果认为一切正常，则将追踪图表与其他测试结果一起存储，从而记录 POI 的无错误调度。

9.6.3　测试阶段"极端情况"

上一节显示了与单元测试的相似点。"极端情况"（极少发生的极端情况）也存在这些相似点。在单元测试中，会对输入变量的边际区域进行采样，尝试覆盖它们。

但是，将"极端情况"转移到调度中并非易事。即使人们确切地知道任务和中断的组合以及哪些 CET（或其他时间参数）导致了"最坏情况"，也不容易引起这种情况。

因此，对于极端情况的分析，可使用与实际硬件和环境无关的分析方法，例如调度模拟和静态调度分析。

9.6.4　测试阶段"凭经验确定空间"

此测试阶段的目标是找出软件在遇到时间问题之前有多大的空间。这种方法也可称为"稳健性分析"。它不仅实用，而且简单。将可在运行时扩展的延迟函数内置于要执行分析的代码中。此延迟应可调节，以便消耗定义的 CET。在重复执行相关测试时，调节延迟时间使此延迟函数的 CET 缓慢增加，并在此期间检查所有时间需求，尤其是有关 DT、RT 和 CPU 负载的时间需求。一旦违反时间需求，就会将延迟的当前 CET 记录为受影响代码节和所执行测试的测试结果。

当然，不应将结果值视为可以扩展受影响代码位置的 CET。当然，"可用时间"低于此时间。但是，这种经验方法对于了解项目当前的进展非常有帮助。如果可以加入的延迟 CET 值非常小，应被解释为警报信号。在这种情况下，应立即采取措施。

NST（净间隔空闲时间，如 4.1.1 节 "RTOS 调度（OSEK、AUTOSAR CP 等）时间参数" 中所述）与凭经验确定可用时间密切相关。需要计算可用空闲时间，从另一个角度了解运行时情况，而不是使用延迟函数来消耗可用时间。

9.7　尽早考虑后期的功能

上一节介绍的延迟函数也可以通过其他方式使用。在项目过程中，可以先为后期的功能添加占位符。尽管占位符并不能代表功能本身，但却可以代表功能所需的运行时间。图 9.4 说明了这一点。在时间轴上，可以看到项目历史记录及其软件版本。但此处使用的通常是 "集成阶段" 一词，而非 "版本"。y 轴显示特性、功能和 CPU 负载。这里存在一定的相关性，因为其他功能需要额外的计算时间，因此会增加 CPU 负载。

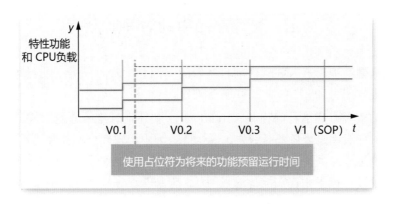

图 9.4　为未来的软件版本提供时间保障

那么，为什么要尽早考虑未来的功能呢？图 9.4 中提供了一个示例。未来功能的占位符将在版本 V0.1 延迟函数之后实现。该项目计划用于展望未来，并考虑为下一个版本规划的功能带来的影响。即将发布的 V0.2 版扩展功能可能包括一项已在其他项目中使用的功能，并接受过时间需求方面的评估。因此，可以将 CET 为 620 s 的占位符添加到 10 ms 任务中，并且可以在 1 ms 任务中创建另一个 CET 为 81 s 的占位符。

查看 V0.3 版本的功能后发现，正在等待集成的新开发尚未在任何其他项目中使用。因此无法从其他项目中导入运行时。但是，可能已在 PIL（Processor In the Loop，处理器在环）上进行过测量，此测量可能是在 5.5.2 节中所述的单元测试期间进行的。如此一来，在首次集成实际功能之前，就可以通过适当的占位符将以此方式确定的 CET 纳入到软件中。

使用类似的方法，还可以估计将来总线上的通信量。例如，如果使用了 CAN 总线，则在早期阶段可以按照预期传输模式发送计划的报文，因而可以暂时确定总线负载。在低优先级 CAN 报文的延迟方面，这一扩展系统也将越来越接近其未来形式。

通过这个改进平台，现在可以进行广泛的测试。功能对应于版本 V0.1，但是时间行为与版本 V0.3 的预期相同。此类测试不仅限于实验室或 HIL，它们还可以扩展到嵌入式系统的最终环境，例如汽车（如果是 ECU），从而可以在最真实的意义上体验到未来的时间行为。

在插入所有占位符之后，可能会发现系统完全无法运行。这乍看会令人失望，但实际上却是一种非常有价值的见解。因为可以在早期明确一点：如果没有实现时间优化，该软件的 V0.3 版本将不稳定。如果没有占位符，则可能仅在集成 V0.3 版本时以及在项目中由于增加新功能而导致压力很大的时候才注意到这一点。对于在开发阶段出现的每个问题，确定问题是由功能问题还是时间问题导致的可能会非常耗时。

通过（运行时间）占位符使用未来功能映射的方法是一个决定性的优势：它会在项目过程中传播可能的问题。时间问题不受特定功能的影响，可以尽早予以调查和解决，增加新功能对时间产生的影响通常微乎其微。占位符的启动时间可以自由选择。建议在版本（示例中为 V0.1）完成后进入一个相对平静的阶段。

9.8　最终产品中的时间监测

时间验证通常被视为嵌入式软件项目开发的一部分。时间分析在以后的系统正常使用期间也可能会很有用。

一种简单的实现方式是看门狗（Watchdog）。硬件定时器将递减计数，并在达到零时触发软件重置。在低优先级任务（例如，后台任务）中，软件会将计数器重置为其初始值。如果软件按预期运行，则计数器永远不会达到零，因为后台任务会被频繁调用。

但是，如果软件由于错误而"挂起"，则计数器不会复位，看门狗也将递减计数至零，从而触发软件重置。软件应具有在初始化过程中确定上次复位原因的能力。任何不良重置（例如看门狗重置）都应在诊断错误缓冲区中产生一个条目，这样就可以确定存在问题。

看门狗无法提供很多用于错误分析的信息。诊断错误缓冲区条目仅指示看门狗已触发，但不指示原因。

相反，看门狗未重置并不意味着系统没有时间问题。看门狗只是最后的一道保障。

如果以常规时间测量（参阅 5.5 节"运行时间测量"）作为基础，则对时间的监测会更加精细。通过这种方式，用户可以在运行时确定和监测特定的时间参数。最小值和最大值可以存储在非易失性存储器（例如 NVRAM 或 EEPROM）中，并在以后访问嵌入式系统时读出。

在这种情况下，用于时间测量的代码不再仅仅是一种纯粹的测量方法，而是成为软件

的一部分。因此，它还必须满足生产软件的质量和安全要求。为了在与安全相关的汽车控
制单元（例如转向或制动系统）中使用它，建议（甚至可以要求）获得 ISO 26262 ASIL-D
认证。

即使采用了时间测量，在大多数情况下也很难分析错误原因。这时，追踪是了解和解
决时间问题的一种备选方法。如果非易失性存储器具有足够的空间，则可以在观测到不符
合时间需求时永久储存追踪图表。存储器空间正变得越来越大，这意味着越来越有可能存
储绝对时长较短但通常足够用于分析的追踪图表。在很多情况下，更大的问题是从现场收
集追踪图表。在某些情况下，例如在工业工厂中，可以进行远程访问，并且可以使用此功
能来检索追踪图表。

9.9　一个好例子：Vitesco Technologies 出品的CoReMa

"开发过程中的方法技巧"一章的结尾将介绍汽车行业的一家供应商所使用的成功方
法。该公司的动力总成部门成为这个成功故事的主角并非偶然。发动机控制单元是汽车上
的首批控制单元，有关部门也相应积累了大量经验。博世公司（Robert Bosch）、纬湃科技
（Vitesco Technologies）（前身为大陆集团的动力总成事业部）、电装（DENSO）等业内老
牌厂商都是如此。

对于其发动机控制单元，纬湃科技多年来一直在系统地收集有关软件所需资源的信息，
并持续了多个软件世代，包括 RAM、堆栈和闪存需求，以及时间需求。关于 RAM 和闪存
需求的数据可以轻松地从链接器映像中读出。静态代码分析用于确定堆栈需求，CET 则通
过基于软件的测量（嵌入在多个 HIL 自动化测试中）来确定。

所有数据均至少在 AUTOSAR 将调用 Runnable 的层级上确定，也就是说，针对由任
务直接调用的函数确定。一组特定的函数代表了一个特定的功能，这也类似于 AUTOSAR
中的软件组件（SW-C）（由一组特定的 Runnable 组成。

大多数软件组件是独立于特定项目开发的，可以反复用于不同的项目，类似于构建工
具包中的构建块。这些项目中使用的处理器类型和编译器并非始终相同，但毫无疑问，资
源信息总是会被系统地收集到数据库中。方法和数据库以及相关的工具被命名为 CoReMa
（**C**ore **R**esource **Ma**nagement，核心资源管理系统）。随着时间的推移，这使纬湃科技能
够非常详细地了解哪个软件组件在什么条件下使用了多少资源（图 9.5）。每一列"Env x"
（**E**nvironment，环境）都包含了已定义环境的资源数据。构成环境的参数包括使用的处理
器、时钟频率、使用的编译器、编译器开关、运行状态（包括电机转速）等。

这对于软件开发和安全性来说非常有价值。例如，软件变更产生的新值将自动与以前
的值进行比较。如果一次软件变更无意中使资源需求发生了巨大的变化，那么这种变化会
立即被检测出来，而不是在组件集成后几周才被发现，如果那时现场突然出现了零星的错
误，则必须进行费时费力且成本高昂的分析。

对于未来的项目，CoReMa 带来了更多的可能性。如果纬湃科技从客户处收到即将启

动的项目规范，开发人员可以通过调度模拟，以CoReMa 数据为基础，虚拟地组装未来的控制单元。需求规范定义了所需的功能。现在可以从数据库中选择所需的构建块（软件组件），并将其集成到呈现所需功能的模拟系统中。

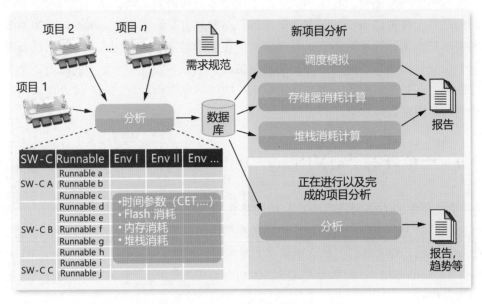

图 9.5　CoReMa 工作流程和数据库结构

利用这种调度模拟，可以建立软件时间设计，估计预期的 CPU 负载等。这样就可以提前回答一些关键问题，例如：便宜的处理器 A 已经够用，还是必须使用处理器 B？在模拟过程中，可以快速完成处理器的更换。数据库为不同的处理器提供了软件组件的净运行时间。

因此，纬湃科技能够在非常早期的阶段提供对未来调度的可靠估计。一旦软件在新硬件的早期样本上运行，就可以进行有效的追踪，并且生成的追踪图表支持与模拟结果进行比较。此外，还可实现非常高效的（软件时间）调试，无论是在开发人员的办公桌上、HIL上，还是车辆上。

对于希望在整个项目过程中关注和控制时间的人来说，这种方法是一个蓝图。在最初引入这种方法之后，时间问题大幅减少，带来巨大的回报。纬湃科技已经证明了这一点——他们的开发人员很少需要处理不可预见的时间问题。

9.10　总　　结

如何在（嵌入式）软件开发的每个阶段考虑软件时间？本章尝试回答了这个问题，或者至少来说，它提供了一些思路。考虑软件时间的目标是以低成本开发安全可靠的嵌入式系统。

　　建议的措施包括确定具体的时间需求和时间分析需求、专门的时间测试以及监测最终产品的时间。

　　在本章的末尾，我们简单地介绍了汽车行业的一家大型供应商的实现过程。多年来，纬湃科技的CoReMa数据库已经多次得到了证明。它使纬湃科技能够通过自动化流程监控软件时间，甚至可以通过调度模拟来展望未来的新项目。

第 10 章 AUTOSAR

AUTOSAR 是汽车开放系统架构（**AUT**omotive **O**pen **S**ystem **AR**chitecture）的英文缩写。它是由汽车制造商、供应商、工具制造商和开发服务提供商组成的联盟，旨在实现软件架构、接口和汽车控制单元软件开发方法的标准化。

而软件时间在AUTOSAR 的多个方面起到了重要作用。例如，AUTOSAR 时间扩展（TIMEX）就允许对运行时间需求作出详细描述。但是，目前仅有很少的量产项目在使用TIMEX。

运行时间环境（RTE）的配置和使用方式对软件的运行时间行为有很大的影响，其中有一些陷阱已经导致很多项目陷入困境。

ARTI（AUTOSAR 运行时间接口）用于大幅提升AUTOSAR 模块和AUTOSAR ECU应用软件的追踪和调试。但是，ARTI 目前还不成熟。AUTOSAR AP（自适应平台）也同样如此，该平台基于POSIX 操作系统。除了 POSIX 中定义的时间参数以外，汽车软件的重要时间参数仍然缺失，例如控制器的核心参数时间差（DT）。

以下章节将介绍与软件时间有关的AUTOSAR 基础知识，同时提供一些实用技巧。两种情况下的目标都是通过提高基于AUTOSAR 的 ECU 的效率、可靠性和安全性来改善它们的运行时间行为。

在 2016 年之前，基本只有一个AUTOSAR，其标准侧重于实现实时操作系统的 ECU。AUTOSAR OS 标准直接继承了OSEK/VDX 标准（参阅 3.2 节 "OSEK/VDX"）。但是，我们已经清楚地知道，这种经典的AUTOSAR 很难扩展，无法支持高性能 ECU，例如自动驾驶所需的 ECU。因此，与其扩展现有的标准（这会导致高度的复杂性），不如建立一组新的标准：AUTOSAR AP。而之前的AUTOSAR 则成为经典标准，即AUTOSAR CP。所有通用要素，例如与方法有关的要素，均已转移到新建立的基础部分（FO）（见图 10.1）。本章将始终保留图中用于标示 CP、AP 和 FO 的颜色，以识别相应的标准组。

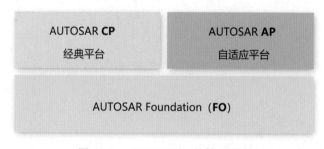

图 10.1　AUTOSAR 的核心要素

以下各节仅使用摘录描述AUTOSAR 方法，即侧重于与计时相关的要素。部分示例取自于一张比较了AUTOSAR CP 和 AUTOSAR AP 时间特性的 DIN-A1 海报[38]，该海报也将在本书随附的在线资料中提供。

AUTOSAR CP 和AUTOSAR AP 均使用 ARXML（AUTOSAR XML 格式）记录所有配置信息。在 ECU 项目中，信息通过多个 ARXML 文件分发。虽然 XML 原则上也可以人工读取，但这几乎不适用于 ARXML。由于存在大量引用且 ARXML 文件比较庞大（对于单个 ECU，通常超过 200 MB），因此必须使用工具来处理它们。

10.1　AUTOSAR CP

如何在 AUTOSAR CP 项目中实现明确定义的功能（如发动机控制单元的怠速控制）？下一节将介绍这方面的内容。为了区别于用 C 语言编写的函数，在谈到特定的特性时将使用术语功能。

图 10.2 显示了通过开发过程实现两个功能的过程。通过的不同层级将特别予以突出显示。这些级别与 V-Model 中的抽象级别相同。层级越高，就越不具体，关系就越抽象。

10.1.1　功能架构

顶层是功能架构，在这个阶段，甚至还没有确定功能最终是在 AUTOSAR CP 还是 AUTOSAR AP ECU 上实现。因此，功能架构层级在图中以灰色突出显示，而不是以图 10.1 中所示的绿色 (AUTOSAR CP) 或棕色 (AUTOSAR AP) 突出显示。尽管图中只显示了两个功能，但真正的系统将包含各种各样的功能。

10.1.2　软件架构、SW-C 定义和 VFB

在创建软件架构时需确定是使用 AUTOSAR CP 还是 AUTOSAR AP。功能均使用软件组件（SW-C 或 SWC）描述。软件架构还定义了 SW-C 如何相互通信。虽然还没有指定使用哪种物理介质来交换数据，但是通信的类型已经确定下来。可能的通信类型有两种：

（1）发送器/接收器。发送器将数据发给一个或多个接收者，这属于单向通信。如果接收器需要响应，则还需要配置额外的通信信道。

（2）客户端/服务器。客户端向服务器请求服务，如请求提供数据。

因此，软件组件可以是发送器或接收器，也可以是客户端或服务器，甚至可以承担其中的多个角色。或者，软件组件不执行任何 AUTOSAR 通信，因此也不具有这些角色中的任何一个。在软件架构层级，软件组件通过单个虚拟总线（虚拟功能总线，VFB）进行通信。

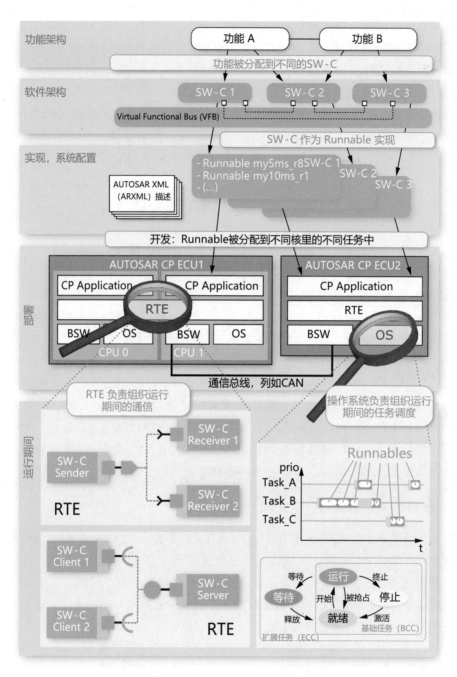

图 10.2　AUTOSAR CP 概览

10.1.3　RTE

通信由 RTE[39]（**R**un-**T**ime **E**nvironment，运行时间环境）组织。每个 RTE 都有一个配置环境和一个代码生成器。RTE 的一项基本任务是确保通信过程中的数据一致性。即使在发送器、接收器、客户端或服务器这一类的较高抽象级别上进行考虑，存储单元也需要在最低层级进行写入、读取和复制。这可能导致 2.9 节和 7.3 节节中所述的问题。7.3.2 节中强调，用于确保数据一致性的机制比较费时。在生成代码之前，RTE 代码生成器会分析大体是哪些地方可能会出现不一致的数据。例如，如果两个任务具有相同的优先级，则它们不能相互打断，因此不能使不一致的数据被写入对方。在此分析之后，RTE 会生成安全通信所需的数据、副本、访问函数和复制例程。在大体不会出现数据一致性问题的地方，可使用高效、快速的机制，例如简单的全局变量。

10.1.4　实现、系统配置和 Runnable

软件组件的实现通过 Runnable 执行。这些 Runnable 通常是 void-void 函数，即没有参数、没有返回值的函数。Runnable 有特定的需求，特别是在调度方面。其中一个需求就是比如"必须每 10 ms 执行一次"。

Runnable 将通过两种方式分配给任务：用户手动实现配置，或者部分配置由 RTE 执行，更准确地说，是由 RTE 配置环境和 RTE 代码生成器执行。在没有人工干预的情况下，Runnable 通常被加载到单个 ECC 任务中，并由周期性事件触发。6.2 节通过一个令人印象深刻的例子，揭示了盲目信任 AUTOSAR 环境的默认配置会导致什么后果。

这些任务本身将被分配到操作系统应用中,而每个操作系统应用又被分配到某个 CPU。CPU 是处理器的组成部分，而处理器又封装在 ECU 中。这就产生了一个层次结构，如图 5.1 所示。

10.2　AUTOSAR AP

正如有关经典的AUTOSAR CP 平台的章节中所述，我们现在可以从全局的角度来介绍AUTOSAR AP，并将说明某个功能通过开发过程实现在运行时的全过程。图 10.3 显示了该平台的总体情况。

AUTOSAR AP 基于POSIX 操作系统，其中AUTOSAR AP 应用程序与操作系统之间的接口仅限于POSIX 标准的 PSE51 子集[40]（另请参阅 3.4 节）。这意味着文件系统将不受支持。

10.2.1　功能架构

与AUTOSAR CP 一样，各个功能的定义与所用的平台无关，而是仅表示单个简单功能。尽管如此，真实系统实际上仍将具有多种功能。

10.2.2　软件架构 AA

在AUTOSAR AP 中，功能将被分发到一个或多个自适应应用程序（Adaptive Application，AA）中。反过来说，即可以通过一个 AA 来实现多个功能。

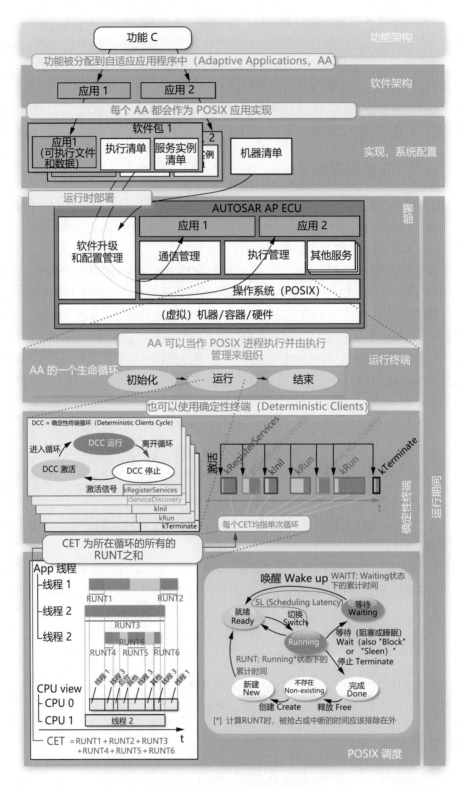

图 10.3　AUTOSAR AP 概览

那么到底什么是自适应应用程序呢？对于以前使用经典AUTOSAR 或从事一般性嵌入式领域工作的开发人员而言，考虑为 PC 开发的应用程序可能会有所帮助。代码示例 10.1 显示了某个 AA 的 `main` 函数，乍看之下，与 PC 应用程序非常相似。与经典嵌入式项目不同的是，AA 不止有一个 `main` 函数。相反，每个 AA 都有自己的 `main` 函数，就像为 PC 开发的每个 C 或 C++ 程序都具有自己的 `main` 函数一样。

代码示例 10.1　自适应应用程序 (AA) 的主体

```
1  int main(int argc, char *argv[])
2  {
3      int retval = 0;
4      // initialize App data here
5
6      ExecutionClient.ReportExecutionState(kRunning);
7
8      // call App code here (which may or may not return), e.g.:
9      retval = AppCode();
10
11     ExecutionClient.ReportExecutionState(kTerminating);
12     // save persistent App data and free all resources here
13
14     return retval; // terminate
15 }
```

带有下画线的是两个函数调用：将代码示例 10.1 中的 `main` 函数转入 AA；详见后文。实际的应用程序代码并未显示，而是隐藏在 `AppCode` 函数背后。

在运行时，POSIX 操作系统会将 AA 视为常规进程。因此，它就会有一个或多个线程。

尽管没有在软件架构层级实现任何代码，但是这个小代码示例清晰地展现了自适应应用程序的核心要素。

10.2.3　实现与系统配置

除了实际应用程序以外，在实现和系统配置层级，必须创建可执行文件，即执行清单 Manifests。

（1）**执行清单**（**Execution Manifest**）。每个 AA 都需要此清单，它描述了对于应用程序执行的要求以及与其他 AA 的依赖关系。它与 Linux 上 `systemd` 的服务描述文件不一样。以下将通过一个例子来进行说明。假设对于某个家居自动化系统，我们要为树莓派开发软件，该软件将无线控制的电源插座、无线恒温器和其他设备与局域网连接在一起。为此，我们开发了一个 后台程序（一个永久运行的程序）。该程序将侦听无线通信并将接收到的报文转发到局域网，以供其他设备处理。此外，还假设该后台程序将使用 Web 服务器。

显然,当系统启动时,首先应该启动网络驱动程序,然后是 Web 服务器,最后再启动该后台程序。因此,这类依赖关系也将记录到 `systemd` 服务描述文件(`/etc/systemd/system/*.service`)中。

AUTOSAR AP 的执行清单还指定了应在何时以何种方式(执行一次还是像后台程序一样永久执行)执行 AA。

(2)**服务例程清单**(**Service Instance Manifest**)。此清单描述了 AA 使用的服务。

(3)**机器清单**(**Machine Manifest**)。所有与不依赖 AA 的执行环境(具体的硬件、虚拟机或容器)相关的信息均记录在机器清单中。

如图 10.3 所示,执行清单和服务实例清单属于同一个 AA。它们与可执行文件及其数据(例如参数集)构成了一个 软件包。

有关三个清单的内容和格式,详见AUTOSAR 文档"清单规范"[41]。

10.2.4　部署

与AUTOSAR CP 的部署不同,通过AUTOSAR AP 将软件分发到 ECU 可以在运行时实现,正是这种能力或属性使AUTOSAR AP 具有自适应性。随着时间的推移,系统可以通过加载新的自适应应用程序来适应其环境。

软件更新和配置管理[42] 负责在运行时将 AA 纳入系统内。

其他重要元素包括通信管理和执行管理组件。

10.2.5　执行管理和执行客户端

如上所述,AA 必须具有代码示例 10.1　中以下划线标示的指令。调用参数kRunning 标志着 AA 执行阶段("运行"状态)的开始,而调用参数kTerminating 则标志着执行阶段的结束。这两个语句均将通知执行管理组件[43] 应用程序的后续状态。

是再次离开运行状态还是仅在关闭控制单元时离开取决于 AA。

以下各节将更仔细地介绍运行状态以及该过程将出现的情况。与整章内容一样,我们也将侧重于与时间相关的方面。

10.2.6　确定性执行和确定性客户端

基于AUTOSAR 的 ECU 软件一般都有大量周期性任务。软件架构通常主要围绕应用程序的主控制算法。因此,定期启动的任务是AUTOSAR CP 开发人员日常工作的重要组成部分。

当AUTOSAR CP 开发人员首次接触AUTOSAR AP 时,他们可能想知道如何在AUTOSAR AP 中配置与旧周期性任务等效的任务。POSIX 专家(可能来自 Linux 环境)在被问到这个问题时可能会耸耸肩回答:你为何不自己设定一个定时器呢?即使这种观点完全合理,开发人员也一定希望从基础软件中获得更多支持。

AUTOSAR 内的确定性客户端为开发人员提供了一整套功能,但在下文中,将仅考虑与时间相关的功能，包括定期执行代码的能力（因而无须自己设定定时器）。

10.2.6.1　冗余执行

可以再并行执行一次与安全相关的过程，这被称为冗余执行。其原理与锁步多核相同（参阅 7.1.2 节）。

10.2.6.2　定期执行

定期执行可能与预期有所不同。首先，确定性客户端要求 AA 符合预期的状态模型。因此，AA 可能处于以下状态之一：

注册服务（Register Services）– kRegisterServices：应用程序注册其通信服务，即告诉系统其将提供哪些通信服务。

服务发现（Service Discovery）– kServiceDiscovery：应用程序确定其将可以使用哪些服务。

初始化（Init）– kInit：应用程序初始化自身及其数据。

运行（Run）– kRun：应用程序执行一次常规代码循环。这是周期性执行的代码所处的唯一状态，所有其他状态均被视为"特殊情况"。其间，仅"服务发现"状态可能在必要时再次出现。

终止（Terminate）– kTerminate：应用程序正在准备终止。

状态顺序可能如下（如果没有未计划的服务发现）：

注册服务 → 服务发现 → 初始化 → 运行 → 运行 → 运行 → 运行 → 运行 →(...)→ 运行 → 终止

如上所述，在"运行"状态的重复执行过程中，可能会第二次或更频繁地出现"服务发现"状态。图 10.3 显示了此类顺序。

那么这一切在代码中又是什么样呢？代码示例 10.2 显示的结构可用于采用确定性客户端的 AA。

代码示例 10.2　AppCode() 作为确定性客户端实现

```
1  // Top-level application function of an Adaptive
2  // Application (AA) which uses the Deterministic Client
3  int AppCode(void)
4  {
5      ActivationReturnType dccType;   // Deterministic Client
6      // Cycle (DCC) type
7
8      while (1) {  // endless loop
9          dccType = DeterministicClient.WaitForNextActivation();
10         // each execution of the code below is one "Cycle"
11         switch (dccType) {
12         case kRegisterServices:
13             // call handler registering services here
```

```
14            break;
15        case kServiceDiscovery:
16            // call service discovery handler here
17            break;
18        case kInit:
19            // call init handler here
20            break;
21        case kRun:
22            // call cyclic App handler here
23             break;
24        case kTerminate:
25            return 0; // terminate with success
26        default: // invalid return value
27            return 1; // terminate with error
28        }
29    }
30 }
```

首先可以看出，应用程序的实际代码被无限循环包围。因此，循环体将反复执行，其中 DeterministicClient.WaitForNextActivation() 方法的调用始终位于每次执行的开始处。在图 10.3 所示状态图的确定性客户端层级，该方法的调用对应于转换"离开循环"。

该方法具有阻塞性，这意味着它将一直等到执行管理器启动后才会返回。只要其执行阻塞，AA 就会处于一种休眠状态。启动后（参阅转换"启动信号"），POSIX 操作系统会在不久后将 AA 设置为 POSIX "运行"状态（后文将提供有关 POSIX 状态的详细信息）。最终，DeterministicClient.WaitForNextActivation() 调用将返回结果，这对应于转换"进入循环"。返回值指示了 AA 的状态。根据此值，现在可以执行相应的代码（参阅代码示例 10.2 中的 switch-case 语句）。代码示例 10.2 中不同值的颜色也可以在图 10.3 和图 10.4 的"确定性客户端"示意图中的时间轴上找到。

"确定性客户端"示意图中所示的时间参数也以相同的方式描述。但是，首先需要更细致地检查 POSIX 调度层级。

10.2.7　POSIX 调度

此阶段图 10.3 中显示的几乎所有内容都并非特定于 AUTOSAR，而是通用于 POSIX 操作系统。3.4 节中已经提供了状态图，并在时间轴上标绘了线程的执行。

再次提醒：POSIX 应用程序包含具有一个或多个线程的进程。进程的线程可在多核处理器的不同 CPU 上同时运行。

图 10.3 显示了在两个 CPU 上运行的三个线程。线程 2 在 CPU 1 上单独运行，线程 1 和线程 3 必须与其他应用程序（图中的"其他"）共享 CPU 0。

10.2.8　AUTOSAR AP 中的时间

比较 AUTOSAR CP（图 10.2）和 AUTOSAR AP（图 10.3）的概览图可以发现：CP 只有一个状态图，而 AP 则有三个，即执行客户端、确定性客户端和 POSIX 调度。关于 POSIX 层级的时间参数，请参阅 4.1.2 节。

时间参数实际上总会与状态机耦合。任务、中断、进程或线程在运行时会改变状态，时间参数通常被定义为两个转换的入口点之间的时间差。

那么，AUTOSAR AP 现在具有三个状态机，这对时间参数意味着什么？定义时间参数时使用哪一个？与往常一样，这取决于视角。如果侧重于确定性客户端，则必须使用其状态机。如果侧重于线程的处理，则必须使用 POSIX 状态机。所有状态机同时有效，并产生"自己的"时间参数。

10.2.8.1　确定性客户端的时间参数

如上所述，不要求必须使用确定性客户端。但是，以下时间参数定义也可以应用于非确定性客户端应用程序，甚至通常也可以应用于非 AUTOSAR 项目。截至 2020 年夏，该定义仍未纳入 AUTOSAR 标准中。但是，可以将它们视为时间参数的一组可能的合理定义。

图 10.4 是图 10.3 中确定性客户端层级的详细视图。该视图显示了确定性客户端的 7 个循环。每个循环都对应于代码示例 10.2 中循环体的一次执行。未使用确定性客户端的应用程序仍会循环运行，直到应用程序最终终止。

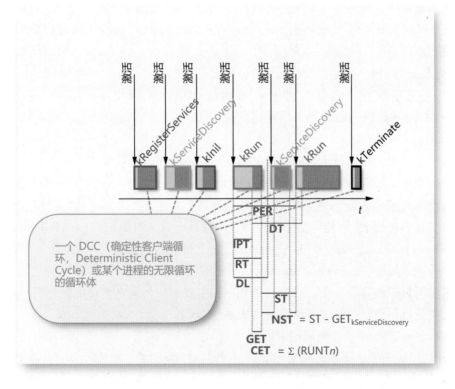

图 10.4　确定性客户端的时间参数

对于每种循环类型（kRegisterServices、kServiceDiscovery、kInit、kRun 和 kTerminate），时间参数将单独予以考虑。图 10.4 所示的时间参数均指 kRun 循环。下文中将详细定义和描述时间参数。我们有意使这些定义与 RTOS 环境中时间参数（如 4.1.1 节中所述）的定义非常接近。实际上，可移植性是以下定义的一个重要方面。

其背后的想法很明显，即确保存在一个能适用于以下两种组合的时间参数定义：RTOS 与 AUTOSAR CP、POSIX 与 AUTOSAR AP。

PER– PERiod，周期

周期是指连续两次激活相同类型循环的时间差。它应对应于运行时的配置周期。

DT– Delta **T**ime，时间差

时间差是指一个实例开始到下一个相同循环类型的实例开始的间隔时间。

JIT– Jitter，抖动

抖动描述了实际周期时间与期望周期时间之间的偏差。虽然图 10.4 中并未显示抖动，但 4.1.1 节对其进行了详细介绍，此处介绍的所有内容也适用于确定性客户端的抖动。

J– Absolute Jitter，绝对抖动

和抖动一样，4.1.1 节也对绝对抖动进行了详细介绍，此处介绍的所有内容也适用于确定性客户端的绝对抖动。

IPT– Initial **P**ending **T**ime，初始挂起时间

初始挂起时间是循环等待开始的时间，即从激活到开始执行的时间差；更准确地说，是指从"激活"事件到 `DeterministicClient.WaitForNextActivation()` 的调用返回结果的时间差。

RT– Response **T**ime，响应时间

响应时间是指从"激活"到相应循环体结束（即调用 `DeterministicClient.WaitForNextActivation()`）所经过的时间。

DL– Dead**L**ine，截止时间

截止时间是指允许的最大响应时间。因此，截止时间是一项规范，无法测量。

ST– Slack **T**ime，间隔空闲时间，即剩余时间

间隔空闲时间是从指一次循环结束到相同循环类型的下一个循环体"激活"的时间"间隙"。它与在此间隙中是否发生其他类型的循环无关。根据 AUTOSAR 规范，只有一个 kServiceDiscovery 可在两个 kRun 实例之间执行此操作。

在运行时，如果 kServiceDiscovery 实例将自身插入到两个 kRun 实例之间，则间隔空闲时间只能被有限地用于确定附加代码在引发时间问题之前可能消耗的时间量。对于此类分析，更好的做法是使用下文所述的 NST。

NST– Net **S**lack **T**ime，净间隔空闲时间

用间隔空闲时间减去间隔空闲时间内属于其他类型循环的所有 GET，即可计算出净间隔空闲时间。如前所述，这仅适用于 kServiceDiscovery。图 10.4 说明了此类情况。

GET– Gross **E**xecution **T**ime，总执行时间，即总运行时间

一次循环的开始时间与结束时间（即从 `DeterministicClient.WaitForNextActivation()` 函数返回结果到其再次被调用）的时间差即是总运行时间。

CET– **C**ore **E**xecution **T**ime，核心执行时间，即纯运行时间

在 RTOS 环境中，AUTOSAR CP 和 POSIX 应用程序一般应反映处理器处理相应代码花费的 CET。由于一个进程可以启动多个线程，并且可以在同一处理器的不同 CPU 上同时执行这些线程，因此必须将所有线程的运行时相加。此计算方式的依据是POSIX 提供的 RUNT 时间。图 10.3 以线程 1~3 为例对此进行了说明。

应该注意的是，当并行处理多个线程时，求和的结果可以提供一次循环的 CET，该 CET 可能大于同一循环体的 GET。

10.3　AUTOSAR 时间扩展 TIMEX

AUTOSAR 时间扩展（简称 TIMEX），在AUTOSAR 4.0 版中引入。时间扩展的目标一直都是以形式化的方式描述软件时间方面，最重要的是，指定形式化的时间需求。

TIMEX 使用 AUTOSAR XML 作为描述格式，这意味着即使是非常简单的时间需求，如 "TASK A 的响应时间不得超过 2 ms"，也会导致很多行 ARXML 代码。此类代码只能由经验丰富的 TIMEX 专家解释或创建。如果有一些工具可以减少开发人员处理 ARXML 的麻烦，这就不是什么大问题。但不幸的是，在 TIMEX 作为标准提供的十多年时间里，还没有一家工具供应商能够开发出这样的工具。

9.1.1.2 节 "时间需求的格式" 重点介绍了当 TIMEX 出于前述原因而对AUTOSAR 项目不适用时，可以采用的替代方案或临时解决方案。

尽管如此，在下文中，我们仍将继续介绍 TIMEX 规范。

10.3.1　目标

TIMEX 在时间需求的定义方面有两个目标。一方面，它可以为系统的配置提供支持，以便配置决策能够充分地服务于时间需求。另一方面，TIMEX 允许验证是否时间需求是否得到了满足。第二个目标背后的想法已经在本书的多个章节中进行了讨论，因此现在我们将更详细地讨论第一个目标。

假设以形式化的方式完整地指定了一个项目的所有软件组件的时间需求，那么操作系统的自动配置、Runnable 到任务的自动分配以及任务到 CPU 的自动分配都是可设想的。虽然如今的 AUTOSAR 工具距离实现这些方面还很远，但准确地提供所有时间需求是实现完全自动化配置的第一步。

10.3.2　事件和事件链

那么，TIMEX 指定的时间需求可应用于哪些方面？这些时间需求基本上可应用于事件和事件链。这些事件均为具有唯一标识的AUTOSAR 事件，例如发送或接收数据、请求

服务、接收相关的任何后续反馈，或激活、启动或终止某个可执行单元。

事件链是指由两个或多个事件构成的链。按层次结构组织这些事件链通常很有用。下面将用一个示例来进行说明。

假设有一个需求：车辆的刹车灯在踩下刹车踏板后 200 ms 内亮起，那么这个需求可以在顶层映射到一个包含两个事件的事件链。这两个事件分别是：

- 刹车踏板状态从"未踩下"变为"已踩下"。
- 刹车灯状态从"熄灭"变为"亮起"。

刹车踏板很可能不会与刹车灯连接到同一控制单元。因此，将至少涉及两个 ECU，例如，如果这两个 ECU 之间存在网关，则可能涉及更多 ECU。踩下刹车踏板（事件 1）的信息将首先到达控制单元 A，接收到的信息将在此接受检查，以确定是否可信（事件 2），然后再进一步处理（事件 3）。事件 4 表示发送信息的请求，事件 5 指示信息的实际发送时间。从这个意义上说，此过程将继续，直到最后刹车灯被事件 x 点亮。因此，必须将刹车灯最迟在踩下制动踏板后 200 ms 亮起的端到端需求分解为主动链的各个部分。

10.3.3　TIMEX 要求类型

TIMEX 定义了不同类型的要求（限制）。以下列表针对每种类型提供了应用示例。

EventTriggeringConstraint 典型用例：监测周期性事件的抖动。

LatencyTimingConstraint 典型用例：避免由于不同步或发送器/接收器同步不良造成重复接收数据或数据丢失（另请参阅 6.4 节）。

AgeConstraint 典型用例：确保数据不会太旧。

SynchronizationTimingConstraint 典型用例：同步子系统以避免竞态条件。

OffsetTimingConstraint 典型用例：监测两个事件之间的预期时间偏移。

ExecutionOrderConstraint 典型用例：监测处理 Runnable 时的预期序列。

ExecutionTimeConstraint 典型用例：监测允许的最大 CET，例如 Runnable 的允许的最大 CET。

10.3.4　AUTOSAR/TIMEX 视角

AUTOSAR 会从不同角度监测系统，这些角度也被称为视角。TIMEX 采用了这种方法，因此可以始终将时间需求分配给特定的 TIMEX 视角。这些视角包括：

VfbTiming：AUTOSAR 软件组件（SW-C）通过虚拟功能总线（VFB，另请参阅 10.1.2 节）交互时的时间。

SwcTiming：软件组件的内部时间。

SystemTiming：控制单元的时间。

BswModuleTiming：基础软件模块（BSW）的内部时间（与 SwcTiming 类似）。

BswCompositionTiming：多个基础软件模块交互时的时间。

EcuTiming：配置完整的控制单元的时间。所有软件组件和基础软件模块的交互均在此完整配置中进行了明确定义。与此相反，其他视角指定了时间需求，与它们在特定 ECU 中的使用无关。

10.4　AUTOSAR/ASAM 运行时间接口 ARTI

ARTI 于 2016 年发布，旨在大幅简化 AUTOSAR 项目的时间分析。其名称与 ORTI（**OSEKR**un-**T**ime**I**, OSEK 运行时间接口）接近是有意为之。在某些方面，可以将 ARTI 理解为 ORTI 的继承者，但在另一些方面，它远远超越了 ORTI。

在开发 ARTI 的过程中发现，将所有 ARTI 功能组织在 AUTOSAR 之下毫无意义，因为 ARTI 在很大程度上并非 AUTOSAR 独享，它也可以用于非 AUTOSAR 应用程序。为此，一个 ASAM 项目于 2019 年初启动，并于 2020 年 2 月完成。ASAM 是指"自动化及测量系统标准化协会"，这是一个注册协会，宗旨是支持和组织软件开发、模拟和诊断以及自动化和测量流程的标准化。

在详细介绍 AUTOSAR ARTI 和 ASAM ARTI 之前，我们先通过以下列表了解 ARTI 的目标和特性。2019 年 11 月的 AUTOSAR 版本和 2020 年 2 月的 ASAM 版本并没有完全涵盖其中所列的各项。

- AUTOSAR ARTI 的目标和功能：
  - 利用操作系统感知进行调试，即使用能够"感知"操作系统和显示所有任务状态的调试器。更高版本的 ARTI 还将向调试器提供有关其他 AUTOSAR 模块的信息，以实现 RTE 感知、COM 堆栈感知等。
  - 与调试类似，追踪还可以收集、可视化和评估特定于操作系统、COM 堆栈、RTE 等的信息。
  - 追踪 Runnable。
  - 追踪用户定义的事件。因此，"感知"也可以扩展到应用程序。
  - 支持基于硬件的追踪。
  - 支持基于软件的追踪。
  - 通过软件检测或特殊硬件（如英飞凌 AURIX 的性能计数器 performance counter）进行基于测量的分析。
  - 多核追踪，包括不同 CPU 追踪图表的同步。
  - 多 ECU 追踪，包括不同 ECU 追踪图表的同步。
  - 追踪和测量 TIMEX 限制条件，即追踪和测量相应事件和事件链。
  - 支持 AUTOSAR AP。
  - 标准化用于交换追踪数据的追踪图表格式。
  - 标准化用于交换时间参数的格式。

图 10.5 显示了与 ARTI 相关的数据流和工具。在图形的背景中，你可以看到一个 V，

指示各个步骤均指向 V-Model。然而，虽然不应对垂直方向上的分配进行太过字面化的理解，但水平轴却将这些明确地分为两部分。在可执行文件变得可用之前发生的所有步骤都将分配给 AUTOSAR，而在此之后发生的所有步骤，即右侧的整个验证流程，都将分配给 ASAMARTI。

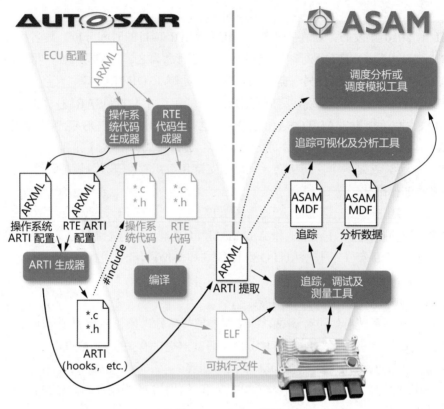

图 10.5   ARTI 概览

MCD-2 MC 也曾采用过类似的方法。对于 MCD-2 MC，大多数开发人员可能对它的简称 ASAP2 比较熟悉，即 ASAM 测量和校准标准。同样，AUTOSAR 标准是指一项描述 V-Model 右侧所示工具接口的 ASAM 标准。

图 10.5 中以灰色显示的所有文件表示在AUTOSAR 进程中存在于ARTI 之前且现已由ARTI 扩展的文件。

10.4.1   AUTOSAR ARTI

AUTOSAR ARTI 的任务是在 V-Model 的左侧建立先决条件，便于以后可以进行运行时间测量并在右侧记录追踪图表。

那么详细情况如何呢？首先使用 ARTI 扩展 ECU 配置。ECU 配置包含各 AUTOSAR 模块的代码生成器生成代码所需的所有信息，其中的核心方面是AUTOSAR 模块将在以后的软件中支持 ARTI。

现在，代码生成器将读取 ECU 配置。为了更好地说明，图 10.5 仅显示其中的两个生成器：一个是操作系统的生成器，另一个是 RTE 的生成器。但是，这种概念可以转移到所有 AUTOSAR 模块，因此可能需要对其服务和数据流进行时间分析。

10.4.2　ASAM ARTI

AUTOSAR ARTI 用于为特定软件版本启用追踪或运行时间测量，以便收集所有必要的信息。有关系统配置的信息（即存在哪些任务、存在哪些 Runnable、如何将 Runnable 分配给任务等）将被写入新的 AUTOSAR XML 文件中。在图 10.5 中，这可以看作是"ARTI 提取"（Extract）。

追踪工具可以读取此信息并从 ECU 读取追踪数据（参阅图 10.5）。通常，它会自己显示追踪图表，但也可以将其保存为 ASAM ARTI 追踪图表格式，以便其他工具可以读取、解析和评估追踪数据。

追踪数据评估的结果之一可能是确定所有时间参数（核心执行时间 CET、响应时间 RT 等）的最小值、最大值和平均值。4.1.1 节中介绍了 AUTOSAR CP 的时间参数，10.2.8.1 节和 4.1.2 节中介绍了 AUTOSAR AP 的时间参数。

这样获得的分析数据可以存储为 ASAM ARTI 分析数据格式，然后用作调度模拟或静态调度分析的输入数据。

到目前为止，我们主要探讨的是与 ARTI 有关的追踪。但是，纯运行时间测量技术也受支持。在这种情况下，通过 ARTI 挂钩调用的代码不会生成任何追踪数据，但会直接计算相应的时间参数。对于在运行时确定的分析数据，必须以合适的方式读取它们，这一点通常使用为此设计的 PC 软件来实现。然后，该 PC 软件可以将数据保存为 ASAM ARTI 分析数据格式。

ASAM 规范"ARTI ASAM 运行时接口"[44] 定义了追踪数据和分析数据的格式。在这两种情况下，格式都基于另一项 ASAM 标准，即第 4 版"测量数据格式"（简称为 MDF4[45]）。MDF4 是一种二进制数据格式，旨在有效存储大量数据以供后期处理或永久存储。

ASAM ARTI 追踪数据和分析数据都可以选择包含有关系统配置的信息，例如 AUTOSAR XML 文件 ARTI Extract 中包含的信息。为此，图 10.5 中显示了一些箭头，从该文件指向"追踪可视化和分析工具"以及"调度分析或模拟"。

10.5　技术报告"时间分析"

AUTOSAR 定义了不同类型的文档。需求规范定义了对标准化文档（规范）的需求。有些文档纯粹是解释性的（解释性文档），还有些属于"技术报告"。

后一类包括一份名称有点冗长的文档——"AUTOSAR 开发过程中时间分析与设计的推荐方法和实践"[9]，通常简称为"时间分析"文档。

在做出概述之后，该报告通过用例探讨了时间主题。这些用例来自于 V-Model 中的不同层级或不同的应用领域，具体包括：

- 设计层级；
- 功能层级；
- 所分发函数的端到端时间；
- 网络层级；
- ECU 层级。

此外，该文档还涉及了时间参数的定义和与时间分析有关的方法，包括第 5 章中讨论的各种分析方法。

像所有AUTOSAR 工作组一样，"时间分析"（Timing Analysis ）文档的创建者也对有兴趣参加的人表示欢迎，唯一的要求是具有AUTOSAR 会员身份（高级合作伙伴、发展合作伙伴或参与者）。除此之外，他们还必须对时间领域非常感兴趣。

10.6　总　　结

本章概述了 AUTOSAR 中与时间相关的标准和工作组。

我们曾试着将与经典 AUTOSAR 和 OSEK/VDX 相关的时间参数应用于 AUTOSAR AP。尽管本章中的描述是基于确定性客户端，但对时间参数的解释说明基本上与确定性客户端无关，并且通常可以在POSIX 环境中应用。

TIMEX 是否会在日常实际使用中证明自己的价值以及是否能被大量项目采用尚需拭目以待。在此之前，所选时间参数的最小值或最大值规范为部分时间需求提供了简单而实用的规范。"开发过程中的方法技巧"中的 9.1.1.2 节已经提出了这样的观点。

AUTOSAR ARTI 与 TIMEX 相比还不成熟，因此仍然需要在实践中证明自己的价值。如果成功，用户可以期待 AUTOSAR 模块（尤其是操作系统）与时间分析工具实现更好的交互。ASAM ARTI 还将大幅简化时间分析工具之间的数据交换过程。

第 11 章 功能安全，ISO 26262

本章将从限制嵌入式系统可能造成的潜在灾难方面探讨安全性，比如控制核电站冷却系统、起搏器、飞机飞行控制器或车辆刹车控制单元的嵌入式系统。一旦此类嵌入式系统发生软件错误，可能产生致命的后果。

在嵌入式软件中，时间只是其中一个方面。然而，没有稳定、安全的时间，就不可能有安全的嵌入式软件。

除了技术方面外，本章还涉及了法律方面的内容。管理者和项目经理面临着很多关于必须进行哪类时间分析以及需要实施怎样的时间保护措施才能确保符合法律规定的问题。

下文中涉及的某些方面概括成了一张 DIN-A1 海报"ISO 26262"，该海报可以下载 PDF 格式[46]，本书随附的在线资料也将提供该海报。

11.1 基 础 知 识

单单是安全还不够。如果集成了足够的监控器，能够在其中一个监控器启动时将系统的关键功能切换到安全状态，那么构建一个非常安全的系统就不是特别困难。然而，这存在着以极低的可用性为代价获得安全性的风险。在极端情况下，虽然产品是安全的，但将不再真正发挥其功能。

因此，我们必须为错误率和可用性定义适当的值。

11.1.1 风险

在安全方面，总是存在由危险引起的风险问题。可以尝试量化风险，以便对其进行分类。在此过程中，会遇到各种定义，其中包括导致风险的两三个方面。EN ISO 12100:2010 将风险定义为发生概率和损害程度的组合[47]。一般通过简单地计算这两项的乘积即可得出

$$风险 \ = \ 发生概率 \ \times \ 损害程度 \tag{11.1}$$

ISO 26262 中以类似形式使用的替代方法还考虑了危险的可控性。将其代入公式中，即可得出

$$风险 \ = \ \frac{发生概率 \ \times \ 损害程度}{可控性} \tag{11.2}$$

11.1.2 SIL——安全完整性等级

几乎所有安全标准都定义了安全完整性等级。嵌入式系统的每一个组成部分（包括硬件和软件），在经过相应的风险分析后，都会被指定一个特定的安全完整性等级。这里需要回答一个问题：如果没有其他安全机制起作用，相应部件的故障可能会导致多少人员伤亡？

下面将用示例来进行说明。如果制动阀的电气部件发生故障，可能会导致车辆的一个车轮突然急刹车。如果在高速公路上高速行驶时发生这种情况，很容易想到会发生造成多人伤亡的事故。

后备厢内照明灯的电子控制装置则不同。即使想象力再丰富，你也无法想到它会引发什么危险——例如，由于过热而引起火灾的情况就不可能发生。

具体有哪些安全完整性等级取决于所用的标准（图 11.1）。

11.1.3　脱离上下文、在上下文中、经使用验证

在绝大部分情况中，嵌入式系统的软件并非由一家公司制作。这意味着，一般会有来自多个供应商的软件作为组件集成到最终产品中，这涵盖了从操作系统、驱动程序和引导程序到协议栈、各种算法等的方方面面。于是，关于如何保护这些第三方组件问题随之诞生。这里基本上有三种可能。

（1）**在上下文中**（In context）。供应商提供的组件的认证方式与自主开发的代码相同。虽然这听起来很简单，但有时很难甚至不可能做到。为了能够像分析、测试和保护自家代码一样分析、测试和保护供应商提供的代码，供应商提供源代码几乎是一项硬性要求。因此，对于供应商未提供源代码的组件，很难在上下文中进行认证。图 11.1 显示了组件和特定产品（在上下文中）的认证。

（2）**脱离上下文**（Out of context）。组件的认证独立于特定项目或应用程序。即认证并非发生在项目上下文中，因此命名为"脱离上下文"。

ISO 26262 中对此有更具体的定义：独立系统单元（（System）Element out of Context（SEooC））是指根据 ISO 26262 独立于特定项目开发和认证的组件。

此外，有些组件最初并不是根据 ISO 26262 开发，但后来根据此标准进行了修改，然后通过了认证。此类组件被称为商用现成（Commercial Off-The-Shelf（COTS））软件组件。

那么，这是否意味着对于 SEooC 或 COTS 组件，已认证组件的用户无须进行其他任何操作？事实并非如此，因为他们还必须确保在其项目中考虑产品和组件认证过程中创建的安全手册。安全手册（Safety Manual）可被视为一种促进安全使用组件的用户手册。因此，用户必须证明他们已经为组件的安全运行建立了所有必要的边界条件，并且已经考虑到组件施加的限制（图 11.2）。

还应注意，这方面所需的工作量比"在上下文中"保护所需的工作量少得多。

（3）**经运行验证**。最后，在验证过程中可能会遇到这样的情况：一个组件已经被使用很多次，并且使用了很长时间，期间并没有出现任何问题。在这种情况下，必须要证明，该组件在当前项目中的边界条件与已经在运行中证明自己的项目相比并无不同。

有时，会有意在与安全性相关的项目中使用较早版本的编译器，因此这种编译器经过了实践的检验。在这种情况下，必须单独检查自旧版编译器发布以来出现的所有编译器错误，以了解这些错误与当前项目的相关性。

11.2　安全标准、时间及时间验证

无论是航空航天、医疗、铁路、汽车还是任何其他领域，都有各自的一套与嵌入式系统的软件开发有关的标准。图 11.1 仅列出了特定领域的一小部分安全标准。该表还显示了每项标准涵盖的安全完整性等级以及各自的名称。

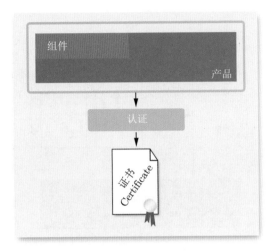

图 11.1　在上下文中认证

那么这些标准是如何考虑时间问题的？总体而言，考虑得并不深入。标准要求各个软件组件必须无干扰。这里所说的干扰也包括时域中的干扰。

如果系统必须每毫秒执行一次与安全相关的功能，那么，假如有另一个功能由于软件错误而阻止中断，然后陷入无限循环，则会阻碍该功能的执行。这是一个简单但典型的例子；实际上，这种影响通常不会太明显，因此更难以发现。在极少数情况下，功能可能需要比平常更长的时间。同样在极少数情况下，调度可能会受到不良影响，从而导致数据同步问题，这在极端情况下可能会导致整个系统发生严重故障。第二个示例概述了三个不同层级的三个罕见问题：代码层级、调度层级和通信层级。

那么，应使用哪种时间分析方法来验证与安全相关的软件？这些标准规定必须要进行测试。根据安全完整性等级，标准还可能建议使用静态分析方法。建议一般以表格的形式提出。对于各种安全完整性等级，标准将针对每种特定方法注明是强烈建议、建议还是不要求。

最终使用的分析方法必须针对每个项目分别确定。与认证机构专家进行的早期讨论在这里非常有帮助，它确保了所需的保证水平既足够又均衡，因此不会造成不必要的高昂成本。

回到包含三个罕见问题（三个不同层级）的示例。利用我们在第 5 章中介绍的时间分析方法知识，可以通过静态代码分析来确定函数的 WCET，然后将结果以及很多其他函数的 WCET 用作静态调度分析的输入。利用调度模拟，可以模拟数据交换期间的同步；最

后，与之前更偏向于理论的步骤相比，追踪将确保真实系统的行为符合预期。

但是，极少有项目会使用这种全面的时间分析方法。最终确定最佳平衡的先决条件是充分了解标准的要求、需要保护的系统以及时间分析方法。

经验表明，还有一个方面对于安全可靠的软件时间也至少同样重要，那就是简单的架构和调度。遵循简化原则不仅从根本上来说很重要，也是正确的做法。

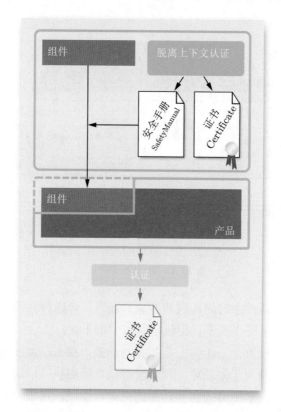

图 11.2   脱离上下文认证

11.3   时间安全所需工具

用于验证软件时间的工具也是软件。与几乎所有软件一样，用于保障软件时间的工具也无法保证完全没有错误。这意味着即使存在时间问题，工具也可能会误认为时间验证的某个方面没有问题（误报）。

安全标准并没有规定使用特定产品，但是要求评估用于验证的各种工具的可靠性。与前文介绍的风险分析一样，工具的评估需要估计故障发生的可能性并分析该故障可能带来的影响，结果即为工具置信度（TCL）。

与风险一样，这里也可以考虑可控性，例如通过使用第二种验证方法。在同一分析的两种方法中同时发现错误的可能性非常小。

经过此类工具分析，最终可能需要对工具进行检定。官方检定与认证相当。嵌入式系统需依据相应标准认证（表 11.1）。用于制作软件的工具（如编译器和代码生成器）以及用于验证的工具均需要检定。

表 11.1　重要的嵌入式软件安全标准示例

标准	SIL (from-to)		描述
	低	高	
IEC 61508	SIL1	SIL4	电子组件的通用安全标准
IEC 61508 Edition 2	SIL1	SIL4	IEC 61508 的继任标准
ISO 26262*	ASIL A	ASIL D	汽车软件的安全标准
IEC 62061*	SIL1	SIL3	机器电子控制系统的安全标准
IEC 62304*	Class A	Class C	医疗设备软件的安全标准
DO 178-B	Level E	Level A	DO 178-B 的继任标准
DO 178-C	Level E	Level A	DO 178-B 的继任标准
CENELEC prEN 50128	SIL1	SIL4	轨道交通设备软件安全标准

[*] 由 IEC 61508 衍生而来

11.4　法律方面的考量

产品责任声明，产品的生产者可能需要对产品造成的任何危险负责。如果由于产品故障导致重大损害（例如，多起死亡事故），产品制造商必须出庭应诉。如果发现造成故障的缺陷存在于供应商提供的组件，并且产品的制造商完全正确地使用了该组件，那么责任将转移给组件的供应商。因此，以下考虑因素将涉及产品的制造商或组件的制造商。

同样显而易见的是，制造商在产品或组件开发过程中所采取的谨慎态度对确定处罚程度有重大影响。每个人都听说过"过失"或"严重过失"这样的词。在这样的诉讼案件中，不可能根据分类标准预先准确地判定，并且很大程度上取决于国家/地区、法院、各自的情况和其他因素。

随着时间的推移，最终的判定应根据现有技术水平做出。

现有技术水平定义了可被视为推荐标准的技术水平。《工程管理》（Engineering Management）一书描述了责任范围内当前最高技术水平的相关性："工程师可以主张自己遵循了其职业标准和现有技术水平，以对过失指控做出辩护"[48]。

具体而言，这对于嵌入式系统软件时间的验证意味着什么？一旦在产品开发中多次使用了某种分析方法，并且该方法已在演讲、大会或技术期刊等场合公开报告过，则可以假定：这种分析方法属于当前最高技术水平。

顺便说一句，在德语国家中，"Stand der Technik"（现有技术水平）和"Stand der Wissenschaft"（研究水平）是有区别的。就责任而言，"Stand der Technik"是指开发时应追求达到的水平[49]。

11.5　总　　结

本章相当简短，它解释了术语"风险"和"安全完整性等级"的含义，介绍了不同类型的认证，并探讨了现有安全标准中与时间有关的方面。

就产品责任而言，建议每个项目经理在其项目中都将时间保障措施至少维持在"现有技术水平"。

第 12 章　前　　景

在未来几年中，软件时间将在软件开发中扮演什么角色？时间分析又将起到什么作用？

距离软件自行编写和软件开发技术被淘汰还有很长的一段路。与此同时，嵌入式系统仍在继续渗透到我们生活的方方面面，这种趋势已不可阻挡。不仅嵌入式系统的数量在不断增加，这些系统中的软件也变得越来越重要。在汽车行业，这种感觉尤为明显。多年来，发动机管理 ECU 是唯一带有软件的组件，但是近年来，控制单元的数量一直在不断增加。如今，我们甚至能够在豪华汽车上找出远不止 100 个可以执行嵌入式软件的微处理器。随着自动驾驶技术的引入，我们可以预期，车辆所需的软件数量也将大幅增长。

软件的正确执行，尤其是在时间方面的正确执行（即可靠的嵌入式软件时间），正起到越来越重要的作用。因此，在这种环境中构建知识、技能、工具和基础架构是对未来的投资。

那么，即将出现哪些技术创新呢？

通过 ASAM ARTI 自行在时间分析工具之间交换数据是一项预期改进，并不是技术创新。但是，它能确保执行更多的时间分析。

很明显，基于硬件的追踪接口执行的改进或扩展完全比不上向处理器增加 CPU 数量带来的效果，更不用说时钟速度的提高了。因此，基于软件检测的时间分析仍将是一个大趋势。只有这样，才有可能在所有地方（实验室、测试现场，车辆等实际产品环境中）使用相同的技术，并将时间监测作为最终产品安全概念的一部分。

静态调度分析和调度模拟必将起到越来越重要的作用。对于交付后配置可能会发生变化的系统（"OTA 升级"是当前的一个热门话题），可以想到的是，嵌入式系统本身会执行一些简单的时间分析。即便在安装新软件组件之前，此类系统检查也能确定这些组件是否会对系统的时间特性造成不良影响。如果发现会造成不良影响，系统将拒绝更新。必要时，系统还将删除不再需要的其他软件组件，以便在调度中创造空间。

在函数层级广泛利用并行执行具有巨大的潜力。如今的代码生成器缺少系统配置所需的知识，即有关有多少个 CPU、它们如何进行调度、如何相互通信以及如何相互同步的信息。将功能模型、系统配置和代码生成结合在一起的开发环境不仅可以开发出非常高效、可靠和安全的软件，还能大幅减少开发工作量。

嵌入式软件时间分析在未来几年将变得更加重要。在这方面具有扎实的知识和相应技能的人员无疑是幸运的。

致 谢

本书的主题和重点是时间。在编写这本包含 300 多页和 100 多张插图的书籍时，要确保不出现重大的时间问题，无疑是一项重大的挑战。

如果没有众多人士的积极支持，我不可能编成这本书。

我首先要感谢 Nick（Nicholas Merriam 博士），从他那里我学到了很多，例如对缓存、流水线和 spinlock 的理解。我的很多关于多核和运行时优化的知识都源自于 Nick，这些内容都可以在本书中找到。再次向 Nick 表示谢意！

我还要感谢所有访谈对象，因为他们不仅花费了宝贵的时间接受访谈，还在标准化委员会中与我们合作，如果没有他们，将会少很多乐趣。

尤其要感谢 Transee（www.transee.com）团队，他们出色地完成了本书的中文版翻译工作。

特别感谢李佳林、Birgit Tamkus、Peter Stief、Christian Herget、Mark Russell 和 Christian Wenzel-Benner 的审校和建议。非常感谢他们在我忙于写作时，对我日常工作中的很多方面给予支持。

我还要感谢清华大学出版社，我们以简单而富有建设性的方式展开了愉快的合作。

我至今仍然感激宝马公司的 Hans Sarnowski 在 2002 年鼓励我创办了一家专门从事嵌入式软件时间相关业务的公司。我们还一起合作，成功地解决了一些时间问题，每一次都收获了很多乐趣。

最后，我要对我的妻子 Priscilla 表示最衷心的谢意，如果没有她，我无法编写这本书。特别是在 2020 年春季，尽管爆发了新冠肺炎疫情，但她还是为我腾出了时间，照顾我们的四个孩子，使我能够利用很多个周末和假日在办公室安静地写作。非常感谢她的付出！

参 考 文 献

[1] Wikipedia
Article "V-Model", 2020
https://en.wikipedia.org/wiki/V-Model

[2] Steve Chamberlain, Ian Lance Taylor
The GNU linker, Section 3.1 "Basic Linker Script Concepts", 2010
https://www.eecs.umich.edu/courses/eecs373/readings/Linker.pdf

[3] Microchip Technology Inc.
AVR® Instruction Set Manual, 2016
https://www.microchip.com

[4] Wikipedia
Article "Binary prefix", 2020
https://en.wikipedia.org/wiki/Binary_prefix

[5] OSEK/VDX
Operating System Specification 2.2.3, February 2005

[6] GLIWA GmbH embedded systems
gliwOS — Embedded Operating System, User Guide Version 1.4, January 2019

[7] Wikipedia
Article "Ada (programming language)", 2020
https://en.wikipedia.org/wiki/Ada_(programming_language)

[8] IEEE
Standardized Application Environment Profile (AEP) — POSIX Realtime and Embedded Application Support, 2004
https://ieeexplore.ieee.org/document/1342418

[9] AUTOSAR
Technical Report 645 "Timing Analysis": Recommended Methods and Practices for Timing Analysis and Design within the AUTOSAR Development Process, November 2019
https://www.autosar.org/standards/classic-platform

[10] GLIWA GmbH embedded systems
Timing Analysis Techniques, 2013
https://gliwa.com/downloads/Gliwa_TimingPoster_Web.pdf

[11] Schloss Dagstuhl, Leibniz-Zentrum für Informatik GmbH
The Logical Execution Time Paradigm: New Perspectives for Multicore Systems, 2018
https://drops.dagstuhl.de/opus/volltexte/2018/9293/pdf/dagrep_v008_i002_p122
_18092.pdf

[12] AbsInt Angewandte Informatik GmbH
aiT — The industry standard for static timing analysis, 2020
https://www.absint.com/ait

[13] AbsInt Angewandte Informatik GmbH
Website, 2020
https://www.absint.com

[14] AbsInt GmbH
Obtaining Worst-Case Execution Time Bounds on Modern Microprocessors, 2018
https://www.absint.com/papers/2018_ew_tw.pdf

[15] Synopsys Corporate
Virtual Prototyping, Website, 2020
https://www.synopsys.com/verification/virtual-prototyping.html

[16] Synopsys Corporate
Website, 2020
https://www.synopsys.com

[17] Microchip Technology Inc.
Atmel® Studio 7, 2020
https://www.microchip.com/mplab/avr-support/atmel-studio-7

[18] Altium Limited
TASKING Embedded Profiler for TriCore/AURIX, 2020
https://www.tasking.com/products/tasking-embedded-profiler

[19] OSEK/VDX
OSEK Run Time Interface (ORTI) Part A: Language Specification, November 2005

[20] iSYSTEM AG für Informatiksysteme
winIDEA — IDE, Debug and Trace Tool, 2020
https://www.isystem.com/products/software/winidea.html

[21] Lauterbach GmbH
Website, 2020
https://www.lauterbach.com

[22] iSYSTEM AG für Informatiksysteme
Website, 2020
https://www.isystem.com

[23] GLIWA GmbH embedded systems
Analysis suite T1, 2020
https://gliwa.com/index.php?page=products_T1

[24] AUTOSAR
Specification of Synchronized Time-Base Manager, November 2019
https://www.autosar.org/standards/classic-platform

[25] AMALTHEA
Project Website, 2020
http://www.amalthea-project.org

[26] Vector Informatik GmbH
TA Tool Suite Website, 2019
https://www.vector.com/int/en/products/products-a-z/software/ta-tool-suite/

[27] INCHRON GmbH
chronVAL Website, 2020
`https://www.inchron.com/tool-suite/chronval`

[28] Wikipedia
Article "Butterfly effect", 2020
`https://en.wikipedia.org/wiki/Butterfly_effect`

[29] INCHRON GmbH
Website, 2020
`https://www.inchron.com`

[30] AUTOSAR
Specification of Timing Extensions, November 2019
`https://www.autosar.org/standards/classic-platform`

[31] Oliver Scheickl und Christoph Ainhauser, BMW Car IT GmbH, Peter Gliwa, GLIWA GmbH
Tool Support for Seamless System Development based on AUTOSAR Timing Extensions, 2012
`https://gliwa.com/downloads/ERTS2012_ARTimingTooling_final.pdf`

[32] GLIWA GmbH embedded systems
An Introduction to Automotive Multi-core Embedded Software Timing, 2015
`https://gliwa.com/downloads/Gliwa_MulticorePoster_Web.pdf`

[33] Texas Instruments Inc.
Texas Instruments TMS570 architecture, 2015
`https://www.ti.com`

[34] IAR Systems AB
IAR Application Note G-002, Fast square root in C, 2020
`http://netstorage.iar.com/SuppDB/Public/SUPPORT/000419/AN-G-002.pdf`

[35] Infineon Technologies AG
AURIX TC27x D-Step, December 2014
`https://www.infineon.com`

[36] Wikipedia
Article "Duff's Device", 2020
`https://en.wikipedia.org/wiki/Duff%27s_device`

[37] Wikipedia
Article "Chris Rupp", 2020
`https://de.wikipedia.org/wiki/Chris_Rupp`

[38] Peter Gliwa
Poster "Timing: AUTOSAR CP, AUTOSAR AP, POSIX", February 2019
`https://gliwa.com/downloads/Gliwa-POSIX-Poster_Web.pdf`

[39] AUTOSAR
Specification of RTE Software, November 2019
`https://www.autosar.org/standards/classic-platform`

[40] IEEE Standards Association
IEEE 1003.13-2003 "Standardized Application Environment Profile - Realtime and Embedded

Application Support", 2003

https://standards.ieee.org/standard/1003_13-2003.html

[41] AUTOSAR

Specification of Manifest, November 2019

https://www.autosar.org/standards/adaptive-platform

[42] AUTOSAR

Specification of Update and Configuration Management, November 2019

https://www.autosar.org/standards/adaptive-platform

[43] AUTOSAR

Specification of Execution Management, November 2019

https://www.autosar.org/standards/adaptive-platform

[44] ASAM

ASAM Run-Time Interface, February 2020

https://www.asam.net/standards/detail/arti

[45] ASAM

Measurement Data Format Version 4.2.0, September 2019

https://www.asam.net/standards/detail/mdf

[46] GLIWA GmbH embedded systems

ISO26262, 2017

https://gliwa.com/downloads/Gliwa_ISO26262_Poster.pdf

[47] Wikipedia

Article "Risk", 2020

https://en.wikipedia.org/wiki/Risk

[48] David I. Cleland, Dundar F. Kocaoglu, Julienne Brown

Engineering Management, page 440, 1981

[49] Wikipedia

Article "Stand der Technik", Section "Deutschland", 2020

https://de.wikipedia.org/wiki/Stand_der_Technik#Deutschland